AUSGEZEICHNETES EXPERTEN WISSEN
BAND 2

Die jeweilige Meinung des Autors/der Autorin spiegelt nicht die Meinung des Verlages, des Herausgebers oder der anderen Autoren wider.

Wir haben uns nach langer Überlegung dazu entschlossen, den Autorinnen und Autoren freizustellen, ob und in welcher Form sie gendern wollen. Manche haben sich entschlossen, dies zu Gunsten der besseren Lesbarkeit nicht zu tun. Alle Autoren sprechen selbstverständlich alle Leserinnen und Leser gleichberechtigt an.

Bibliografische Information der Deutschen Nationalbibliothek

Die Deutsche Nationalbibliothek verzeichnet diese Publikation in der Deutschen Nationalbibliografie; detaillierte bibliografische Daten sind im Internet unter http://dnb.d-nb.de abrufbar.

ISBN 978-3-949869-58-7

© Bourdon Verlag GmbH, Hamburg 2022

Lektorat: Antonia Pieper
Umschlaggestaltung: Christina Pörsch
Satz und Layout: Das Herstellungsbüro, Hamburg | buch-herstellungsbuero.de
Druck und Bindung: CPI GmbH
Printed in Germany

Alle Rechte vorbehalten

www.bourdon-verlag.de

Inhalt

Vorwort 11
von Hermann Scherer

**Schulschaden – das deutsche Bildungssystem macht
unsere Kinder kaputt** 13
Christina Schneider

Ein gut aufgestellter Plan 18
Bianca Blöchl

FührungsExzellenz im New Normal 23
oder Das »Warum« der Mitarbeitenden für eine erfolgreiche
Unternehmenskultur
Dagmar Westphal

#Wo bist du zu Hause? 28
Jochen Dziumbla

Am Anfang steht Vertrauen 32
Sabine Martin

Drei Siebe für den Kunden 36
Tolga Adas

Du bist stärker, als du glaubst 40
Dr. Martin Rummeny

Schaust du dem Leben noch zu oder lebst du es schon? ... 45
Melanie Alexandra Zacherl

Einsamkeit am Arbeitsplatz 49
Ulrike Turba

Mit Sinn zum Erfolg 54
Was Mitarbeiter glücklich und Unternehmen erfolgreicher macht
Grit Arndt

Ein Todesfall und andere Katastrophen 59
… und was ich dabei als Unternehmer lernen durfte!
Tom Kern

Die Suche nach meinem wahren Selbst 64
Francesca Facchin

Mythos Streif 69
Das Geheimnis von Judit – Wenn ein Traum gelebt wird
Wolfram Baitinger

Jetzt ist die Zeit für große Visionen! 73
Alexandra Kobler

Fischerfrau oder Cinderella? 78
Märchen vermitteln Lebensbotschaften
Angelika Gwarys-Körner

Von Worten, die das Herz berühren, Sprichwörtern, Gefühlen, Gedanken & Zeichen 83
Marion Röchert

Hypnose und Glaubenssatzarbeit 87
Anja Raida

Ihre Glücksimmobilie oder ein renditestarkes Investmentobjekt finden SIE HIER 92
Silvia Giegerl

So wirst du mit deiner Expertise zum Business-Influencer   98
Monika Zehmisch

Alles ist Energie!   105
Stephanie Aumüller

Mitarbeiter wachsen lassen   111
Peter Altmeppen

Das Outfit sagt mehr als tausend Worte   116
Nicola Schmidt

Der Fitness-Irrtum   121
Cornelia Brückner

Wie viel Leben schenkst du deinen Träumen?   129
Silvia Geng

Zwischenmenschliche Klimaerwärmung rettet Afghanistan   134
Katja Ruth

Befreie dich von deinem Druck!   139
Jörg Dickmanns

Über Immobilien: Zwischen Faszination und Risiko   144
Markus Wilhelm

Visionsoptimierung für den Erfolg   149
Roland Ngole

Kreativitätsblockaden in fünf Schritten lösen   153
Patrick Altermatt

Verliebt in Verkauf   158
Anne-Kristin Holm

Die Wirkung von Fotos 163
Kamila Burkhard

Empowerment – Die Kraft in dir! 168
Iris Irbah

Erfolg hat drei Buchstaben: Lob 173
Warum Anerkennung und Wertschätzung in Unternehmen –
und im richtigen Leben – wichtig sind
Angelika Neiber

Junge Unternehmer braucht das Land! 178
Ulrich von den Hoff

Die emotionale Kundenreise 183
Mit Leidenschaft und Organisation zum Erfolg
Arianna Caserta

**Immer. Anders. Wo immer du bist.
Lebe dein Soulbusiness.** 187
Christine Hartmann

Deine Chance 192
Ekkehard Jagdmann

Motivation oder was? 197
Axel Rodenberg

Wer nicht auffällt, fällt aus 202
Salvatore Caserta

Blick wechseln für Wachstum – Image – Erfolg 207
Monika Deinhart

Klarheit. Umsetzung. Ziele erreichen. 212
Ingo Pautsch

VUCA-Warrior 217
Ein Plädoyer für die Wirksamkeit der neuen Führungskräfte
Andreas Fritsch

Auslaufmodell Manager 222
Renate Eglhofer

Business-Profiling 227
Personalauswahl und -entwicklung effizient und treffsicher gestalten und kostenintensive Fehlbesetzungen vermeiden
Marion Masholder

Kunden selbst kaufen lassen, statt zu verkaufen 232
Die Psychologie des erfolgreichen Unternehmens
Kim Kolb

Glück trotz Missbrauch 237
Wie man das Leben mit komplexen Traumata werte-voll macht
Gabriella Rist

Lebenslanges Lernen – Realität oder Plattitüde? 242
Wie kann lebenslanges Lernen in Unternehmen leicht organisiert und strukturiert werden?
Wolfgang zu Putlitz

Immobilien. Praktisch. Umsetzen. 248
Andreas Scherer

Unerkannter Stress-Auslöser für einen Teufelskreislauf 253
Andrea Schmalzl

LEASY®-Leadership ganz easy 258
Dr. Ursula Koehler

Natürlich gesund – frei von Angst und Sorgen 263
Jacqueline Hoppen

Stressmanagement für ein erfolgreiches und erfülltes Leben 268
Pierre Bosch

Baue in Zukunft nachhaltig – es lohnt sich immer! 273
Holger Längle

Sex-Appeal ist essbar 278
Sabine Längle

Der sichere Hafen 282
Klaus Seeberger

Souverän. Immer. Überall. 286
Susanne Teister

Mit der Resilienz-Diät zu mehr als nur zum Wunschgewicht 291
Sabine Liebe

Find the Missing Link 296
Dominik Schanz

Wohlstand braucht Mittelstand 301
Ralf Müller

»Emmanuel, was immer du tust, hör sofort damit auf!!!« 306
Renate Wettach

Fotonachweis 311

Vorwort

Liebe Leserin,
lieber Leser,

ich stelle immer wieder fest, wie angenehm es doch ist, mit Profis zu arbeiten. Mit Menschen, die sich einer Sache ganz und gar verschrieben haben. Menschen, die sich spezialisiert haben, die unglaublich viel Wissen auf einem Gebiet gesammelt haben. Nicht, weil sie es mussten – es gibt ja genügend Menschen, die jahrelang ein und denselben Job machen, ohne ihn machen zu wollen und daher auch viel Erfahrung gesammelt haben – solche Menschen meine ich nicht, ich denke an Menschen, die sich mit Haut und Haar einem Thema hingegeben haben. Mit solchen Experten:innen arbeite ich am liebsten. Solche Menschen imponieren mir.

Ein Sushi-Meister in Japan macht Sushi. Sein Leben lang. Ohne nach rechts oder links zu schauen, ohne einen Gedanken daran zu verschwenden, dass er ja auch Ramen machen könnte oder dass Tempura auch in seinen Bereich fallen könnte. Denn er macht Sushi, nur Sushi, aber das in Perfektion. Die Zeit, die er dazu brauchte, das zu lernen, lässt sich kaum in Stunden beziffern. In Japan ist es ein allgemein angestrebtes Ziel, die höchste Meisterschaft auf seinem Gebiet anzustreben. Die Konzentration, mit der die japanischen Sushi-Meister an der Zubereitung eines Gerichts arbeiten, ist legendär.

Über die dreijährige Ausbildung zum Koch/zur Köchin und über das Pensum an Wissen, dass in dieser Zeit von den Auszubildenden bewältigt und erlernt wurde, lächelt man in Japan nur höflich. Die Zeit, nach der man sich in Deutschland »Meister:in« nennen darf, wird in Japan ebenfalls mit Erstaunen quittiert. Bei den Japaner:innen ist das Konzept des lebenslangen Lernens schon seit Jahrhunderten etabliert.

Und nun halten sie, lieber Leser, liebe Leserin, einen Sammelband mit Beiträgen von 60 Experten und Expertinnen in der Hand. Das sind also genau die Menschen, von denen ich gesprochen habe. Im positiven Sinne verrückte, leidenschaftliche Menschen, die sich einem Thema mit all ihrer Kraft verschrieben haben. In diesem Band haben sie ihr Wissen und ihre Expertise gebündelt, sodass die Leser und Leserinnen uneingeschränkt davon profitieren können.

Nutzen Sie also gerne die Chance und lesen Sie diesen zweiten Band, um in die Welt der Experten:innen hineinzuschnuppern. Sie werden erleben, wie angenehm es ist, mit Profis zu arbeiten und deren enormen Wissensfundus anzuzapfen.

Ihr Hermann Scherer

Schulschaden – das deutsche Bildungssystem macht unsere Kinder kaputt

Richard David Precht sagte einmal in einer Podiumsdiskussion bei einem Event in Zürich, dass wir Kindern in der Schule kein Wissen mehr beibringen müssen. Wissen steht unseren Kindern dank der Digitalisierung mittlerweile 24 Stunden sieben Tage die Woche zur Verfügung. Unsere Aufgabe sei es vielmehr, unseren Kindern den Umgang mit Informationen beizubringen. Ihnen zu zeigen, wie man lernt. Wie man Relevantes von Irrelevantem unterscheidet. Ein System, in dem Wissensbulimie gelebt wird, hat ausgedient. Und dennoch besteht es bis heute.

Unser Bildungssystem ist veraltet – krankt und hinkt an vielen Stellen. Dennoch schleppen wir es Jahr für Jahr weiter mit uns herum und machen unsere Kinder systematisch kaputt. Der Schaden ist unermesslich, zeigt sich aber eben erst im späteren Leben – und dann kann man »unnormales« Verhalten schon diversen Dingen zuordnen. Kinder werden durch unsere Schulen zu Arbeitsdrohnen erzogen. Ein freier Wille, eigenständiges Denken ist unerwünscht. Und die, die ausbrechen, werden unsanft wieder eingefangen und bekommen im wahrsten Sinne des Lebens sehr schnell zu spüren, was es bedeutet, sich nicht systemkonform zu verhalten.

> Wir brauchen mündige Kinder. Wir brauchen endlich wieder Charakterköpfe.

Heute wird zwar nicht mehr mit dem Lineal oder dem Stock auf die Hände gehauen, wie das noch vor einigen Jahrzehnten getan wurde, dafür ist der Kampf auf psychischer Ebene mittlerweile auf ein Niveau gestiegen, bei dem die Kinder unter hohem Leistungsdruck verzweifeln.

Das kann und darf so nicht weitergehen, wenn wir unsere Kinder wirklich lieben. Doch es sind leider nicht die Kinder selbst, die für sich einstehen können, es sind wir Eltern, die hier im Kollektiv antreten sollten, um an alten Strukturen zu rütteln und innovative Veränderungen anzuschieben. Das Rad müssen wir dabei nicht neu erfinden, wir müssen einfach mal über die eigenen Landesgrenzen hinausschauen. Direkte Nachbarstaaten leben uns aktiv vor, wie es anders und besser funktionieren kann. Wie ein Bildungssystem mündige und aktive Bürger hervorbringt. Wie es stressresistente und starke Charaktere formt. Selbst dann, wenn gewisse Voraussetzungen wie psychische oder physische Krankheiten es ein wenig schwieriger machen für das betroffene Kind, haben diese heranwachsenden Charaktere die Chance auf ein selbstbestimmtes und eigenständig gelebtes Leben.

Wir brauchen gesunde Kinder, damit unsere Welt auch zukünftig Bestand hat. Wir brauchen Kinder, die neugierig sind. Wir brauchen kritische Nachfolger, die die Dinge hinterfragen, die für uns zum Selbstverständnis geworden sind. Wir brauchen eine Welt voller motivierter Kämpfer, die für sich und ihre Ideen einstehen. Weil sie gelernt haben, aus den zahlreichen Reizen, Informationen und dem zugänglichen Wissen das Wichtige für ihr ganz persönliches Leben herauszufiltern und zu potenzieren. Wir brauchen mündige Kinder. Wir brauchen endlich wieder Charakterköpfe. Gerade jetzt und besonders in Zukunft, wenn die Welt durch einen Virus eine ganz andere geworden ist.

> Plötzlich waren wir Eltern in der Pflicht und haben uns mit den Stärken, aber vor allem Schwächen unserer Kinder täglich konfrontiert gesehen.

Plötzlich waren wir Eltern in der Pflicht und haben uns mit den Stärken, aber vor allem Schwächen unserer Kinder täglich konfrontiert gesehen. Homeschooling sorgte dafür, dass wir es waren, die sich zwar nicht für den Lernstoff verantwortlich zeigten, aber dafür sorgen mussten, dass unsere Kinder ihn konsumierten, ihn verstanden, ihn verinnerlichten. Und plötzlich war alles anders. Auch bei uns daheim. Ich habe drei Kinder, jedes für sich ein eigener Kopf, und jedes davon ging anders mit der Situation um.

Passte sich ihr unterschiedlich an. Nach gut einem Jahr mein Fazit: Ich lernte meine Kinder noch besser kennen, mich selbst aber auch. Und das deutsche Bildungssystem gewann nicht an Entfaltungsmöglichkeiten. Es zeigte sich, wie starr, stur und sichtlich einseitig unsere Kinder unterrichtet werden. Und wenn Wochen oder Monate nach der Einführung von Homeschooling die Technik immer noch hakt, versteht man vielleicht endlich einmal, wie wenig zukunftsweisend unser Bildungsapparat aufgestellt ist.

> Ich lernte meine Kinder noch besser kennen, mich selbst aber auch.

Ich bin kein Freund von Extrawürsten, bei drei Kindern habe ich dafür auch keine Zeit. Besonders bei der »Fütterung« kann ich nicht auf jeden einzelnen Wunsch eingehen. Dennoch zwinge ich meine Kinder nicht dazu, Lebensmittel zu konsumieren, die sie nicht mögen. Es geht darum, dass am Ende für jeden wenigstens ein passendes Lebensmittel auf dem Tisch zu finden ist. Vielfalt ist das Zauberwort, und mit der beschenkt uns die Welt in einem unfassbar großen Ausmaß. Doch wir nutzen sie nicht! Wir sind gefangen in alten Denkmustern, trauen uns nicht, mal etwas auszuprobieren, das in den Augen anderer vielleicht nicht »normal« ist. Wir haben Angst vor dem Risiko, schief angeschaut oder noch schlimmer ausgegrenzt zu werden. Ich habe mich daran gewöhnt. Und ich weiß auch, dass ich sicher mit einigen Ansichten Grenzen austeste. Aber das tut am Ende jeder, der sich gegen gewisse und allgemeingültige Dinge stellt. Dinge, die eben sind, wie sie sind und die immer schon so waren und deshalb so bleiben.

> Zu wissen, dass Scheitern kein Beinbruch ist, sondern zum Erfolg dazugehört.

Das Ausfüllen von Anträgen, eine gute Verhandlung führen zu können, wenn es darum geht, etwas für sich zu entscheiden. Empathie und Gelassenheit. Zu wissen, dass Scheitern kein Beinbruch ist, sondern zum Erfolg dazugehört. Beziehungen aufzubauen und Beziehungen zu pflegen. Und zu wissen, wie es gelingen kann, die eigene Berufung zu finden. All das sind Herausforderungen, die auf unsere Kinder warten. Und dann brauchen sie mehr als das Wissen, dass eins plus eins zwei macht und man »nämlich« nicht mit »h« schreibt. Dann braucht es Wissen darüber, was Leben eigentlich bedeutet.

Die Schule ist auf gar keinen Fall allein für die Erziehung und Bildung unserer Kinder verantwortlich. Wir können unsere Verantwortung als Eltern nicht auf andere abschieben. Dennoch muss die Schule ein verlängerter Arm sein und sollte uns bestmöglich dabei unterstützen, unsere Kinder zu mündigen Erwachsenen mit viel Sinn für Kreativität zu erziehen. Zu Menschen, die Probleme lösen können und einen empathischen Umgang mit allen anderen Lebewesen leben. Jeder Mensch, so jung er auch sein mag, ist individuell und macht Fehler. Und das ist gut so. Fehler sind nicht schlecht, Fehler sind menschlich. Ohne Fehler keine Weiterentwicklung. Nur wenn etwas nicht so gut läuft wie geplant, sind Menschen motiviert, es anders zu machen. Doch unseren Kindern wird beigebracht, dass Fehler nicht gut sind und nur dumme Menschen Fehler machen. Fehler darf sich niemand erlauben.

Doch schon Thomas A. Edison sagte einmal: »Ich habe nur 10.000 Wege gefunden, die nicht funktionieren.« Und wir reden dabei von dem Mann, der uns die Erleuchtung brachte. Und zwar in Form der Glühbirne. Kein lästiges Feuermachen mehr, kein Herumhocken im Dunkeln. Licht für uns alle, auch für die Schulen. Und damit Amen.

CHRISTINA SCHNEIDER

Drei Kinder, ein Mann und ein kleines Dorf, das ist mein Leben. Geboren wurde ich im Jahr 1986 in Paderborn. Mit meinem Mann habe ich ein Unternehmen, das durch Corona und die damit verbundenen Einschränkungen in Schwierigkeiten geriet. Dadurch sind die ersten Ideen für eine neue digitale Entwicklung gefragt.

Ich bin skeptisch gegenüber unserem derzeitigen Bildungssystem. Mein Versprechen: Ich setze mich hiermit dafür ein, unsere Schulen neu aufzustellen – digital und sozial ist die Zukunft. Im Sinne der Kinder, im Sinne der Individualität. Mein Wunsch: Schulen sollten ein Anlaufpunkt sein, an dem Kinder und junge Heranwachsende auf das wahre Leben vorbereitet werden. Schule darf nicht schaden!

Ein gut aufgestellter Plan ...

... trägt zu einer guten Organisation bei und erleichtert zudem das Leben, mein Kind. Genau das waren die Worte meiner Mutter in der wohlgemerkt für mich unpassendsten Situation. Diesen gefühlten Moment, in dem man dasteht wie ein Grinsekuchenpferd, kennen wohl so einige von uns. Wie wir wissen, wollen Mütter auf ihre Art und Weise immer das Beste, ob es für einen selbst gut oder schlecht ist, sei dahingestellt. Das ist der angebotene Kuchen, der, wenn er schmeckt, gerne gegessen und somit angenommen wird, und wenn er eben nicht schmeckt, schwer im Magen liegt.

> Das Pferd symbolisiert Kraft, PS und Fortschritt. Es ist allerdings auch in der Lage, dir einen solch kraftvollen Tritt zu verpassen, dass es dich umwirft.

Das Pferd symbolisiert Kraft, PS und Fortschritt. Es ist allerdings auch in der Lage, dir einen solch kraftvollen Tritt zu verpassen, dass es dich umwirft. Das Grinsen hat sein ganz eigenes Gewicht. Vielleicht ist die Geschichte von Alice im Wunderland und die Figur der Grinsekatze bekannt. Die Eigenart der Katze, eben das besagte Grinsen, ist auch noch erkennbar, wenn sie sich unsichtbar macht. Ein Grinsen schwebend im Raum! Die Aussage wirkt. Weiter zu erwähnen ist die Interpretation des Drehbuchautors und Zeichners Bill Peet bzgl. der großen Katzenpfoten. Die ständige Beschäftigung der Katze mit ihren Pfoten stellt die Ursprünge der Zerfahrenheit dar. Na, wie passend. Wie oft kommen wir Menschen in Situationen, in denen wir händeringend nach einem Ausweg suchen und sodann bei tiefgreifenden verletzenden Aussagen hilflos und betreten, oftmals auch grinsend dastehen?

Ja, ich gebe meiner Mutter recht, doch mal ganz ehrlich, ein noch so gut aufgestellter Plan für das Erreichen seiner Ziele kann durch unvorhersehbare Situationen und Änderungen durchkreuzt werden. Was du allerdings daraus machst, ist das, worauf es ankommt. Also plane in Zukunft das Grinsekuchenpferd stets mit ein. So viel zu meinem »ungefragten« Ratschlag an alle, die diese Zeilen lesen.

Selbstredend pflichte ich der Annahme ebenfalls bei, dass bei Vorhandensein eines hervorragenden Mindsets und positiver Herangehensweise normalerweise alles gut laufen dürfte (zu Beginn eines jeden Projekts liegt ja keine »bewusste« Absicht des Scheiterns vor).

Doch was nützt es, wenn sämtliche Kalkulationen und Strategien, die aus der Komfortzone heraus getroffen wurden, plötzlich von heute auf morgen nicht mehr greifen? Beispielsweise die bestens durchdachte Absicherung der finanziellen Sicherheit durch äußere Umstände verloren geht? Die Nebenfolge des finanziellen Verlustes ist oft ein abgrundtiefes Fallen in eine Aussichtslosigkeit und Machtlosigkeit, die von anderen niederschmetternden Gefühlsvorgängen begleitet wird.

> Doch was nützt es, wenn sämtliche Kalkulationen und Strategien, die aus der Komfortzone heraus getroffen wurden, plötzlich von heute auf morgen nicht mehr greifen?

Neben der finanziellen Sicherheit stellt sich jedoch die Frage, welche Sicherheiten es sonst noch so gibt. Von den unzähligen Arten führt es mich dazu, die individuelle Sicherheit anzusprechen, die sich in der physischen (körperliche Unversehrtheit) und wirtschaftlichen Sicherheit (dauerhafte existenzielle Basis/Absicherung der Zukunft) unterscheiden. Nicht allumfassend dargestellt, führe ich hier besonders betonend die objektive, sprich tatsächliche Sicherheit vor körperlichen oder existenziellen Gefahren und die subjektive, also die gefühlte »innere« Sicherheit auf.

Interessant ist, dass sich für jeden Einzelnen die innere Sicherheit verschiedenartig zusammensetzt. Was für den einen wichtig ist, ist für den anderen irrelevant. Faszinierend finde ich, dass wir uns, so individuell und einzigartig jeder Einzelne von uns sein mag, doch in dem einen Wunsch, sicher und gut zu leben, einig sind.

Wie kann nun Sicherheit allgemeingültig definiert werden und greifen, wo es doch keine 100%ige Sicherheit gibt? Selbst Benjamin Franklin sagte: »Wer die Freiheit aufgibt, um Sicherheit zu gewinnen, wird am Ende beides verlieren.«

Auf Nummer sicher zu gehen, nochmals über Dinge nachzudenken, sie zu beleuchten, ist gut, doch es gibt Situationen, in denen du keine Zeit mehr dazu hast. Es sind solche Situationen, in denen du getreten wirst, von anderen durch Worte oder auch Handlungen emotional oder gar körperlich verletzt wirst. Das sind die Zeiten, in denen du wie ich dastehst wie ein Grinsekuchenpferd. Oft folgt darauf unweigerlich eine Reaktion, die dich selbst verblüfft. Sei es, dass du dich zurückziehst (flüchtest), dass du aggressiv oder auch nur aufgebracht (kämpfend) reagierst, weil dein Hot Button gedrückt wurde, oder du einfach sprachlos dastehst und dich so wie die Opossums Crash und Eddy aus dem Film »Ice Age 4« totstellst. In einer Angriffssituation Crash und Eddy zu spielen wäre wohl eher etwas, das dem anderen in die Karten spielt. Fakt ist, sich erst Gedanken darüber zu machen, was man wie tun könnte, wenn die Situation da ist, ist zu spät. Es handelt sich nur um Sekunden, doch es sind lebenswichtige und entscheidende Sekunden. Aus langjähriger Erfahrung weiß ich, wie wichtig es ist, sekundenschnell situationsangepasst reagieren zu können, und möchte dir deshalb diesen Fünf-Schritte-Plan mitgeben, sodass du, ergänzt mit Fragen und Antworten, für dich selbst (und deine Familie) ein ganz individuelles Sicherheitskonzept erstellen kannst.

> Fakt ist, sich erst Gedanken darüber zu machen, was man wie tun könnte, wenn die Situation da ist, ist zu spät.

Der 1. Schritt »Forecast-Konflikt« umfasst die Identifikation der persönlichen sowie täglich auftretenden Störfaktoren, die bei Nichtbearbeitung einen Konflikt in jedweder Art vorhersagen können (oder die Gefährdungsmöglichkeiten).

Schritt 2 »Risk Assessment« ist deine eigene Risikobewertung (niedrig, mittel, hoch) zu den im 1. Schritt aufgelisteten Störfaktoren (Gefährdungsarten), dazu die Eintrittswahrscheinlichkeit (nie, selten, häufig, dauerhaft).

Bei dem 3. Schritt »Crisis Roadmap« wird das Frühwarnsystem initiiert sowie das eigene Gefahrenradar aktiviert, das dich automatisiert in bestimmten Situationen (Ergebnisse aus Schritt 1 und 2) aufmerksamer werden lässt.

Im 4. Schritt, der »Revision«, werden alle bisherigen Reaktionsweisen näher betrachtet und auf ihre Zweckmäßigkeit hin überprüft. Steht der Zeiger auf Veränderungsbedarf, werden hier die für dich infrage kommenden Handlungsweisen auf das Können, Dürfen und Wollen hin hinterfragt.

Im 5. und damit letzten Schritt geht es um »Enhancement«: Die Erweiterung und damit Integration der möglicherweise neu einzusetzenden Reaktionsweisen bzw. Bewältigungsstrategien (QR-Code führt zur Übersicht).

Wisse, du kannst nicht überrascht werden, wenn du mit allem rechnest, denn alles ist möglich! Nur weil es keinen Platz im eigenen System hat, heißt es noch lange nicht, dass es nicht existiert oder nicht geschehen kann. Die Krux bei dem Wissen, dass alles möglich ist (mit weinendem Auge betrachtet), ist es, trotzdem ein positiver Mensch zu bleiben, zu sein. Ob die Welt ein sicherer Ort für uns selbst, für unsere Kinder ist, liegt zum größten Teil an uns selbst. So wünsche ich jedem viele Situationen mit dem Grinsekuchenpferd – zum Üben und Wachsen, jedoch viele mehr, in denen im Jagdgalopp die Ziellinie erreicht wird und man sich voller Freude den wohlverdienten Kuchen zur Belohnung schmecken lässt.

> Du kannst nicht überrascht werden, wenn du mit allem rechnest, denn alles ist möglich!

BIANCA BLÖCHL

Survivability.Coach
BÄM_up YOUR life!

1993 begann sie als Vollzugsbeamtin der Bundespolizei und Einsatztrainerin mit ehrenamtlicher Tätigkeit als Landes- und Bundesfrauenreferentin des Bayerischen und Deutschen Ju-Jutsu Verbands e.V. Als Ju-Jutsu-Fighterin im Nationalteam erlangte sie mehrere nationale und internationale Erstplatzierungen. RESET Point 2005: Gründung des ersten Unternehmens. Sie war aktiv im Personenschutz und als Ausbilderin in der Sicherheitsbranche tätig. Heute voller Einsatz rund um das Thema »Sicherheits- und Chancenmanagement«, damit Menschen ihr Standing in guten wie in herausfordernden Zeiten behalten und wie das Auge im Hurrikan kraftvoll wirken.

FührungsExzellenz im New Normal

oder Das »Warum« der Mitarbeitenden für eine erfolgreiche Unternehmenskultur

Vor einiger Zeit trat ein Leiter einer sozialen Einrichtung an mich heran und teilte mir mit, dass sein Team, das aus zehn Mitarbeitenden besteht, nicht mehr erfolgreich miteinander arbeitet. Die Kommunikation der Mitarbeitenden sei eine Mischung aus unterkühlt und gereizt. Vor allem eine Mitarbeiterin äußerte ihren Kolleginnen gegenüber ständig Vorwürfe und schien sehr unzufrieden zu sein. Einzelne Mitarbeiterinnen hatten sich nun bereits an ihn gewandt und ihn gebeten, mit der Kollegin ein Gespräch zu führen. Er fragte mich, ob ich nicht Tipps hätte, wie er das Gespräch am geschicktesten führen könne, damit er Zugang zu der Mitarbeiterin bekäme, denn er schätzte sie als sehr dominant ein und sah dem Gespräch bereits mit Grauen entgegen. Ich gab viele Tipps und Anregungen für eine gute Gesprächsführung, aber aus diversen Gründen wurde das Gespräch schließlich immer wieder verschoben und letztendlich nie geführt.

Die Situation hatte sich Wochen später weiter zugespitzt, sodass ich ihm vorschlug, die in drei Wochen anstehende Fachweiterbildung für ein Onlineseminar zur Persönlichkeitsentwicklung mit mir zu nutzen. Dort würden alle Mitarbeitenden die Gelegenheit bekommen, sich mit ihren privaten oder beruflichen Lebenssituationen und ihren Wünschen und Zielen auseinanderzusetzen, und gleichzeitig könnten sie den Abgleich zwischen ihren persönlichen Bedürfnissen und den Anforderungen ihrer beruflichen Tätigkeit vornehmen. Ich bot aufgrund der schlechten Kommunikation im Team an, ebenfalls Teile meines Kommunikationsseminars mit einfließen zu lassen. Der Leiter war unsicher, ob mein Workshop helfen würde, hatte aber auch keine bessere Alternative. Außerdem konnte er so das nötige Mitarbeitergespräch erst einmal aufschieben.

Bevor es jedoch zum Seminartag kam, trat die Fachabteilung der Einrichtung auf mich zu und bat mich um Erklärung, warum ich glauben würde, dass ein Workshop für Persönlichkeitsentwicklung besser und wichtiger sei als eine fachliche Weiterbildung, die der Qualifizierung diene. Ich erklärte, dass in der derzeitigen wenig zufriedenstellenden und sehr angespannten Teamsituation alle Qualifizierungsmaßnahmen verpuffen würden und es aktuell wichtiger sei, das Wohlbefinden der Mitarbeitenden und ihren Teamgeist wieder herzustellen. Ich bekam wortwörtlich zur Antwort: »Die sollen sich nicht wohlfühlen, sondern einen anständigen Job machen.« So viel Unverständnis hatte mir direkt die Sprache verschlagen, und das kommt äußerst selten vor.

> »Die sollen sich nicht wohlfühlen, sondern einen anständigen Job machen.«

Im weiteren Verlauf des Gesprächs kam die Frage auf: »Was passiert, wenn bei dem Seminar herauskommt, dass Mitarbeitende nicht mehr zufrieden mit ihrem Job sind und vielleicht sogar kündigen?« Zum Entsetzen meines Gesprächspartners fing ich laut an zu lachen und sagte: »Großartig! Mitarbeitende, bei denen persönliche Werte und Ziele nicht (mehr) mit denen des Arbeitgebers übereinstimmen, sind nicht mit vollem Einsatz und Leidenschaft bei der Arbeit, machen oft nur noch Dienst nach Vorschrift, haben innerlich gekündigt und lassen ihren Frust (häufig auch unbeabsichtigt) an Kollegen, Kunden und anderen Mitmenschen aus. Arbeitsrechtlich können sie meist nicht gekündigt werden und nehmen dem Arbeitgeber so die Entscheidung ab, intervenieren zu müssen.«

Natürlich ist der Verlust eines engagierten Mitarbeitenden in Zeiten des Fachkräftemangels dramatisch, aber ist es auch ein Verlust für das Unternehmen, wenn die Qualität und das Betriebsklima sinken, weil es an Motivation fehlt? Sie können Motivation nicht von außen steuern, wenn die Ideale und Werte zwischen Arbeitgeber und Mitarbeiter nicht passen. Der Image-Schaden durch antriebslose und unzuverlässige Mitarbeitende ist immens und kostet Unternehmen meist Kunden, Umsatz und demotiviert zudem die engagierten Mitarbeitenden in den Teams im Unternehmen. Schlechtes Betriebsklima und ein hoher Krankenstand sind die Folgen. Kosten für das Unternehmen insgesamt: Ein Vermögen!

Für mich ist Persönlichkeitsentwicklung auch eine Frage gelebter Unternehmenskultur und ein notwendiges Konzept für die Zukunft in Hinblick auf erfolgreiche Mitarbeiterführung.

Die Geschäftsleitung gab die Erlaubnis zur Durchführung des Workshops. Tatsächlich planten sie sogar für die Zukunft derartige Workshops in ihrem Qualitätsmanagement zu ergänzen. Ich rannte hier also eine offene Tür ein und dem Seminar stand nun nichts mehr im Wege.

Natürlich ist es naiv zu glauben, dass Mitarbeitende, die zu einem Seminar geladen werden, nicht zuletzt, wenn es gravierende Probleme gibt, motiviert daran teilnehmen. Hier bedurfte es Fingerspitzengefühls und einer Prise Witz.

Wir arbeiteten uns durch die verschiedenen Gründe, warum Menschen denken, wie sie denken, handeln, wie sie handeln, und reden, wie sie reden. Den größten Aha-Moment erlebten die Teilnehmenden bei der Erkenntnis, dass sie andere Menschen nicht ändern können. Jeder kann aber seine Einstellung ändern, wie er mit Handlungen und Gesagtem von anderen umgeht. Zudem gab es die Erkenntnis, dass jeder seine eigene Lebenslandkarte und so seine eigene Lebensrealität besitzt, die uns durch Erziehung und Erfahrungen prägt. Warum glauben wir also, dass unsere persönliche Lebensrealität und unsere Vorstellungen von richtig und falsch für alle gelten müssen? Und wenn wir uns die Problematik der verschiedenen Lebensrealitäten vor Augen halten, ist es dann nicht auch klar, warum wir so viele Konflikte im Umgang

> Warum glauben wir also, dass unsere persönliche Lebensrealität und unsere Vorstellungen von richtig und falsch für alle gelten müssen? – Akzeptieren Sie die Lebenslandkarte der anderen Menschen!

miteinander haben? Akzeptieren Sie die Lebenslandkarte der anderen Menschen!

Ein Beispiel machte dies sehr deutlich: Wir sprachen über Pünktlichkeit. Alle waren sich einig, dass diese Eigenschaft wichtig ist. Ich fragte, was sie darunter verstehen. Was ist Pünktlichkeit? Wenn ich 30 Minuten vorher da bin, 15 Minuten vorher oder reicht es auch, auf die Minute pünktlich zu sein? Die Teilnehmenden waren absolut unterschiedlicher Meinung und sie erzählten von ihrer Erziehung und Prägung als Kind. Einige wuchsen nach sehr strengen Regeln auf, andere nicht.

Die Erkenntnis, dass wir unterschiedliche Lebensrealitäten haben und gleichzeitig keine richtig oder falsch ist, löste einen dicken Knoten im Team. Wie aber nun damit umgehen? Mein Rat: »Reden Sie miteinander! Da Sie nun wissen, dass alle unterschiedlich denken und unterschiedliche Erwartungen haben, legen Sie die Regeln für das Team und die Zusammenarbeit fest! Was bedeutet Pünktlichkeit für das Team und die Zusammenarbeit?«

Nachdenkliche Teilnehmende, die jetzt neue Ansätze im Umgang miteinander hatten, stellten in den kommenden Tagen neue Regeln miteinander auf. Differenzen zwischen Lebenswünschen und dem Berufsleben wurden mit dem Setzen neuer Prioritäten wieder ausgeglichen und im Team fand ein Aufatmen statt.

Die sehr fordernde Mitarbeiterin beantragte kurze Zeit nach dem Workshop ein Sabbatical, das sie sich aufgrund des Glaubenssatzes »Das darf man nicht!« selbst verboten hatte, obwohl sie völlig ausgebrannt war. Sie war sehr dankbar, jetzt über neue Erkenntnisse zu verfügen!

> Mein Rat: »Reden Sie miteinander! Da Sie nun wissen, dass alle unterschiedlich denken und unterschiedliche Erwartungen haben, legen Sie die Regeln für das Team und die Zusammenarbeit fest!«

DAGMAR WESTPHAL

Expertin für FührungsExzellenz© und Transformation
Führung beginnt in der Führung.

Stärkung von Führungskräften, Unternehmern und HR-Profis zu einer mitarbeiterfreundlichen Führung, erfolgreichen Unternehmenskultur und einem Wettbewerbsvorteil am Markt.

Als HR-Beraterin, Betriebsratsvorsitzende und systemische Coachin mit 30-jähriger Berufserfahrung war sie bisher Sparringspartnerin von Führungskräften hochrangiger Steuer- und Rechtsanwaltskanzleien, Banken, medizinischer Einrichtungen und Arbeitgebern der Evangelischen Kirche Berlin-Brandenburg-schlesische Oberlausitz.

Mit ihrer Leidenschaft für ein wertschätzendes Miteinander zwischen Unternehmensführungen und Mitarbeiterschaft engagiert sie sich neben ihrer Beratertätigkeit auch als Dozentin für Führungs-Exzellenz© und als ehrenamtliche Prüferin für Personalfachkaufleute für die IHK Berlin.

#Wo bist du zu Hause?

Diese und andere Fragen rund um das Gefühl, nach Hause zu kommen, beschäftigen mich seit zwei Jahren und regen mich immer wieder zum Nachdenken an. Woher kommt die Anziehungskraft, welche Gefühle und Emotionen verbergen sich hinter dem Begriff »Zuhause«? Meiner Meinung nach spreche ich mit diesem Thema alle Menschen weltweit an, unabhängig von Region und Religion. Für jeden Menschen kann das Zuhause etwas anderes sein. Es können die Familie, die Freunde, das Haus, die Stadt, das Land, die Sprache, das Essen, die Religion oder noch ganz etwas anderes sein. Die meisten Menschen würden dem Begriff »Zuhause« die Attribute Geborgenheit, Liebe, Sicherheit, Sehnsucht, Vertrautheit, Wohlbefinden, Entspannung, Familie, Refugium, Energiequelle oder Rückzugsort zuordnen. Alles gute Gründe, nach Hause zu kommen, wenn man sich unterwegs befindet und das Gefühl von Heimweh verspürt.

> Woher kommt die Anziehungskraft, welche Gefühle und Emotionen verbergen sich hinter dem Begriff »Zuhause«?

Und doch fühlen sich viele Menschen heute nicht mehr geborgen. Stattdessen sind sie unsicher in ihren Beziehungen, in ihrem Glauben, ihrem Job, ihrem Land. Die Welt scheint für viele aus den Fugen geraten zu sein und die Rückzugsorte von einst verkommen zu No-go-Areas. Schon kursieren Karikaturen, in denen die gesellschaftliche Kälte das Weltklima rettet. Alles keine guten Vorboten für eine Welt von morgen und ein wichtiger Grund, sich einmal mit dem Thema Zuhause in einer entwurzelten Welt, in der Millionen Menschen auf der Flucht sind und andere um ihr Zuhause bangen, zu beschäftigen. Kaum ein Winkel dieser Welt bleibt von den Folgen der massiven Überbevölkerung, dem aus dem Takt geratenen Weltklima und zahllosen geopolitischen Kriegen verschont. Das Bewusstsein wird mit Katastrophen, Tod, Kriegen, Leid und Vertreibung überflutet und nährt das Unterbewusste meistens mit negativen Bildern voller Niedergang und Endzeitstimmung. Kein guter Ort für ein Zuhause.

Angst breitet sich aus – Angst und Ohnmacht, gegen diese Sorgen nichts ausrichten zu können, sich hilflos und ausgeliefert zu fühlen. Und wütend. Der Blick in die Vergangenheit verklärt das Heute und lässt das Morgen in düsteren Farben untergehen. Die Welt steht in Flammen und Untergangspropheten haben Hochkonjunktur. Leider nicht immer zu Unrecht. Durch die Medien und die digitalen Meinungsführer:innen* in den sozialen Netzwerken und den Messengerdiensten werden teilweise auch Fake News verbreitet, was zur Folge hat, dass diese negativen Gefühle, Emotionen und der Negativismus noch extrem bei der Bevölkerung verstärkt werden. Denn die Eliten dieser Welt kümmern sich nicht mehr um den Erhalt eines friedlichen Zuhauses von acht Milliarden Menschen. Deshalb muss sich jeder selbst darum kümmern und aufhören, mit düsteren Prognosen an dessen Zerstörung mitzuwirken.

| Der Blick in die Vergangenheit verklärt das Heute und lässt das Morgen in düsteren Farben untergehen.

Ignoriere ich aber die Sorge der Menschen um ihr Zuhause, ihren Wunsch nach Sicherheit und die drängenden Fragen an eine friedliche Zukunft, nehme ich diesen Menschen nicht nur die ersehnte Geborgenheit, sondern fördere deren Angst und Ohnmacht. Jede ideologische Ausgrenzung von Menschen, ohne sich deren Sache anzunehmen, fördert den Zerfall unserer Gesellschaft und lässt den Frieden sterben. Nicht »Pegida« gefährdet Deutschland, sondern die Ignoranz den Gründen für eine solche Bewegung gegenüber. Nicht die »Gelbwesten« sind Frankreichs Untergang, sondern eine Regierung, die eine solche Bewegung erst nötig macht. »Fridays4Future«

---

* http://library.fes.de/pdf-files/akademie/15736.pdf

wird das Klima nicht retten, zeigt aber den Wunsch, die Welt nicht kampflos aufzugeben.

Ähnlich verhält es sich mit unserem Zuhause. Keiner wird kampflos seine Sicherheit opfern und seine Familie im Stich lassen. Und dennoch tun das aktuell Millionen von Menschen auf der Flucht vor Krieg, Tod und Terror. Sie kappen ihre Wurzeln und stranden an fremden Ufern, wo sie um Orientierung ringen und dabei Platz beanspruchen, der anderen bis dahin als Refugium und Heimat diente. Wieder sind Ängste und Ablehnung die Folge und Verteilungskämpfe werden globalisiert. Wo Menschen enger zusammenrücken, muss das eigene Zuhause nicht kleiner werden. Voraussetzung aber ist der gegenseitige Respekt und das Bewusstsein, dass zu einem Zuhause auch Regeln, Gewohnheiten und Rituale gehören, die ein Miteinander erst möglich machen. Diese zu ignorieren, bedeutet den Verlust von Sicherheiten und erzeugt Widerstand.

Ein Zuhause ist aber noch mehr als nur die eigenen vier Wände. Es bedeutet auch Lebensqualität, Teilhabe und Autonomie. Menschen wollen darüber entscheiden können, wie sie ihr Leben leben und mit wem. Sie wollen sich nicht täglich Gedanken über ihre Grundbedürfnisse, ihre Gesundheit und Sicherheit machen müssen, über Altersarmut, »Überfremdung« und Weltwirtschaftskrise. Die meisten Menschen wünschen sich ein friedliches Miteinander des Gebens und Nehmens, in dem jeder den anderen so sein lässt, wie er ist. Das ist ein Angebot auf Gegenseitigkeit, aus dem heraus Sicherheit und damit Geborgenheit erwächst: unser Zuhause.

> Ein Zuhause ist aber noch mehr als nur die eigenen vier Wände.

Und all das beginnt in uns selbst. Wir sind es, die mit unserem Denken, Fühlen und Handeln für Sicherheit oder Unsicherheit sorgen. Wir können Vorbild oder Feind sein und uns am Niedergang dieser Welt beteiligen oder helfen, sie zu erhalten. Denn *ein* Zuhause kann uns keiner nehmen, nämlich die Geborgenheit in uns und die Freundschaft mit uns selbst. Der Mensch ist frei darin, selbst zu bewerten, wie er lebt und worin er seine Sicherheit findet. Es ist der

Grad an Eigenverantwortung, der den Menschen wählen lässt, wie er sich fühlen möchte und wie er auf seine Umgebung reagiert. Ängste lähmen, das Suchen nach konstruktiven Lösungen indes schafft Spielräume und lässt uns einander wirksam erleben.

Deshalb lasst uns einander Sicherheit sein. Passt auf jene auf, die sich allein fühlen, die sich ängstigen und Gefahr laufen, mit Gewalt auf eine sich ändernde Welt zu reagieren. Lasst uns diese Kraft weitertragen und zu einer Bewegung machen, in der Feindlichkeit und Misstrauen unnötig werden. Das erfordert Mut, Bildung und Geduld. In erster Linie aber die Bereitschaft, einander zuzuhören und uns gegenseitig ernst zu nehmen. Es gibt kein Richtig oder Falsch, wenn es darum geht, wo und womit sich jemand zu Hause fühlt. Es gibt nur eine Welt, in der wir zusammenleben müssen und in der jeder sein Zuhause braucht, um zu überleben. Gerade die Corona-Pandemie sollte dich zu mehr Achtsamkeit und Dankbarkeit anregen, da diese negative Veränderung außerhalb von dir passiert und du wenig Einfluss darauf hast. Denn Veränderung fängt immer mit einer geschärften Wahrnehmung und Klarheit in deinem Bewusstsein an. Deshalb ist ein Zuhause auch dort, wo du glücklich bist, und Glück vermehrt sich, wenn wir es teilen.

JOCHEN DZIUMBLA

Experte für Achtsamkeit & Finallyhomefeeling-Coach

Jochen Dziumbla ist ein sehr aktiver und agiler Networking-Experte, der auf allen Ebenen des Networkings zu Hause ist. Er ist der erste »Finallyhomefeeling-Coach« in der DACH-Region und ein exzellenter Achtsamkeitsexperte, Mentor und Buchautor.

Am Anfang steht Vertrauen ...

Ein chinesisches Sprichwort sagt: »Wenn der Wind der Veränderung weht, bauen die einen Mauern und die anderen Windmühlen.« Und der Wind weht ziemlich heftig, finde ich.

Vor einigen Jahren, eigentlich sind es deutlich mehr als zwei Jahrzehnte, kaufte ich mir einen PC. Ich erhoffte mir Arbeitserleichterung für das Erstellen und Archivieren meiner Unterrichtsvorbereitungen. Damals war es noch ein 286er – ein großer Kasten, der laute Geräusche von sich gab. Er machte den Eindruck, eine Wunderkiste zu sein. Ich war jung und Neuem gegenüber aufgeschlossen. Es machte mir Freude, auszuprobieren. Angst, Fehler zu machen, hatte ich nicht wirklich. Was konnte auch schon geschehen? Das World Wide Web gab es für uns noch nicht. Also musste man sich auch nicht mit Cookies, Datenschutz und dergleichen beschäftigen. Schlimmstenfalls konnte man die Hardware zerlegen, aber selbst dafür hatte ich zu wenig technisches Verständnis.

> »Wenn der Wind der Veränderung weht, bauen die einen Mauern und die anderen Windmühlen.«

Weil wir umzogen und zwei kleine Kinder hatten, konnten wir jede Unterstützung gut gebrauchen. Aus diesem Grunde besuchten uns meine Eltern für ein paar Tage. Den Willen, Neues zu verstehen und anzunehmen, hatte ich wohl von meinem Vater. Auch er, logischerweise war er wegen seiner 23 Jahre mehr Lebenserfahrung etwas vorsichtiger als ich, betrachtete den Kasten mit hoher Faszination. Man konnte damit schreiben, Bilder einfügen, ja sogar malen und Fotos archivieren. Eine tolle Kiste. Mein Vater war Lehrer – mit Leib und Seele. Seine Hingabe an die Arbeit, die er wirklich liebte, prägte auch meine Berufswahl. Und so sah er mir gern über die

Schulter, wenn ich damit arbeitete. Da Geld bei uns knapp war, war es ihm wichtig, ja nichts kaputt zu machen. Deshalb schaute er nur. Aber ich konnte wohl spüren, wie es ihm in den Fingern juckte. So holte ich ihn in mein Arbeitszimmer und verließ es mit den Worten: »Mach mal. Probier es aus. Du kannst nichts kaputt machen.« Wäre ich im Zimmer geblieben, hätte meinem Vater wohl die Freiheit gefehlt, ganz unbeobachtet seine ersten »Gehversuche« am Computer zu machen. Die Angst war genommen. Nach etwa drei Stunden kam er mit zerwühltem Haar, aber leuchtenden Augen ins Wohnzimmer, in der Hand ein spärlich bedrucktes Blatt Papier – selbst geschrieben und ausgedruckt. So sieht ein glücklicher Mensch aus, der stolz auf das ist, was er mit Anstrengung und Hingabe geschafft hat. Oft braucht es nur jemanden, der an uns glaubt, wenn wir uns selbst nicht trauen. Wenig später hatte auch er einen PC, mit dem er bald besser zurechtkam als ich. Inzwischen ist er in Rente und braucht das digitale Rennen nicht mehr mitzulaufen.

> Oft braucht es nur jemanden, der an uns glaubt, wenn wir uns selbst nicht trauen.

Was war geschehen?

Rückblickend sage ich heute: Mein Vater hat mit über 60 seine Komfortzone verlassen und etwas geschafft, was ihm schier unmöglich schien. Er hat sein Potenzial, Nützliches und Notwendiges zu erkennen und durch die Auseinandersetzung damit zu wachsen, genutzt. Wie hat er das gemacht? Eigentlich liegt die Antwort darauf in ganz einfachen Schritten eines Veränderungsprozesses: wahrnehmen, Problem erkennen, Wünsche zu Zielen machen, Möglichkeiten finden, Ressourcen bewusst machen und nutzen. In jedem Falle aber machen. Zuweilen braucht es jemanden, der genau diese Möglichkeiten in anderen Menschen erkennt und ihnen hilft, sie zu nutzen. Das Schöne an Problemen ist doch, dass sie immer schon die Lösung in sich tragen. Wüssten wir nicht, dass es auch anders geht, würden sich Schwierigkeiten gar nicht zeigen. Oft scheint die Aufgabe, vor der wir stehen, einfach zu groß. Dann leitet uns die eigene Vorstellung davon, wie wir dorthin kommen, wohin wir uns wünschen, und wie wir Herausforderungen meistern. Eine Treppe mit Stufen, deren Höhe wir selbst bestimmen können, und uns entgegengebrachtes Vertrauen helfen uns, wenn der Mut fehlt.

Es gibt keine Fehler, sondern nur Feedback.

Wenn wir Ergebnisse als Feedback verstehen, bietet uns das eine gute Möglichkeit zu wachsen. Wir erhalten wichtige Hinweise, ob ein Lösungsweg geeignet ist, werden lösungsorientierter und offener, neue Wege suchen. Triggert uns etwas, zeigt das oft, dass etwas nicht stimmt und verändert werden will. Dann hilft es, die häufig komfortable Situation zu verlassen und dabei dennoch bei sich selbst zu bleiben. Menschen, denen wir vertrauen, können uns helfend die Hand reichen, unsere Potenziale zu erkennen und einzusetzen. Kommunikation ist eben nicht nur Worthülse oder Schall in der Luft. Stark vereinfacht geht es um Verständigung über Dinge, die uns wichtig sind, und die Wege, diese zu erreichen.

> Es gibt keine Fehler, sondern nur Feedback.

Unlängst hatte ich mit einer jungen Frau zu tun, die sich in eine Umschulung begab. Bestandteil dieser ist, praktische Erfahrungen nachzuweisen. Aus zunächst unerklärlichen Gründen schien es ihr nicht zu gelingen, einen Praktikumsplatz zu finden. Ihre Zeugnisse waren gut, zielorientiert und flexibel war sie auch. Während unserer Gespräche zeigte sich, dass sie noch Dinge im Rucksack hatte, die sie niederdrückten. Ihre Kleiderauswahl wirkte nachlässig – sie schien wenig interessiert an ihrer Außenwirkung. Wir sprachen über Akquiseschritte, Selbstbild, den Blick auf den Unternehmensnutzen und u. a. auch über die Wirkung von Sprache und Erscheinungsbild. Bei der Erarbeitung der nächsten Schritte verweilte mein Blick auf ihrem Foto, das eine gepflegte Frau in den 40ern zeigte. Ob etwas mit ihrem Lebenslauf nicht in Ordnung sei, wollte sie wissen. Dass ich an diesem nichts auszusetzen hatte, aber ihre Frisur als nicht sehr kleidsam empfand, schien sie zu irritieren. Am Ende des Gesprächs fasste sie zusammen, was sie nun zu tun gedachte. Wie überraschte es mich, dass diese junge Frau zum nächsten Gespräch mit einem »neuen Kopf« erschien. Sie strahlte förmlich, als ich dies bemerkte.

Unser Leben ist nicht Stillstand. Es will gelebt werden und verlangt nach ständiger Veränderung. Dabei kann es mitunter stürmisch werden. So wie Windmühlen einer besonderen Konstruktion bedürfen, um dem Sturm standzuhalten, verfügt der Mensch bereits über das Potenzial, den Herausforderungen des Lebens zu begegnen und dabei dennoch seine Einzigartigkeit zu zeigen. Von meinem Vater habe ich viel gelernt. Wollte er daran erinnern, nicht vorschnell zu bewerten, zitierte er gern Pestalozzi: »Der Mensch ist gut und will das Gute. Und wenn er nicht gut ist, so hat man ihm sicher den Weg verrammelt, auf dem er gut sein wollte.« Für mich wurde dies zum Leitsatz. Menschen in ihrem Werden zu begreifen und sie erleben zu lassen, welch Stärke in ihnen steckt, ist für mich eine der schönsten Aufgaben.

SABINE MARTIN

Menschen helfen, ihr Potenzial zu erkennen und Ziele zu erreichen

Weit über 30 Jahre Erfahrungen in Schul- und Erwachsenenbildung, leidenschaftliche Dipl.-Lehrerin, Kinesiologin, NLP-Master (DVNLP), Coach mit beratender Tätigkeit, arbeitet an ihrem ersten Buch.

Sie hilft Menschen unterschiedlicher Altersklassen, ihren Wert zu erkennen, sich selbst zu vertrauen und Wünsche zu erreichbaren Zielen zu machen, damit sie Selbstwirksamkeit erfahren und an Herausforderungen wachsen.

Drei Siebe für den Kunden

Unsere Kunden bekommen ganz am Anfang unserer Zusammenarbeit ein Paket von uns. In diesem Paket befinden sich drei Siebe, ganz normale handelsübliche Küchensiebe. Die Verwirrung ist nach dem Öffnen für den Kunden sehr groß. Sie fragen sich wahrscheinlich auch, was das zu bedeuten hat. Die Logik hinter den Küchensieben verrate ich Ihnen am Ende. Erst möchte ich Ihnen erklären, warum Sie sich jetzt schon auf das Ende konzentrieren und gespannt auf die Antwort der Küchensiebe warten.

Unsere Leistungsfähigkeit nimmt durch neue Technologien, soziale Medien und stressige Arbeitsbedingungen ab. Das führt dazu, dass wir uns schlechter auf etwas konzentrieren können. Ein Forscherteam von der Technischen Universität Berlin hat herausgefunden, dass die Aufmerksamkeitsspanne für ein Thema in unserer Gesellschaft tatsächlich immer kürzer wird. Die sozialen Netzwerke spielen hier wahrscheinlich eine große Rolle. Wir werden jeden Tag mit so vielen Informationen zugeschüttet, dass unser Unterbewusstsein uns schützen möchte und vieles schon bevor wir uns überhaupt Gedanken darüber machen können einer Vorselektion unterzogen wird.

Um genau zu sein, beträgt unsere Aufmerksamkeitsspanne in den sozialen Medien maximal drei Sekunden und auf einer Webseite erreichen wir eine Verweildauer von ca. zehn Sekunden. *Sogar ein Goldfisch hat eine bessere Aufmerksamkeitsspanne als wir Menschen.*

Seit 2011 beschäftige ich mich mit Marketing und Verkaufspsychologie. Ich selbst komme eigentlich nicht aus dieser Branche, sondern bin gelernter Logistiker. Weil Marketing mich so faszinierte, begann ich mich in diesem Gebiet fortzubilden. Ich dachte immer,

Marketing wäre nur Werbung, aber merkte sehr schnell, dass Marketing eigentlich etwas Universelles ist.

Marketing hat viele Schubladen, in meinen Augen aber ist die wichtigste Schublade das Verkaufen. Wenn Sie erfolgreich werden wollen, müssen Sie verkaufen können, im Privaten, aber auch im Beruflichen. Wenn wir es genauer betrachten, lernen wir das Marketing schon im Kindesalter. Kinder hören am häufigsten das Wort »Nein« und lernen sehr schnell, wie sie das Nein umgehen können. Sie stellen Fragen und versuchen die Gründe für das Nein zu verstehen, damit sie für ihre Ziele neue Wege finden können. Kinder geben nicht auf, sie glauben an ihre Ziele.

> Wenn wir es genauer betrachten, lernen wir das Marketing schon im Kindesalter.

Ein Beispiel: Ihr Kind fragt Sie, ob es ein Eis essen darf. Sie sagen Nein, aber das Kind akzeptiert dies natürlich nicht auf Anhieb und startet immer neue Versuche, in der Hoffnung, dass Sie Ja sagen. Dann kommt die Phase, in der das Kind eine entscheidende Frage stellt: Warum kriege ich kein Eis? Sie antworten z. B. mit dem Argument, dass es draußen kalt ist. Das Kind stellt Ihnen noch eine wichtige Frage: Ist es warm, wenn die Sonne scheint? Sie antworten mit Ja. In diesem Moment hat das Kind die nötigen Informationen und erstellt in seinem Kopf einen Plan, um sein Eis zu kriegen. Nach wenigen Tagen scheint draußen die Sonne und Ihr Kind kommt zu Ihnen und setzt seinen Plan um. »Scheint heute die Sonne? Ist es warm, wenn die Sonne scheint?« In diesem Moment ahnen Sie natürlich nichts und bejahen die Fragen. »Gut, dann darf ich heute ein Eis essen, weil du mir gesagt hast, wenn die Sonne scheint, darf ich ein Eis essen«, teilt das Kind Ihnen mit. Das ist nichts anderes als Marketing.

Nicht direkt das Produkt anzubieten, sondern die Störquellen zu identifizieren und sie strategisch zu eliminieren, bringt Ihr Unternehmen zum Ziel. Schauen wir uns die Unternehmen im D-A-CH-Raum an, sehen wir, dass dieses einfache Prinzip von den meisten Unternehmen nicht genutzt wird. Wir Menschen habe das Nein schon vorprogrammiert und treffen Entscheidungen, wenn wir eine gewisse Sicherheit spüren. Die Frage, die gestellt werden muss, ist, wie wir diese Sicherheit unserer Zielgruppe vermitteln können. Um die richtigen Schritte zu gehen, müssen wir erst feststellen, was Sicherheit eigentlich bedeutet. Beim Verkaufen können wir Sicherheit als Vertrauen übersetzen. Können wir das Vertrauen unserer Zielgruppe gewinnen, erreichen wir schneller und effektiver unsere Marketingziele.

Im Offlinebereich haben wir dieses Vertrauen durch gut geschulte und sympathische Verkäufer aufgebaut und die Interessenten zu Kunden umgewandelt. In der Onlinewelt sieht die Sache ganz anders aus. Genauer betrachtet ist Online-Marketing Distanz-Marketing und Sie müssen über die Ferne beim Kunden Vertrauen erwecken. Um dies zu schaffen, sollten Sie Ihre Zielgruppe sehr gut studieren. Nur wenn Sie wissen, was Ihre Zielgruppe bewegt, können Sie sie zum Handeln auffordern.

> Nur wenn Sie wissen, was Ihre Zielgruppe bewegt, können Sie sie zum Handeln auffordern.

Nehmen wir an, dass Sie Ihre Zielgruppe gut analysiert haben, dass Sie sie verstehen und ihre Engpässe kennen. Jetzt müssen Sie nur die Aufmerksamkeit Ihrer potenziellen Kunden auf sich ziehen. Um diese Aufmerksamkeit zu gewinnen, brauchen Sie drei Siebe. Wenn Sie diese Siebe erfolgreich einsetzen, werden Sie sehr erfolgreich sein und Ihre Produkte einfacher vermarkten.

Was die Siebe bedeuten, erkläre ich Ihnen sofort. Bevor ich es auflöse, möchte ich Ihnen zwei Unternehmen vorstellen, die mit diesen drei Sieben arbeiten.

Das erste Unternehmen ist Tesla. Wussten Sie, dass Tesla kein Geld für Marketing ausgibt? Wenn Sie sich auf deren Webseite umsehen, merken Sie sofort, dass wenig Text existiert und Sie nur die verschiedenen Modelle der Automarke sehen. Klicken Sie auf ein Modell, fängt sofort die Konfiguration an. Vergleichen Sie sie bitte mit den Webseiten unserer Autohersteller. Sie sehen viel Text und mehrere Auszeichnungen, aber zum Abschluss kommen Sie sehr schwer. Vergessen Sie auch nicht, dass der durchschnittliche Interessent nur zehn Sekunden Verweildauer auf der Webseite hat. Was effektiv und erfolgreich ist, können Sie selbst entscheiden.

Das zweite Unternehmen ist Apple. Apple gibt im Gegensatz zu Tesla extrem viel für das Marketing aus. Sie werden aber in keinem einzigen Werbespot von Apple eine Kaufaufforderung sehen. Sie erstellen Minifilme, zeigen die Eigenschaften der Produkte und spielen mit Emotionen.

Ich bin mir sehr sicher, dass diese Unternehmen drei Siebe in ihren Schubladen verstecken.

Kommen wir zu den Sieben. Jedes Sieb hat eine Eigenschaft und die ist mit einem Zettel auf dem Sieb markiert. Die Siebe symbolisieren *Relevanz, Nützlichkeit* und *Spannung*. Wenn die Inhalte auf der Webseite oder in den Werbekampagnen durch diese drei Siebe hindurchgehen, ist die Marketingidee gelungen, wenn nicht, kann die Seite offline gestellt oder die Kampagne gestoppt werden. Ist es relevant, spannend und bringt Nutzen für die Zielgruppe? Wenn nicht, dann sollten Sie umdenken. Wann dürfen wir Ihnen drei Siebe zuschicken?

TOLGA ADAS

Tolga Adas lebt und arbeitet nach dem Motto: Sei doch einfach du selbst und differenziere dich von der Masse. Mit 17 Jahren hat er das erste Unternehmen gegründet und ist der Mann hinter den erfolgreichsten Marketingkampagnen in Europa. Sein Motto spiegelt sich auch in seinen Marketingkonzepten wider. Seine mystische Vorgehensweise sorgt für »Out-of-the-Box-Strategien« und bringt für Unternehmen neue Impulse und Marktchancen. Er sorgt mit seinen Ideen dafür, dass die PS auf die Straße kommen.

Du bist stärker, als du glaubst

Zu Beginn möchte ich sagen, dass ich vieles in der Tiefe anzusprechen wage und eine engere Verbindung zu dir entstehen kann, wenn ich schreibe, wie ich rede, so habe mich aktiv für die »Du-Form« entschieden.

Den Anfang bilden zwei Fragen, die ich selbst vor Jahren noch für absolut durchgeknallt und völlig absurd gehalten hätte!

Glaubst du, dass du dein Leben unter Kontrolle hast?

– Aber natürlich!

Denkst du, dass es im Leben nur darauf ankommt zu kämpfen, dann bekommt man alles?

– Genauso ist es!

Ich sage dir – was dir in deinem Leben geschieht, ist kein Zufall. Oder nur unwesentlich, weil du es so bestimmt hast.

»Alles ist Energie! Gleiche dich der Frequenz der Realität an, die du möchtest, und du kreierst diese Realität. Das ist keine Philosophie. Das ist Physik!«
ALBERT EINSTEIN

Auch was bisher in deinem Leben geschah, war kein Zufall. Alle wirklich wichtigen Dinge waren, wenn du dich erinnerst, unerwartet und sind plötzlich in dein Leben getreten. Aber möchten wir nicht alle mit geplanter Sicherheit einfach nur ein glückliches, erfolgreiches und kreatives Leben voller Liebe führen?

Ja, es ist eine bedingungslose Liebe, die jeder von uns verdient hat und die die Grundlage für ein sich selbst vertrauendes Ich ist. Neben der von jedem von uns erfahrenen Veränderung, dass die Liebe ab dem dritten oder vierten Lebensjahr an Bedingungen geknüpft wird, kommt es zuweilen vor, dass wir eben bedingungslose Liebe überhaupt nie erfahren. Einer solchen »kalten« Sozialstruktur entsprungen, verlieren wir weitgehend das Vertrauen in uns und die positive Sicht auf das Leben. Ich möchte euch kurz die Geschichte von einem solchen unerwarteten Ereignis erzählen, das mein Leben nachhaltig verdreht hat.

Als meine Mutter starb, war ich vier Jahre alt. An der Hand meines Vaters betrat ich das Zimmer. Meine Mutter lag schlafend im Bett, das habe ich nicht verstanden und bin zu ihr auf das Bett gekrochen, um sie zu wecken! Ein Onkel zog mich ruppig zurück – noch heute lässt mich der Gedanke daran erschaudern, seine Lippen ganz nah und unangenehm an meinem Ohr – und sagte: »Jetzt die Mama ist tot!« Ich erstarrte zur Salzsäule und habe mich sofort tief schuldig gefühlt! Dieses eingepflanzte Schuldgefühl war nahezu mein Leben lang tief verwurzelt und der in mir liegende Grund für Minderwertigkeitsgefühle und tiefen Selbstzweifel. Mein innerer Kompass hatte seine Ausrichtung verloren und schlug immer wieder in Schuld aus.

Die Fragen, warum all die Dinge in meinem Leben so gekommen sind, warum ich kein Lob ertrage, warum ich mich selbst immer wieder niedergemacht habe, warum ich trotz meiner ansehnlichen Karriere als Arzt immer wieder der Überzeugung war, dass die anderen bloß noch nicht gemerkt haben, dass ich nichts kann – kommt dir irgendetwas davon bekannt vor? Es ist schwer, sich selbst zu erkennen und dann noch zu glauben, man wäre unabhängig und klar. Denn welche Art von Beziehung du lebst, in welchem Umkreis du dich aufhältst, wer deine engen Freunde sind, den Einfluss, den sie auf dich haben, aber auch, wie diese Beziehungen ablaufen – all das ist nicht zufällig.

Dein innerer Kompass ist die Ursache für alles, was dir in deinem Leben geschieht. Und einmal justiert, ist er die Ursache für jedes Ereignis, das dein Leben geprägt hat. Er ist der Grund, warum du genau diese Menschen in deinem Leben hast, und er ist dafür verantwortlich, wie sie sich dir gegenüber verhalten. Dieses innere Kraftfeld wirkt immer – ganz gleich, ob du daran glaubst oder nicht, es willst oder nicht. Mein Weg zu mir hat mit dem Tod meiner Frau Fahrt aufgenommen und mir klar und deutlich gezeigt, dass Möglichkeiten existieren, die Ausrichtung des inneren Kompasses zu verändern.

> »Auch eine Reise von 1000 Meilen beginnt
> mit dem ersten Schritt.« LAOTSE

Und wenn wir uns gemeinsam, egal was du erlebt hast, auf diesen Weg zu uns selbst begeben, wenn du bereit bist, dieses Innere in dir zu erkennen und dein Inneres zu verändern, dann wirst auch du immer mehr Frieden finden und Liebe erleben. Liebe zu dir selbst! Liebe zu deinem eigenen Leben und damit auch Liebe zu anderen Menschen.

Ganz schön durchgeknallt, sagt dir dein Kopf, oder? Aber ich möchte dir Hoffnung geben, dass ein wirklicher Change möglich ist – egal wie jung oder alt du bist, egal was war. Tiefe Veränderung geht nach meiner Erkenntnis nicht ohne Schmerz und Anstrengung. Du kannst nicht erwarten, dass du nur ein paar Dinge richten musst und schon kommt das Glück! Dabei ist die Unterscheidung zwischen Erwarten und Hoffen nicht bloß Wortklauberei. Etwas zu erwarten, setzt wenig voraus. Es braucht, wie du weißt, lediglich feste Vorstellungen, an die sich die Realität bitte halten soll. Wer etwas erwartet, der hat einen Plan und sein Leben im Griff, oder? Da war doch was?

> »Wäre der heutige Tag ein Fisch, würde ich ihn
> wieder ins Meer werfen.« UNBEKANNT

Diesen Satz habe ich vor kurzer Zeit in einer Münchner Bar gelesen. Könnte es nicht passieren, dass regelmäßig eine Menge Fische in deinem Netz (in deinem Leben) zappeln, du aber verhungerst, weil du den Fang stets wieder ins Meer zurückwirfst? Denn wenn es um deine Erwartung geht, verschmähst du die kleinen schönen Dinge und – sei ehrlich – du erwartest schon einmal gar nicht den »grauen Alltag«. Aber Realität geschieht, egal was du erwartest. Das Leben passiert einfach.

> »Nicht weil es schwierig ist, wagen wir es nicht,
> sondern weil wir es nicht wagen, ist es schwierig.«
> SOKRATES

Vielleicht ist der Weg, der sich mir erschlossen hat, auch für dich praktikabel. Ich sehe Hoffnung gerne als wissenschaftliche Hypothese. Entscheidend ist dann, dass die tollste Hoffnung wenig wert ist, wenn du sie nicht in der Praxis überprüfst. Also müssen wir einfach irgendetwas anpacken. Wichtig ist nur, etwas für deine Hoffnung zu tun. Du musst aktiv werden. Denn selbst wenn es das Falsche war, kannst du ja gleich darauf etwas anderes ausprobieren. Wer außer du selbst verbietet es dir? Habe also keine Angst, dein Leben zu verändern, du kannst es jederzeit ändern. Folge deinem Herzen und du wirst deinen Weg finden. Darin besteht die wahre Kunst des Hoffens: der Realität des Lebens einerseits in die Augen zu schauen, mitsamt ihren Stürmen, und den Blick andererseits zu weiten, sodass du aus dem Augenwinkel noch den Lichtstreif der Hoffnung erkennst.

> »Akzeptiere deine Fragilität, aber blicke über sie hinaus.«
> CHRISTOPH ANDRÉ, FRANZÖSISCHER PSYCHIATER

Nie die Hoffnung zu verlieren und immer weiter an deinem inneren Kern, an deiner Ausstrahlung, an deinem innersten Wesenskern zu arbeiten, dich selber von negativen Einflüssen aus der Vergangenheit und von deinen dich selbst abwertenden Glaubenssätzen zu befreien, deinen Kern aus der Zwiebel, die du um dich gebaut hast, herauszuschälen, das ist eines der größten Geschenke. Und deshalb rufe ich dich – ja dich – auf! Gib nicht auf, egal was dir passiert ist, kämpfe weiter. Lass dich nicht mehr aufhalten, sei mutig und kämpfe wie ein Löwe. Nimm dein Leben und lebe es.

DR. MED. MARTIN RUMMENY

Mind Lion – du bist stärker, als du denkst – Menschen zu stärken, ihre Möglichkeiten eines lebenswerten Lebens zu sehen

Aktuell bin ich noch als Mediziner tätig. Wie bereits erwähnt, bin ich auf dem Weg, in meinem Leben mit meiner Erfahrung noch einmal etwas ganz anders zu machen.

Ab Mitte 2023 werde ich als Life- und Personality-Coach, Speaker und Trainer arbeiten. Unter der Mind Lion Holding werden unterschiedlichste Bereiche zusammengefasst, die ab dem Juni 2023 in der CHANGE FACTORY in Krefeld angeboten werden. Ich sehe meine Aufgabe darin, möglichst viele Menschen zu stärken, ein selbstbestimmtes Leben zu führen.

Schaust du dem Leben noch zu oder lebst du es schon?

Aus einer Statistik aus dem März 2020 ging hervor, dass ein Mensch im Laufe seines Lebens im Schnitt 13,8 Jahre vor dem Fernseher sitzt. Das ist ein Fünftel eines Lebens, wenn man von einem Altersdurchschnitt von 80 Jahren ausgeht! Wenn man dann noch den Internet- und Smartphone-Konsum hinzurechnet, ist man sicherlich bei doppelt so vielen Jahren, wenn es reicht! Was bewegt uns dazu, lieber anderen beim Leben zuzusehen, als das eigene Leben als Erlebnis zu betrachten?

Ist es die Bequemlichkeit? Resignation? Oder Trotz dem Leben gegenüber?

Vor dem TV zu sitzen ist natürlich einfacher. Leichte Berieselung und dann in die Nörgler-Position rutschen: »Immer die anderen, die hatten ja nur Glück, denen wurde alles in die Wiege gelegt, die hatten es ja so einfach.« Die Scheuklappen werden fester und fester gezurrt und der Blick wird kleiner und kleiner. Was dabei passiert, ist faszinierend. Man beeinflusst dadurch die eigene Denkweise auf so außergewöhnliche Weise, dass man nicht mehr den Willen und die Bereitschaft zeigt, das eigene Leben in die Hand zu nehmen, um sich in ein neues Abenteuer zu stürzen.

Jeder von uns wächst in einem gewissen Rahmen auf, in gewissen Strukturen, in verschiedenen Konstellationen. Diese prägen uns natürlich alle, es gehört oftmals schon sehr viel Mut und Durchsetzungsvermögen dazu, sie zu durchbrechen und auch mal über den eigenen Tellerrand hinauszuschauen, was es sonst noch alles gibt. Die Angst, Sicherheiten zu verlieren, nicht mehr dazuzugehören,

> Kommst du nicht ins Handeln, tut es jemand anderes für dich.

womöglich alleine dazustehen oder die generelle Angst vor Veränderung – es gibt immer viele Gründe, warum wir uns ihr nicht stellen wollen und sie als Ausrede benutzen oder gar als Entschuldigung. Man flüchtet lieber aus dem Alltag, statt etwas Grundlegendes in der eigenen Denkweise zu ändern.

Dabei ist es doch am spaßigsten, ins kalte Wasser zu hüpfen, ohne darüber nachzudenken. Sich also frei von Ängsten, Zwängen und anderen blockierenden Glaubenssätzen zu machen, kann nur ein Gewinn sein. Oft sind das nämlich gar nicht unsere eigenen Gedanken, sondern sie wurden uns aus unterschiedlichsten, oft sogar aus gut gemeinten Absichten heraus indoktriniert. Die Zweifel bauen sich dann schnell in uns auf wie ein großer Berg, der unmöglich zu besteigen erscheint. Dann wird resigniert. Die Neugier bleibt auf der Strecke.

> Wer Grenzen zieht, wird nie alle Möglichkeiten sehen können.

Verlässt du deine Gedanken-Box regelmäßig? Bist du offen und neugierig, mal darüber hinauszuschauen? Womöglich liegen schon längst Möglichkeiten vor deiner Tür, bei denen es sich vielleicht sogar lohnt, etwas besser hinzuschauen, und auch falls sie noch nicht vor der Tür liegen, trau dich trotzdem mal, einen Rundum-Blick zu wagen! Von mir aus kannst du auch gerne weiterhin anderen dabei zusehen, wie sie ihre Träume leben, aber bitte beschwere dich dann nicht, wenn bei dir nichts passiert! Ich wäre allerdings dafür, dass wir die Blockaden auflösen, die Neugier wecken, das Bewusstsein auf die Möglichkeiten schulen und dich in die Handlung bringen.

> Sammle Erlebnisse. Gewinne Erkenntnisse. Schaffe Ergebnisse.

Es ist wichtig, die individuelle Neugier des Einzelnen zu schüren, denn nur so wird eine unbändige Motivationskraft erzeugt, um auch wirklich in die Handlung zu gehen und das eigene Leben zu erleben.

Eine kleine Geschichte dazu, wie schnell sich aus einem Gedanken (und einer großen Portion Neugier) eine Handlung ergibt, sich zig Möglichkeiten eröffnen und sich vor allem Erlebnisse schaffen lassen, die man nicht mehr vergisst und die zugleich zu Ergebnissen führen.

2014 saß ich am Schreibtisch in einem Apartment in West-Hollywood, die Sonne schien durchs Fenster und ich war in Gedanken dabei, Häuser und Apartments in meinen damaligen Blog einzubauen. Kurzerhand schrieb ich 20 Airbnb-Vermieter an, um zu fragen, ob ich deren Häuser in meinen Blog einbauen darf. Ad hoc bekam ich 14 Antworten. »Hey Melanie, möchtest du nicht ein kleines Airbnb gründen, ich würde meine Immobilie bei dir listen«, »Hey, ja klar, können wir machen«, »Hey würdest du auch meine Immobilien verwalten, wir suchen gerade jemanden, der die Schlüsselübergaben tätigt« und auch »Ja, du kannst morgen vorbeikommen«. Ich sagte einfach mal zu, ohne mir Gedanken zu machen.
Am nächsten Tag habe ich noch etwas Equipment wie Lichter und Stative besorgt und stand also im ersten Haus. Ich kam und wollte Bilder machen, dann sagte der Herr plötzlich: »Ja, lass uns jetzt das Interview machen, weil ich muss gleich los.« Ich schaute mich kurz um, sah überall goldene Gitarren, goldene Platten und tastete mich vorsichtig ran, wer er denn überhaupt war. Ich hatte keine Ahnung. Ich stand in dem Haus eines Produzenten von zwei der größten Rock-Bands aller Zeiten und vielen weiteren. Völlig unvorbereitet stand ich also da und machte aus dem Stegreif ein Interview, weit weg von perfekt, aber einfach genial. Dann sagte er, er müsse los, und ich dachte: Okay, und die Bilder? Er meinte dann nur ganz trocken: »Zieht dann bitte die Türe hinter euch zu, wenn ihr fertig seid«, und schon war er weg.

> Jeder KANN, aber weiterkommen wird nur der, der den Schubhebel betätigt!

Exponentielles Wachstum wird häufig unterschätzt, und das nicht nur im Investmentbereich, sondern auch auf allen anderen Ebenen. Meistens sind nur ein paar richtige Schritte nötig, um richtig Anlauf zu nehmen und den Stein ins Rollen zu bringen. Oft ist es nur dieser erste Schritt, um endlich loszulegen, in die Handlung zu kommen und sich freizumachen von den Limitierungen anderer und seinen eigenen. Fortlaufend in der Handlung zu bleiben ist aus meiner Sicht der ultimative Master-Key, weil du jede Herausforderung annimmst, die dir das Leben schenkt. Erlebnisse mit Ergebnissen zu koppeln, sodass du nicht nur auf der physischen Ebene etwas generierst, sondern auch auf der psychischen, denn das ist es doch, was bleibt, die Erinnerungen an die Erlebnisse.

MELANIE ALEXANDRA ZACHERL

Macht Menschen zu Lebensgestaltern

Melanie Alexandra Zacherl hatte einen der ersten Lifestyle-Blogs Deutschlands, sie hat mehrere Onlineshops eingeführt, als Stylistin einigen Menschen geholfen, ihre innere Schönheit nach außen zu tragen, und auch als Coach hat sie schon viele Menschen begleiten dürfen.

Sie ist in mehr als 55 Ländern und auf 5 Kontinenten gewesen, als Speakerin stand sie unter anderem schon auf der Greator-Bühne, ihre Karrierelaufbahn hat sie in verschiedenste Bereiche vom Angestelltenverhältnis über Führung bis zur Selbstständigkeit gebracht.

Melanie Alexandra Zacherl macht Menschen zu echten Lebensgestaltern, damit sie wieder ihren eigenen Wert erkennen, Möglichkeiten kreieren und ihr Leben bewusst gestalten.

Einsamkeit am Arbeitsplatz

Soll ich von den einsamen Frauen berichten, die ich begleiten durfte? Von Menschen in der Lebensmitte, denen plötzlich der Arbeitsplatz weggebrochen ist?

Nein, ich will von den Führungskräften und Angestellten berichten, die unter Einsamkeit leiden. Während meiner Tätigkeit als Geschäftsführerin bin ich vielen davon auf Messen und bei Verkaufsgesprächen begegnet. Sie wollten nicht nur über das Business reden, sondern sie waren glücklich, wenn ihnen jemand zuhörte, ihre Sorgen und Nöte verstand, aber auch Anerkennung aussprach für Gelungenes. Den Verantwortlichen in den Firmen ist oftmals nicht bewusst, dass Einsamkeit am Arbeitsplatz ein Thema ist. Das direkte Gespräch wird durch E-Mails ersetzt. Selbst dann, wenn der adressierte Kollege nur ein paar Schreibtische weiter sitzt. Dadurch gibt es keinen Small Talk, kein Lachen mehr. Selbst sogenannte »Flurgespräche« fallen weg.

> Den Verantwortlichen in den Firmen ist oftmals nicht bewusst, dass Einsamkeit am Arbeitsplatz ein Thema ist.

Einsam im Großraumbüro? Ja, auch das ist der Fall. Die Angestellten einer Produktionsfirma zogen voller Vorfreude aus einem alten Firmensitz mit Büroräumen in das neue Gebäude mit Großraumbüro um. Die Freude währte nicht lange. Plötzlich fühlte sich jeder durch den Lärmpegel gestört und es wurden Richtlinien bzgl. des Verhaltens beim Telefonieren und bei Gesprächen vorgegeben. Ob das zu einem guten Betriebsklima beiträgt? Sicherlich ist diese Situation nicht förderlich für den Zusammenhalt und das Zugehörigkeitsgefühl.

ULRIKE TURBA

Chronischer Stress fördert sozialen Rückzug

Menschen ziehen sich am Arbeitsplatz zurück, wenn die Probleme zu groß werden. Jeder hat nur ein bestimmtes Energielevel zur Verfügung und er muss damit haushalten. Nehmen die Probleme aufgrund körperlicher, seelischer, geistiger und sozialer Erschöpfung überhand, dann bleibt nicht mehr viel Energie übrig für das Unternehmen. Die Folge ist, dass sich der Arbeitnehmer immer mehr zurückzieht. Ihm fehlt die Kraft, am gesellschaftlichen Leben mit den Kollegen teilzunehmen. Er verschließt sich, igelt sich ein und fährt vielleicht auch noch seine Stacheln aus, um sich zu schützen. Die Außenwirkung ist fatal für ihn, da seine Mitmenschen nun erst recht nichts mehr mit ihm zu tun haben wollen.

> Ein einsamer Mitarbeiter wirkt sich nachteilig auf das Unternehmen aus.

Ein einsamer Mitarbeiter wirkt sich nachteilig auf das Unternehmen aus. Es fallen mehr Krankheitstage an. Die Aufgaben werden weniger produktiv erledigt. Die Fluktuation erhöht sich. Die Arbeit im Homeoffice beschleunigt dieses Problem noch zusätzlich. Der Kollege ist sozial isoliert. Ihm fehlen die sozialen Kontakte. Viele Informationen, die man sonst »im Vorbeigehen« erhält, können nicht mitgeteilt werden. Die Folge davon ist häufig, dass der Mitarbeiter weniger motiviert und engagiert ist. Es können Langeweile, Lustlosigkeit, Niedergeschlagenheit, Antriebslosigkeit, Bedrücktheit oder Gereiztheit auftreten. Hinzu kommen die eigenen familiären Probleme und Herausforderungen für den Angestellten. Finanzielle Sorgen, familiäre Konflikte, Homeschooling, beengte Wohnverhältnisse, Pflege der Eltern, um nur einige zu nennen. Der Körper reagiert darauf wie bei anderem Stress auch, indem er vermehrt das Stresshormon Cortisol ausschüttet. Die Folgen können unter anderem ein erhöhter Blutzuckerspiegel, Bluthochdruck, reduzierte Immunabwehr oder Magengeschwüre sein.

Ich liebe es, in die USA zu reisen, besonders nach New York. Bei einem meiner Aufenthalte mussten die Fußgänger an einer Baustelle kurz warten und wurden anschließend von einem Arbeiter durchgelassen. Dieser schenkte allen ein Lächeln und rief uns zu: »Have a nice day!« Ich bin so etwas nicht gewohnt. Geht man nach so einem Zuruf nicht gleich beschwingter durch den Tag? Man wird gesehen! Man wird beachtet! Kein Einsamkeitsgefühl macht sich bemerkbar in dieser Millionenstadt weit weg der Heimat.

Die Gemeinschaft stärken durch Anerkennung und Respekt!

Wäre es nicht wunderbar, wenn der Vorgesetzte, die Führungskraft seinen Mitarbeiter, seine Angestellte sieht? Ihnen einen angenehmen Tag wünscht? Sich nach der Familie erkundigt und Anerkennung für die gute Arbeit gibt? Aber nicht nur für die gute Arbeit, nein, auch für den guten Zusammenhalt, die Hilfsbereitschaft und das kollegiale Verhalten! Wäre das nicht einmal der erste Schritt in die richtige Richtung? Der Mitarbeiter würde sich in der Gemeinschaft wohlfühlen. Er würde ausgeglichen, zufrieden und gesund werden oder bleiben, da mit der Anerkennung und dem Lob seine emotionalen und gesundheitlichen Bedürfnisse erfüllt worden sind. Das würde wiederum dem Unternehmen zugutekommen und zu mehr Engagement und Produktivität führen.

> Die Gemeinschaft stärken durch Anerkennung und Respekt!

Nehmen Sie als Verantwortlicher Ihren Mitarbeiter als Menschen wahr. Durch Ihre Anerkennung gelangt er zu mehr Selbstachtung. Selbstachtung ist das Fundament für körperliches, seelisches, mentales und soziales Wohlergehen. Machen Sie nicht nur Ihr Unternehmen sichtbar, sondern sehen Sie auch Ihre Angestellten.

Was kann schon im Vorfeld unternommen werden?

Damit es nicht erst zu der Situation »Einsamkeit am Arbeitsplatz« kommt, ist es Aufgabe des Unternehmens, die Unternehmenskultur um folgende Tools zu bereichern:

- Bessere Work-Life-Balance schaffen.
  Die Bereiche Arbeit, Bewegung, Familienzeit und Ich-Zeit sind davon betroffen. Eine Möglichkeit ist es, dass keine E-Mails am Feierabend beantwortet werden müssen.
- Die Mitarbeiter ermutigen.
  Wertschätzung im Unternehmen und Anerkennung von der Gruppe werden aktiv gelebt.
- Den Kollegen, die sich schwertun, z. B. durch sprachliche Barrieren, wird geholfen, wertvolle Kontakte zu den Kollegen zu finden z. B. durch Mentoring.
- Es wird Wert darauf gelegt, dass auch persönliche Gespräche stattfinden trotz der vorhandenen Technologien.
- Die Vereinbarkeit von Beruf und Familie wird gefördert durch individuelle Arbeitszeitmodelle.
- Flexible Arbeitszeiten werden dem Mitarbeiter angeboten.
- Gemeinschaftssport wird aktiv betrieben.
- Es wird dazu eingeladen, dass die Kollegen Mahlzeiten, auch virtuelle, gemeinsam einnehmen.
- Gemeinsame Ziele werden erarbeitet, um sinnvolle Beziehungen zwischen den Mitarbeitern zu fördern und ein Gefühl der Gruppenzugehörigkeit zu schaffen.

Übernahme von Selbstverantwortung

Auch der Mitarbeiter muss bereit sein, Selbstverantwortung für die Situation zu übernehmen. Nur so kann sich etwas ändern. Ein Ansatz, um den Prozess zu beginnen, ist, sich professionelle Hilfe zu holen. So wird das eigene Energielevel erhöht, das Leben und Arbeitsfeld aktiv gestaltet, die eigenen Werte und Motivationen werden wiederentdeckt und der Mitarbeiter kann Kraft für die Veränderung sammeln.

Positive soziale Beziehungen steigern das Selbstvertrauen, die Selbstwirksamkeit und das Immunsystem. Um den Mitarbeiter in seinen Vorsätzen aktiv zu unterstützen, bewährt es sich, ihm professionelle Gespräche außerhalb des Unternehmens anzubieten. Anonym natürlich. In diesen Gesprächen kann der Mitarbeiter seine Probleme aussprechen und zusammen mit dem Coach/Therapeuten nach Lösungswegen suchen und in die Umsetzung gehen. Dies ist ein effektiver Weg, dem Unternehmen wieder mit ganzer Energie und Konzentration zur Verfügung zu stehen.

> Auch der Mitarbeiter muss bereit sein, Selbstverantwortung für die Situation zu übernehmen.

ULRIKE TURBA

Der persönlichen Seite des Unternehmers Raum geben.

Ulrike Turba berät Unternehmer und Selbstständige. Ihre Klienten sind Menschen, die mehr wollen, die erkannt haben, wie wichtig es ist, sowohl im Privatleben als auch im Berufsleben in Balance zu sein und neue Impulse zu setzen. Seit vielen Jahren berät sie unter anderem Führungskräfte und Angestellte und gibt den Erfahrungsschatz ihrer langjährigen Tätigkeit als Geschäftsführerin weiter. Einsamkeit ist sowohl im Privaten als auch im Arbeitsalltag ein großes Thema. Ulrike Turba klärt auf, informiert und unterstützt Menschen, damit sie das Leben führen können, welches sie erfolgreich macht.

Mehr unter www.ulrike-turba.de

Mit Sinn zum Erfolg

Was Mitarbeiter glücklich und Unternehmen erfolgreicher macht

„Wer aus seinem Leben etwas machen will, muss den Sinn im Leben finden." Eine spannende Aussage von Viktor Frankl. Aber das erscheint oft gar nicht so einfach. Viele Menschen empfinden ihr Leben als sinnlos, als eine Art Abhandlung von verschiedenen Mustern, um von A nach B zu kommen. Sie haben das Gefühl, dass ihnen etwas fehlt im Leben. Laut einer der umfangreichsten Studien der Harvard-Universität zum Thema Glück brauchen Menschen zum Glücklichsein nicht nur erfüllte Beziehungen zu Familie und Partner, sie brauchen auch das Erleben und Streben nach sinnvoller Arbeit.

> Menschen brauchen zum Glücklichsein nicht nur erfüllte Beziehungen zu Familie und Partner, sie brauchen auch das Erleben und Streben nach sinnvoller Arbeit.

Ich sage: Fehlt eine dieser Komponenten, fehlt der Sinn im Leben, dann ist der Mensch wohl unglücklich, krank und ohne wirklichen Erfolg. Über den SINN des eigenen Lebens nachzudenken, kann sehr herausfordernd sein und zugleich das komplette Leben verändern. Es kann dir Kraft geben, dir durch fast aussichtslose Situationen helfen und dich stärken, deinen Weg weiterzugehen. So war es bei mir, als ich mit 17 Jahren beschloss, mein Land zu verlassen, um in Freiheit zu leben. Als junges Mädchen beschloss ich, den Beruf der Krankenschwester zu erlernen. Ich wollte Menschen helfen, etwas Gutes bewirken. Ich war jung, dynamisch, vielleicht auch eine kleine Rebellin und wollte die Welt verändern.

Aber ich lebte in einem Rechtssystem, das nicht zuließ, dass es

Individuen mit einer eigenen Meinung gab. Man hatte sich an die Masse anzupassen und fiel am besten nicht auf. So entging man der Gefahr, möglicherweise in das Visier des Geheimdienstes zu geraten. Ich beschloss im Sommer 1989, meine Heimat und meine Familie, die Menschen, die mir ans Herz gewachsen sind, zu verlassen. Der Wunsch und die Sehnsucht, ein freies Leben führen zu können, um mich zu entfalten und meinem Leben einen Sinn zu geben, waren mein Antrieb.

Ich verließ mein Land mit der Konsequenz, nie wieder in mein Zuhause zurückkehren zu können. Die Regierung in meinem Land würde nie wieder die Tore für mich öffnen, um meine Eltern zu sehen, meine Geschwister oder Freunde zu besuchen. Ich war so voller Neugier und Lebensfreude, dass ich nicht sagen kann, ob mir die absolute Tragweite meiner Entscheidung damals so bewusst war. Ich plante meine Flucht von Leipzig, meiner Heimatstadt, über Warschau nach Düsseldorf. Wenn ich heute diese Strecke mit meiner Familie fahren würde, dann wären das ein paar Stunden Reisezeit. Damals waren es Wochen unvorstellbarer Angst für mich und meine Familie.

Nach langen Vorbereitungen war es eines Morgens dann so weit. Ich stand auf dem Standstreifen der Autobahn und ein Laster hielt neben mir, den ich wegen seines ausländischen Nummernschilds angehalten hatte. Der Lkw-Fahrer schaute ruhig und freundlich aus dem Fenster der Fahrerseite und ließ mich zu sich ins Auto einsteigen. Er sagte zu mir: »Ich heiße Olaf und du?« Nachdem ich mich vorgestellt hatte, versuchte ich, so vorsichtig wie möglich anzudeuten, um was ich ihn bitten wollte. Er sollte mich über die Grenze bringen, in ein so lang ersehntes freies Land. Er schaute mich an und sagte eine Weile nichts. Nach ungefähr 30 Kilometern erklärte er sich bereit, mir zu helfen, und wickelte mich in eine Decke, die von der vielen Werkstattarbeit schmutzig und mit Löchern übersät war. Er zeigte mir einen Kanister, ja, ich würde sagen ein Loch oder ein Rohr, in das ich hineinkriechen sollte. Dieses Rohr war nicht einmal so groß wie ich. Ich konnte mich kaum bewegen und bekam für Stunden so gut wie keine Luft mehr. Bis heute kann ich mich an den Geruch dieser mit Öl durchtränkten Decke erinnern. Ich erinnere mich an das eintönige Klacken der Autoreifen, wenn sie über den in der DDR typischen Asphalt fuhren. Klack-klack, klack-klack, klack-klack.

In der Nacht auf einem Rastplatz, wir waren ganz allein, hielt der Lkw an. Olaf holte mich aus meinem Versteck. Er hatte Tränen in den Augen und sagte, dass er Angst habe und sich furchtbar schäme, mich jetzt als junges Mädchen hier allein in der Nacht auszusetzen, aber er könne nicht anders. Ich verstand ihn, ohne etwas zu erwidern. Er legte mir die verschmutzte Decke um die Schultern, die mir jetzt schon fast vertraut erschien, und gab mir einen Riegel als Proviant mit. Nie wieder im Leben habe ich eine intensivere Dunkelheit gespürt als dort auf der Autobahn, ganz allein in der Nacht, als der Lkw von Olaf langsam in der nächsten Kurve verschwand. Ich lief durch die Wälder an der Autobahn entlang und musste mich immer wieder im Unterholz verstecken. Ich war verzweifelt, bis ich an eine Bahnstation kam, von der ein Zug in Richtung Bautzen fuhr, also zum Grenzübergang. Dort wurde ich von Grenztruppen der Volksarmee aufgespürt. Ich wurde gejagt und wie ein Tier eingekreist. Ich hörte immer wieder Stimmen laut und hektisch schreien und einen dumpfen Klang, der die Dunkelheit zerschnitt und an mir vorbeipeitschte. Es dauerte eine Weile, bis ich wirklich begriff, dass auf mich geschossen wurde.

Ich war 17 Jahre alt und hatte in meinem Leben nie etwas Schlimmes getan. Sie werden lachen, aber nicht einmal einen Kaugummi hatte ich jemals gestohlen. Und jetzt wurde auf mich geschossen. Von Menschen, die wahrscheinlich im gleichen Alter wie ich waren und mit denen ich in einer anderen Situation vielleicht sogar befreundet gewesen wäre. Jahrelang konnte ich über diese Geschichte nicht sprechen, ohne sofort in Tränen auszubrechen. Ich will Ihnen

> Ich bekam für Stunden so gut wie keine Luft mehr. (...) Ich wurde gejagt und wie ein Tier eingekreist.

das Ende nicht vorwegnehmen, aber heute arbeite ich in meiner eigenen Firma und lebe mit meiner Familie, meinen drei Kindern in unserem Haus am Stadtrand. Ich betreue meine eigene Stiftung, die Kindern in Not hilft.

Warum erzähle ich Ihnen das alles, werden Sie sich jetzt vielleicht fragen. Der Sinn im Leben ist eine unumstößliche Kraft, die uns Menschen vorantreibt. Ich behaupte sogar, dass Menschen, die ihren Sinn gefunden haben, erfolgreicher, gesünder und glücklicher leben. Sie nehmen Schwierigkeiten in Kauf und gehen gestärkt aus ihnen hervor. Sie sind Vorbild und Motor in unserer Gesellschaft und in Unternehmen!

Mein Warum damals war der Wunsch nach Freiheit, Entfaltung, Erfolg und dem Gefühl, später einmal etwas hinterlassen zu wollen, was vielleicht den Unterschied im Leben eines anderen Menschen macht. Danke, dass Sie mich auf der Reise in meine Vergangenheit begleitet haben, um einen Impuls für die Zukunft zu setzen.

> Der Sinn im Leben ist eine unumstößliche Kraft, die uns Menschen vorantreibt. Ich behaupte sogar, dass Menschen, die ihren Sinn gefunden haben, erfolgreicher, gesünder und glücklicher leben.

Herzlichst, Ihre Grit Arndt

GRIT ARNDT

Mit Sinn zum Erfolg – Was Mitarbeiter glücklicher und Unternehmen erfolgreicher macht

Über 10.950 Tage Selbstständigkeit im medizinischen Bereich und der Führung von rund 300 Mitarbeitern sowie über zehn erfolgreiche Firmengründungen im In- und Ausland und 2500 Kilometer allein zu Fuß durch die Pyrenäen hat Grit Arndt zurückgelegt, um den Menschen zu helfen, den Sinn ihres Lebens zu finden, in herausfordernden Lebenssituationen zu wachsen und dadurch glücklicher, gesünder und erfolgreicher zu sein.

In ihrer Arbeit hat sie immer wieder erfahren, wie tief die Sehnsucht der Menschen nach Sinnhaftigkeit in ihrem Leben und ihrer Arbeit ist.

Grit Arndt gibt in ihren Vorträgen und Coachings den Menschen und Unternehmen Impulse und Inspiration, zu wachsen und erfolgreich neue Wege zu gehen.

www.gritarndt.com
info@gritarndt.com

Ein Todesfall und andere Katastrophen

... und was ich dabei als Unternehmer lernen durfte!

Rock your life. Was will ich damit sagen? Rock'n'Roll steht für mich als Synonym für Freiheit, Spaß, Individualität, Leidenschaft – eben Love and Peace and everything. Warum stehen die Rolling Stones mit über 70 immer noch auf der Bühne? Warum tun sich die alten Herren das immer noch an? Ganz einfach, weil sie es *lieben*, auf der Bühne zu stehen, und Spaß daran haben, die Zuschauer in Verzückung zu bringen. Was lernen wir daraus? Rock'n'Roll ist eben auch Lebenselixier! Hast Du mal darauf geachtet, wie »glatt« Keiths zerfurchtes Gesicht wird, wenn er auf der Bühne steht und lacht?

Für mich steht Rock'n'Roll vor allem für das Anderssein im Sinne von »sei so, wie Du sein möchtest und führe ein erfülltes, selbstbestimmtes Leben«. Wir dürfen lernen, dass es langweilig ist, wenn alle auf der Mainstream-Autobahn des Lebens gleichmäßig brav 130 km/h hintereinander weg in drei Spuren fahren. Es ist Zeit anzuhalten, den Kofferraum aufzumachen, die Machete rauszuholen, über die Leitplanke hinweg ins Gebüsch zu springen, um sich mit der Machete abseits des Mainstreams seinen eigenen Weg durch den Dschungel der Gesellschaft zu ebnen. Lass die Konventionen Deines Umfelds hinter Dir und mach das, was Du willst! Warte nicht auf irgendeine Gelegenheit, lerne, jede noch so kleine Chance, eine Idee oder eine Fantasie sofort am Schopfe zu packen und umzusetzen. Es gibt nichts Schlimmeres als verpasste Gelegenheiten.

> Es ist Zeit anzuhalten, den Kofferraum aufzumachen, die Machete rauszuholen, über die Leitplanke hinweg ins Gebüsch zu springen, um sich mit der Machete abseits des Mainstreams seinen eigenen Weg durch den Dschungel der Gesellschaft zu ebnen.

Ich habe erst letztens einen Anruf bekommen von der Tochter eines alten Freundes. Ich habe mich gewundert, warum mich ausgerechnet die Tochter anruft, und dann wurde es mir klar während des Gesprächs. Sie sagte das Unglaubliche, dass mein Schulfreund an einem Herzinfarkt gestorben sei. Ende mit nicht einmal 60 Lebensjahren. Wir hatten ein paar Wochen vorher noch lebhaft telefoniert und Nachrichten ausgetauscht, uns halb verabredet und grob Termine abgesprochen, wann wir uns treffen könnten. Unfassbar – mein alter Freund, selbstständiger Ingenieur, Gitarrist, Familienvater und Großvater war mitten aus dem Leben gerissen worden. Viele Erinnerungen einer unbeschwerten Zeit kamen hoch, Urlaube in Italien und Frankreich, zwei Hobby-Musiker mit Gitarren am Strand, Motorradtouren, Rock-Festival-Besuche ... nun werde ich ihn nie wiedersehen. Was habe ich gelernt? Verpasse keine Gelegenheit und schiebe Besuche nicht auf!

Andere Szene, Rückblende, folgende Situation: ambitionierter Geschäftsführer mit einer kleinen, erfolgreichen Firma, zehn Mitarbeiter. Die Firma hat viele schöne Aufträge von interessanten Kunden mit ordentlichem Umsatz. Der Geschäftsinhaber führt eine gute Ehe mit zwei gesunden Kindern, so weit ist alles in Butter. Dann passiert etwas Unerwartetes! Das erstgeborene Kind – ein starkes Wesen, immer gesund und munter – wird krank, schwer krank! Die Eltern kämpfen über zwei Jahre um das Leben des Kindes und sind permanent in der Kinderonkologie weit weg von zu Hause, zeitweise über Nacht wegen der stationären, Wochen andauernden Therapien. Untersuchungen, Behandlungen, Bestrahlung, heftige Chemo-Gaben am laufenden Band. Eine extrem stressige Zeit in permanenter Angst um das Leben des Kindes.

In dieser Situation bleibt wenig Zeit, um sich um das jüngere Geschwisterchen zu kümmern, die Ehe leidet unter ständigem verzweifeltem Streit und in der Firma wird nur das Notwendigste erledigt, die Mitarbeiter müssen viel zu viel Verantwortung übernehmen. Das ganze Leben wird dem kranken Kind untergeordnet.

To make a long story short: Irgendwann bekommen die Eltern vom leitenden Onkologen die Nachricht, dass das Kind austherapiert ist, es gibt keine Protokolle mehr, sprich das Kind ist nicht mehr zu retten. Die Eltern beschließen, keinem etwas darüber zu sagen, um Mitleidsbekundungen zu vermeiden. Die Verzweiflung, der Druck und die Trauer werden immer schlimmer. Es entsteht eine eigenartige innere Leere, ein Vakuum, als würde die Zeit stillstehen. Eine Ohnmacht entsteht und ein mentaler Schmerz, der einfach nicht aufhört. Nach zweieinhalb Jahren Kampf gegen den Krebs stirbt das Kind im Alter von 13 Jahren. Eine unendliche Traurigkeit macht sich breit. Nichts geht mehr, alles steht still.

> Ich habe gelernt, aus schwierigsten, nahezu unlösbaren Situationen herauszukommen. Im Business und privat!

Hilfe muss her! Wenige Tage nach der Trauerfeier geht der Geschäftsinhaber auf Anraten eines Freundes zu einem Coach. Der Coach ist ein Segen. Die Sitzungen helfen relativ schnell. Die Trauer steht schon nach wenigen Wochen nicht mehr im Vordergrund und der Geschäftsinhaber ist in der Lage, Bestandsaufnahme in der Firma zu machen. Er will wieder durchstarten. Doch dann realisiert er, dass neben der Trauer innerhalb der Familie und einer gefährdeten Ehe noch weitere gravierende Katastrophen geschäftlicher Art hinzukommen:

- Von zehn Mitarbeitern haben neun innerhalb von vier Wochen nach dem Todestag gekündigt. Nur ein Azubi macht weiter.
- Volle Auftragsbücher, keine Mitarbeiter.
- 6-stellige Steuerschulden, weil sich der Geschäftsinhaber zweieinhalb Jahre nicht darum gekümmert hat.

Nun, der Geschäftsinhaber, dem das passiert ist, bin ich.

Ich hatte Glück. Ein guter Coach konnte bei mir schnell ein starkes Mindset entwickeln. Dafür bin ich sehr dankbar. Ich habe gelernt, aus schwierigsten, nahezu unlösbaren Situationen herauszukommen. Im Business und privat! Ohne den Coach hätte ich das nicht so schnell geschafft, wenn überhaupt. Durch ihn lernte ich die Methoden und bekam die Tools, um meine Situation zu ändern, und ich habe gehandelt:

- Ich habe kurze Zeit nach dem Tod unserer Tochter drei neue Mitarbeiter eingestellt. ☺
- Wir haben zu fünft die Aufträge problemlos und ohne Überstunden durchgeführt. Bei gleichem Umsatz mit der Hälfte der Belegschaft, weil ich wieder voll motiviert war. ☺
- Die Steuerschulden konnte ich wegen des guten Umsatzes und der geringeren Gehaltsaufwendungen elegant zurückzahlen. ☺
- Im Privaten: Ich hatte die Kraft und die Geduld, meine Ehe zu retten. Wir sind bis heute zusammen. ☺
- Wir wurden wieder Eltern, wir bekamen unsere jüngste Tochter und alles ist gut. ☺
- Unser zweitgeborener Sohn hat nach einer Therapie zu alter Kraft zurückgefunden und eine normale Entwicklung genommen. Inzwischen ist er verheiratet und wir sind stolze Großeltern. ☺

Auch habe ich gelernt, meiner Berufung zu folgen. Ich erkannte, dass ich durch gute Organisation ein Unternehmen erschaffen hatte, das fast ohne den Chef funktionierte. Ich wollte anderen Unternehmern helfen und mein Wissen weitergeben. Ich habe über Jahre ein System entwickelt, das schon vielen Geschäftsinhabern geholfen hat. Seit 2005 wende ich mein Wissen an und lehre ein umfassendes Beratungssystem, das ich immer weiter verfeinert habe. Ich bin der Business-Rock'n'Roller, Experte für Business-Transformation und Potenzialentwicklung. Ich helfe Geschäftsinhabern mit kleinen Teams dabei, mit einem wissenschaftlichen System ungünstige Business-Situationen zu transformieren, planbare Gewinne zu produzieren, um ein freies und selbstbestimmtes Privatleben zu rocken!

Hab Mut, zweifle nicht, die Vergangenheit ist vorbei! Glaub an Dich und guck nach vorne! Ergreif mit Freude jede Gelegenheit der Gegenwart und der Zukunft, zögere nicht und hab einfach so viel Spaß wie möglich – geschäftlich und privat.

> Hab Mut, zweifle nicht, die Vergangenheit ist vorbei! Glaub an Dich und guck nach vorne!

Love, Peace and Rock'n'Roll,
Tom Kern 😊

TOM KERN

Der Business-Rock'n'Roller
Moderne Energiearbeit und agiles Changemanagement für Geschäftsinhaber

Für alle Geschäftsinhaber, Selbstständige und Unternehmer: Mit System mehr Gewinn, bessere Produkte, motivierte Mitarbeiter und ein top organisiertes Business! Mit weniger Arbeitsstunden zu mehr Freiheit für ein geniales Privatleben.

Tom Kern und sein Netzwerk haben mit agilem Changemanagement und Energiearbeit schon vielen Geschäftsinhabern zu großartigen Transformationen verholfen. Drei Ergebnisse werden von seinen Kunden besonders hervorgehoben:

- Echte Ergebnisse: Durch seine jahrelange Erfahrung werden schon in wenigen Wochen sichtbare Ergebnisse generiert!
- Wissenschaftliches System: Die angewendeten Naturgesetze werden genau erklärt und Erfolge sind mathematisch genau vorhersehbar!
- Persönlicher Support mit Herz: Tom Kern arbeitet mit viel persönlichem Engagement, total authentisch. Das bodenständige Organisationsprinzip ist leicht zu erlernen!

Die Suche nach meinem wahren Selbst

Ein temperamentvolles Kind war ich immer – die Kleinste in der Schule, ein italienisches verträumtes Powermädchen. Ich stellte ziemlich viele philosophische und knifflige Fragen, wollte alles begreifen, nahm so vieles wahr und fühlte mich nicht verstanden. Angst entstand, die mich ziemlich lange begleitet und mein Leben erschwert hat. Ich fühlte mich allein und verloren, da ich innerlich verschwommen sah und meinen Halt nicht finden konnte. Diese entstandene Unsicherheit zeigte sich in meiner Kindheit und Jugend in wiederholt auftretenden Ängsten und starken Bauchschmerzen. Mit der Zeit begann ich, an mir zu zweifeln, verlor meinen Mut und den Glauben an mich selbst. Wie eine Raupe, die sich in einem Kokon einspinnt und nicht mehr daran glaubt, dass sie sich verwandeln wird. Das ergibt alles keinen Sinn, sie fühlt sich macht- und wertlos und verliert so ihren Glauben an sich selbst und entfaltet sich nicht. Ein hoffnungsloser Fall.

> **Schmetterlinge sind Botschafter der bedingungslosen Liebe, sie entfalten sich ohne Wenn und Aber.©**

Heute weiß ich, dass es keine Norm für das Menschsein gibt, dass es normal ist, verschieden zu sein, und ich erkenne nun meine Hochsensitivität. Mit der Zeit habe ich gelernt, meine außergewöhnliche und wunderbare Wahrnehmung konstruktiv in mein Leben einzubringen und dadurch meine Balance und meinen selbst erschaffenen und stimmigen Halt gefunden. Das Leben ist wertvoll, voller Sinnhaftigkeit und Tiefe. Ich bin wertvoll. Wertschätzung entsteht.

Ich bin dankbar für meine Entfaltung und dafür, dass ich mir vor langer Zeit dieses Leben ausgesucht habe, damit ich das werde, was ich bin. Eigenverantwortung und Demut entstehen.

Durch meine lebensbegleitende Fragestellung über den Sinn des Lebens, durch meine entfalteten höheren Sinne, durch meine dankbaren übersinnlichen Erfahrungen und durch die Verbindung mit den höheren Bewusstseinsebenen gelangte ich zu einer tiefgründigen und ständig wachsenden Intuition, die mir ein tiefes Vertrauen im Leben verschaffte und mich zu einer Bewusstseinsexpertin für Selbstfindung und Transformation machte.

Meine Vision, Menschen zu motivieren und zu inspirieren, sich mit ihrem Herzen zu verbinden und ihr inneres, wahres Selbst zu erkennen, wurde zu meiner Mission. Der Glaube ist mit der Hoffnung sehr nah verbunden, und weil die Hoffnung zuletzt stirbt, kann man ein Leben lang den eigenen Horizont erweitern. Zuversicht entsteht.

Du bist. Du darfst. Du kannst.

Ich erinnere mich, wie ich mich voller Sehnsucht im Außen gesucht habe, in jeder Erfahrung, bei jeder Enttäuschung, bei jeder Traurigkeit, bei meinem Gegenüber, bis ich erkannt habe, dass ich meine Antworten nur bei mir selbst finden konnte. Durch die Eigenliebe erfuhr ich die absolute Kraft der Vergebung und des Loslassens. Diese Prozesse gehören zu meinen Lebensschritten. Das Leben ist eine Entdeckungsreise, und solange ich lebe, möchte ich nie aufhören zu reisen. Jedes Mal, wenn ich mich zurückerinnern werde, werden meine erlebten Gefühle wieder zum Leben erweckt.

Der Weg zu dir selbst ist die vollkommene Verbundenheit mit deinem Herzen.©

Mein Halt wurde durch meine Grundwerte gefestigt, nach denen ich mich jeden Tag zu richten versuche. Dieses Fundament ist die Basis für das Hier und Jetzt. Ich bin überzeugt, dass jeder Mensch die Fähigkeit und die Stärke besitzt, sich selbst zu verwirklichen. Jeder darf sich erlauben, bedingungslose Liebe zuzulassen, sich als ein Wunder

der Natur zu betrachten und sein wahres Selbst ehrfurchtsvoll zu erkennen.

Dein Selbstwertgefühl erschaffst du mit deinem Glauben an dich selbst, wenn du ihn gefunden hast, verändert sich deine Wahrnehmung für deine Innen- und Außenwelt.

Seit ich mich entschieden habe, nicht alles festhalten zu müssen, spüre ich einen starken Drang, mein Wissen weiterzugeben, sodass jeder, der auf der Suche nach der Verbindung zu sich selbst ist, durch die Bewusstseinserweiterung den eigenen Transformationsprozess aktivieren kann.

Loslassen ist der entscheidende Moment zur absoluten innerlichen Befreiung.©

Am Ende des Tages geht es darum, dass dieses Wohlgefühl und diese Lebendigkeit unser wahres Leben mit Freude und innerem Frieden erfüllt, uns stärkt und glücklich macht. Es ist gesund und vollkommen. Deshalb heißt es, die Antwort ist in dir, weil nur du dich mit deiner Bereitschaft und Erlaubnis auf die Seelenebene begeben kannst.

Glücklich zu sein ist ein Freiheitsgefühl.

Werden Wünsche wahr? Ja, es funktioniert aber nur, wenn gewisse Bedingungen erfüllt sind. Wünschen kann man sich alles, aber haben nicht, und es gibt gute Gründe dafür. Vielleicht weil es uns nicht glücklich machen würde? Vielleicht weil wir im Endeffekt nicht alles brauchen? Es ist nicht einfach, das nachzuvollziehen. Unser Verstand, der alles besser weiß und uns ständig daran erinnert, was wir brauchen und was für uns essenziell ist, lenkt uns von unserer Seele ab.

Der wahre Wunsch ist, unsere Wirklichkeit im gegenwärtigen Augenblick bewusst wahrzunehmen. ©

Die innere und äußere Welt wird voller Fülle erlebt, und wo keine Fülle ist, ist Leere. Wie eine schwere Hülle, die innerlich leer ist. Stellt euch vor, ihr seid durstig und vor euch ist ein volles Glas. Merkt ihr, wie der Durst größer wird? Nun, weil wir diese wundervolle Gabe haben, uns alles vorstellen zu können, stellt euch jetzt vor, ihr würdet daraus trinken. Eure Vorstellungskraft entscheidet, was ihr braucht, was ihr glauben und was ihr zulassen möchtet. Ihr seid nicht mehr durstig, weil ihr euch mit dieser Fülle verbunden habt. Wenn der Glaube Berge versetzen kann, dann können wir mit unserem Bewusstsein zu unserer Metamorphose beitragen.

Ein Leben voller Fülle ist ein Leben ohne Mangel.©

Erfolgreich ist, wer verstanden hat, dass nicht nur der Weg zum Ziel führt, sondern dass jede bewusst gefällte Entscheidung dich zu der Person führt, die du wirklich bist. Du bist zufrieden.

Meine erlebten Erfahrungen zu meiner Erzählung auf diesen Seiten haben natürlich ein bisschen länger gedauert. Vor allem die Einsamkeit hat es noch länger herausgezögert, sie wurde sogar mein ständiger Begleiter und wurde zu meinem besten Freund. Manchmal vermisse ich sie, weil sie in meiner schwierigen Zeit die Einzige war, die meine Hand gehalten hat.

Die Einsamkeit führt oft dazu, im Leben alles allein meistern zu wollen.

Heute verstehe ich, warum ich mich so gefühlt habe, weshalb ich mir genau diese Erfahrungen ausgesucht habe, die gar nicht einfach zu bewältigen waren. Da noch kein Meister vom Himmel gefallen ist, wurde ich durch meine Selbsterkenntnisse zur wahren Meisterin.

Heute sehe ich Schmetterlinge überall. Sie teilen mir mit, dass die bewusste Lebensentfaltung die schönste Geburt ist.

FRANCESCA FACCHIN

Sei du, erkenne dein wahres Selbst

Durch ihre Motivation, ihre Hochsensitivität, ihre Lebenserkenntnisse und ihr Wissen konnten viele Menschen diese tiefe und echte Verbindung zu sich selbst und ihrem Umfeld aufbauen. Sie haben angefangen, an sich zu glauben, sich zu lieben, sich und anderen zu vergeben und loszulassen. Sie bringt die Menschen dazu, ihr wahres Selbst zu erkennen und es in Authentizität und Integrität zu leben. Ihre Zitate sind ihre wahrnehmenden Lebenserkenntnisse – das ist Francesca Facchin.

Sie inspiriert Menschen, sich mit der inneren Quelle zu verbinden und ihr größtes Potenzial von innen nach außen zu entfalten.

www.francescafacchin.ch

Mythos Streif

Das Geheimnis von Judit – Wenn ein Traum gelebt wird

Jedes Jahr im Januar kommt die Prominenz, das Who's who aus Wirtschaft, Politik, Kultur und Sport, an diesen Ort. Kein anderes Wochenende im alpinen Ski-Weltcup hat eine größere Anziehungskraft auf sportbegeisterte Menschen. Es ist das mediale Ereignis im Winter: das Wochenende in Kitzbühel. Gekrönt von der Herren-Weltcupabfahrt auf der Streif am Samstag. Der schwierigsten Abfahrt der Welt.

Die Hauptprotagonisten bei diesem Spektakel: die Profis der Herren-Abfahrt. Hier gilt der Spruch: Pokal oder Spital! Denn Fehler bestraft die Streif sofort. Selbst sechs Meter hohe Fangzäune bieten manchmal keinen Schutz, weil der Athlet dort zum Spielball der Kräfte wird, die auf ihm lasten. Wer dort jedoch siegt, ist im Olymp des alpinen Sports angekommen. Es gibt in dieser Sportart nichts Größeres als einen Streif-Sieg. Schon als Kind habe ich mir beim Skifahren vorgestellt, ich wäre Franz Klammer. Der war mein Held. Viermaliger Sieger in Kitzbühel und Nationalheld in Österreich. Einmal diese Piste im Wettkampf zu bezwingen – das war mein Traum. Ein unerfüllbarer Wunsch, so dachte ich. Und so vergingen die Jahre und das Leben schritt voran. Auf und Abs im Leben – völlig normal. Dann ein ganz tiefes Ab.

Aber wenn du denkst, es geht nicht mehr, kommt irgendwo ein Lichtlein her. Das Lichtlein, das in mein Leben trat, ist zum einen meine zweite Frau Valentina und unser Sohn Jaron. Er ist das Herzstück unserer kleinen Familie. Mein Kampfeswille von früher war zurück. »Mein Körper, mein Kapital« – so war es eigentlich schon immer. Sport hat mein ganzes Leben beeinflusst und wird es wahrscheinlich auch bis zum Ende tun. Wenn ich diesen Ehrgeiz auch auf andere Bereiche im Leben übertragen hätte ... Da sind wir jedoch genau beim Thema: Hätte, hätte – Fahrradkette. So beginnen die meisten Geschichten über unerfüllte Wünsche und Träume. Wenn ich dies oder jenes gehabt hätte, hätte ich dies oder jenes erreicht. Ein völliger Trugschluss. Erfolglose Menschen haben Ausreden, erfolgreiche Menschen packen an und setzen um.

Wenn du einen Traum, ein Ziel hast und es erreichen willst: Mach es einfach! Beginne! Starte! Setze um! Schritt für Schritt. Lerne beim Tun. Und passe deine Strategie an. Denn nur so geht es und nicht anders.

> Wenn du einen Traum, ein Ziel hast und es erreichen willst: Mach es einfach! Beginne! Starte! Setze um! Schritt für Schritt. Lerne beim Tun. Und passe deine Strategie an. Denn nur so geht es und nicht anders.

So war es auch bei mir. Und wie? Im November 2013 stolperte ich über einen Link: »Streif – Vertical Up«. Genau das war der Schlüssel zur Traumerfüllung: Ein Rennen mit Profis auf der Streif im Winter. Genau das, was ich so viele Jahre gewollt hatte. Ihr denkt jetzt vielleicht: Der spinnt. Ich war damals 45 Jahre alt, hatte zwei Bandscheibenvorfälle hinter mir ... Ach ja, und da war noch die Sache mit meinem Bein, das laut Ärzten seit einem brutalen Autounfall steif bleiben sollte und bis heute mit einer Schraube fixiert ist, das habe ich noch gar nicht erwähnt. Hat der sie nicht alle? Nein, ganz und gar nicht. *Denn jetzt kommt's: Dieses Rennen ist nicht von oben nach unten, sondern von unten nach oben!!!* Ein Kompromiss selbstredend, mit dem ich aber sehr gut leben konnte. Was ich jedoch damit auch sagen will: Lass dir deine Träume niemals, niemals von anderen zerstören oder ausreden. Glaub daran. Denn das Leben schreibt die wundervollsten Drehbücher. Und jetzt kommt das Entscheidende und Wichtigste. Der wertvollste Ratschlag für die Erfüllung deiner Träume: Wenn sich also die Gelegenheit bietet – und vielleicht kommt sie nur einmal in deinem Leben –, dann greif zu! Mach es einfach. Denk nicht lange darüber nach. Steig ein in die Erfüllung deines Traumes und lass ihn wahrwerden. Du musst dazu nur eines machen: Du musst es tun. Starte damit. Geh Schritt für Schritt voran. Lern beim Gehen. Immer Schritt für Schritt.

Und wie setzte ich meinen Plan um?

Zum damaligen Zeitpunkt, im November 2013, konnte ich nur unter großen Schmerzen gehen. Aber ich wusste eines: Ich bin 2014 dabei. Also habe ich mich angemeldet. Einfach so. Ich hatte noch 13 Wochen Zeit. Schritt 1: normales Gehen ohne Schmerzen. Schritt 2: leichtes Laufen. Schritt 3: Ausdauertraining.

Und schon waren die 13 Wochen um. Der Plan ging auf. Ich stand also am 22.02.2014 in Kitzbühel am Start. Dies war meine Gelegenheit, mein Augenblick war da. 880 Höhenmeter auf 3,3 Kilometern und unter Wettkampfbedingungen. Natürlich mit dem Ziel: Aufstieg unter einer Stunde. Nur mal so zum Vergleich: Der Rekord steht bei 30:29 Minuten; gehalten von einem Olympiasieger im Langlauf. Und was soll ich sagen: Es ist halt die Streif. Sie hat mich zwar nicht abgeworfen, aber dass sich das Biest so sträubt, einen hochzulassen ... Bei Schnee und Eis auf der Piste, von unten nach oben, das geht nur mit Steigeisen oder langen Spikes. Und das mit 350 anderen »Verrückten«. Darunter: Profi-Bergläufer, Langläufer, Olympiasieger, Weltmeister und so »Normalos« wie ich.

Ob ich zwischendurch aufgeben wollte? Ja. Aber das Ziel war oben. Also weiter. Schritt für Schritt. Beidseitige Oberschenkelkrämpfe schon ab dem Seidelalmsprung (das ist erst die Mitte) und vor allem: fast ganz am Ende die berüchtigte Mausefalle. 85 % Gefälle! Oder besser gesagt 85 % Steigung! Wenn du da davorstehst, ist das wie eine weiße Wand. Wie manche Hindernisse im Leben – fast unüberwindbare, riesige Hindernisse. Aber auch hier gilt: Mach es einfach. Tu es. Setze einen Schritt vor den anderen. Schritt für Schritt. Lasse dich nicht beirren. Verfolge dein Ziel: ausdauernd, hartnäckig, fokussiert.

> Mach es einfach. Tu es. Setze einen Schritt vor den anderen. Schritt für Schritt. Lasse dich nicht beirren. Verfolge dein Ziel: ausdauernd, hartnäckig, fokussiert.

Dann die letzten Schritte für mich. Endlich – das

Starthaus. Die Zeit: 1:32 Stunden. Egal. Ich hab's geschafft. Nächstes Jahr komme ich wieder. Jetzt weiß ich ja, wie es geht.

Nun haben wir 2021. Ich habe es immer noch nicht unter einer Stunde geschafft – nach vier Anläufen. Es geht mir aber dabei um etwas anderes: Ich hatte nicht die gleichen Voraussetzungen wie die Profis, aber ich habe eines *nicht* gemacht: gezögert und gezögert und nach Ausreden gesucht. Ich habe es einfach gemacht. Schritt für Schritt. Ich habe meinen Traum Wirklichkeit werden lassen. Ich habe die Streif bezwungen.

> Ich habe es einfach gemacht. Schritt für Schritt. Ich habe meinen Traum Wirklichkeit werden lassen. Ich habe die Streif bezwungen.

Und das wünsche ich auch dir bei deinen Vorhaben und Zielen: Wenn sich die Gelegenheit bietet: Mach es einfach! Tu es!

Denn das steckt hinter dem Geheimnis von Judit: **Ju**st **do** **it** = Judit.

WOLFRAM BAITINGER

Mach es einfach – weil einfach einfach einfach ist / Die Menschen ins Handeln bringen

Über 30 Jahren Praxiserfahrung als erfolgreicher Salesman in der Finanzdienstleistungsbranche. Über 14.000 Verkaufsgespräche mit über 30.000 Menschen oder Unternehmen. Und immer nur mit einem Ziel: die Menschen ins Handeln zu bringen.

Experte für private Kranken- und Pflegeabsicherung, Motivationstrainer und Speaker.

Jetzt ist die Zeit für große Visionen!

Als die Astronautin Claudie Haigneré 1996 als erste Frau in das Weltall flog, lag hinter ihr ein steiniger Weg voller Ungewissheit. Zehn Jahre lang hatte sie als einzige Frau bei der französischen Raumfahrtbehörde CNES dafür gearbeitet, für eine der nächsten Expeditionen nominiert zu werden – und schaffte es. Sie nannte ihre Reise in das All einen großen Schritt für die Menschheit – denn die hat (mindestens) zwei Geschlechter. Seither haben sich immer mehr Frauen für den Beruf der Astronautin entschieden, sogar über eine Quote wurde bereits diskutiert. Seit ihrer Kindheit wollte Claudie Haigneré nichts anderes als in den Weltraum fliegen, obgleich ihr viele Menschen sagten, dass die Anforderungen für sie als Frau viel zu hart seien. Doch Claudie Haigneré hatte eine Vision – und nichts und niemand konnte sie davon abbringen, diese umzusetzen. Heute arbeitet sie als Politikerin und ermuntert Frauen unablässig dazu, an sich selbst zu glauben und ihre Visionen umzusetzen, auch wenn die ganze Welt das für unmöglich hält.

> Claudie Haigneré nannte ihre Reise in das All einen großen Schritt für die Menschheit – denn die hat (mindestens) zwei Geschlechter.

Auch Judit Polgár hatte eine Vision, eine, die ihr schon als Kind in Fleisch und Blut überging. Sie spielte Schach und zwar schon als Fünfjährige so gut, dass sie ihren Vater mit Leichtigkeit besiegte. Mit 15 war sie Schachgroßmeisterin, als einzige Frau schaffte sie es unter die Top Ten der Weltrangliste. Über sich selbst sagte sie, dass Schachspielen für sie so selbstverständlich sei wie Laufen, weil in ihrer Familie schon immer viel Schach gespielt wurde. Dass sie es bis an die Weltspitze schaffen würde, das konnte sie als Kind noch nicht ahnen. Aber nach und nach entstand das Ziel, zur Weltspitze zu gehören.

Diese beiden Frauen sind nur zwei Beispiele dafür, wie starke Visionen uns dabei helfen können, selbst die größten Widerstände zu überwinden und das Unmögliche wahr werden zu lassen.

Die 14-jährige Malala Yousafzai glaubte fest an ihre Vision einer besseren, gerechteren Welt, als sie im Oktober 2012 auf dem Weg zu ihrer Schule in Pakistan war. Sie war davon überzeugt, dass Bildung der Schlüssel zu Freiheit und Frieden ist und dass jedes Kind unabhängig von seinem Geschlecht Zugang dazu haben sollte. Für diesen Traum kämpfte sie. Die Taliban versuchten, ihrem Traum ein jähes Ende zu bereiten, als sie sie im Oktober 2012 überfielen und Malala aus nächster Nähe in den Kopf schossen. Das Mädchen überlebte schwer verletzt, doch statt sich einschüchtern zu lassen, hielt sie an ihrer Vision fest, verstärkte sie sogar noch und verlieh ihr so zusätzliche Strahlkraft. Nur ein Jahr nach dem schrecklichen Attentat sagte sie bei der Eröffnung einer neuen Bibliothek in Birmingham: »Es ist mein Traum, dass eines Tages in jedem Winkel der Welt großartige Gebäude wie dieses hier existieren, damit jedes Kind mit der Chance auf Erfolg aufwachsen kann.«

Malala ist zu einem Leuchtfeuer für viele Mädchen weltweit geworden, denn sie setzt sich unerschütterlich für den Zugang zu Bildung ein. Der beinahe tödliche Angriff auf sie hat ihre Vision einer freien und friedlichen Welt nur noch stärker werden lassen. 2014 bekam sie den Friedensnobelpreis in Oslo verliehen. Ihr Studium hat sie 2020 in Oxford, also bereits zu Zeiten der Pandemie, erfolgreich abgeschlossen.

Visionäre machen aus der Krise einen Neuanfang

Das Jahr 2020/2021 hat uns verändert, viel tiefgreifender, als uns bewusst ist. Auf den Schock über die Krise, die die weltweite Corona-Pandemie auslöste, folgte eine Zeit der Starre. Ein Dornröschenschlaf legte sich über ganze Branchen, in dem vielen nichts übrig blieb, als auszuharren und abzuwarten, was kommt. Doch das, was kommt, ist keine komplette Rückkehr in das, was war. Das Leben, das wir kannten, hat sich verändert. Von vielen lieb gewonnenen Gewohnheiten mussten wir uns phasenweise verabschieden und leider hat so manches Unternehmen die lange Durststrecke nicht überstanden.

Doch wie nach dem Winter der Frühling kommt, so kommt nach der Krise der Neuanfang, und so ist allerorts Aufbruchstimmung spürbar. Während sich einige noch verwundert die Augen reiben, krempeln andere schon die Ärmel hoch und machen sich daran, dieses Neue zu gestalten, das sich da vor uns ausbreitet. Neue innovative Wege wurden beschritten, Geschäftsideen sind entstanden und die Arbeitswelt hat sich digitalisiert.

Doch wer neue Pfade beschreitet, der braucht Orientierung. Eine Karte gibt es nicht. Niemand hat sie je für uns vermessen, hat Markierungen gesetzt, an denen wir uns orientieren können. Was bleibt uns, um uns in diesem Neuen zurechtzufinden; zu wissen, wie und aus was wir dieses Neue schaffen können?

Die beste Orientierung in ungewissen Zeiten sind Visionen. Je größer und stärker unsere Visionen sind, desto einfacher finden wir Wege, sie Wirklichkeit werden zu lassen. Sie sind wie Sterne am Nachthimmel, an denen wir uns ausrichten, ganz egal, wo wir uns befinden. Corona hat viele Gewissheiten über den Haufen geworfen. Wir müssen uns neu ausrichten, unseren Weg finden auf unbekanntem Terrain. Das kann verunsichern und zugleich Entdeckerlust wecken. Was ist dieses Neue, Unbekannte, jenseits der althergebrachten Gewissheiten? Wie kann ich es für mich und mein Business gestalten, welche neuen, spannenden Lösungen hält es für meine Kunden und Klienten bereit?

> Die beste Orientierung in ungewissen Zeiten sind Visionen. Je größer und stärker unsere Visionen sind, desto einfacher finden wir Wege, sie Wirklichkeit werden zu lassen. Sie sind wie Sterne am Nachthimmel, an denen wir uns ausrichten, ganz egal, wo wir uns befinden.

Auf einmal kann ich nicht mehr per Autopilot durch altbekannte, gut ausgebaute Straßen steuern, sondern nehme meine Umgebung bewusst wahr. Details stechen mir ins Auge – und genau das sind die Momente, in denen Innovation ent-

> Jede Krise ist auch ein Tanz mit neuen Möglichkeiten. Alles gerät in Bewegung, die Dinge werden neu geordnet. Was lange festgefahren war, ist auf einmal flexibel, dynamisch, kann verändert werden. Darin liegt eine große Chance.

steht. Jede Krise ist auch ein Tanz mit neuen Möglichkeiten. Alles gerät in Bewegung, die Dinge werden neu geordnet. Was lange festgefahren war, ist auf einmal flexibel, dynamisch, kann verändert werden. Darin liegt eine große Chance. Es spielt keine Rolle, ob wir uns noch mitten in einer Krise befinden oder den Neuanfang bereits bewusst wagen – Visionen verleihen uns die Kraft, das Unbekannte voller Mut zu umarmen und fest daran zu glauben, dass das, was bis jetzt nur als Idee in uns existiert, bald auch in der Welt Wirklichkeit werden kann.

Claudie Haigneré, Judit Polgár und Malala Yousafzai hatten und haben eine solche Vision und wurden selbst Leitsterne für andere. In Zeiten wie diesen, in denen die Zukunft wegloses Land ist, müssen wir uns an unsere Visionen erinnern und sie erneuern, um den Neuanfang aktiv zu gestalten. Zukunft ist nichts, was geschieht, Zukunft wird von uns gemacht.

Gerade jetzt, in der Phase des Übergangs, in der die Krise weicht und das Neue beginnt, lade ich meine Klienten ein, mit mir intensiv ihren Zielen und Visionen nachzuspüren, ihr Warum zu hinterfragen, damit sie besonders hell leuchten und uns in das Neuland namens Zukunft führen. Wenn Sie wissen wollen, was Sie antreibt, dann laden Sie den kostenlosen Antreibertest unter www.alexandrakobler.de/download herunter (Passwort: Vision).

ALEXANDRA KOBLER

Aus der Praxis für die Praxis.
Sinn. Stärke. Ziele. – Ihre starke Führungskompetenz

Sie hat über 1000 Trainingsteilnehmer von über 100 Unternehmen begleitet und über 20 Jahre Führungserfahrung bei über 70.000.000 Euro Umsatz, sie hat in über sieben Ländern gelebt, über 100 Länder bereist und ist seit über zehn Jahren in Forschung und Lehre tätig. Alexandra Kobler ist eine kreative und energiegeladene Initiatorin, die als Zündschnur für die Erreichung von Zielen mit Sinn und Verstand gesehen wird. Ihr Credo ist: Setzt auf Werte und seid euer eigener Kompass, denn er bestimmt unsere Identität und somit unser Selbstkonzept.

Fischerfrau oder Cinderella?

Märchen vermitteln Lebensbotschaften

Du kennst sicher die Märchen der Gebrüder Grimm. Als Kind habe ich die Geschichten der Grimm-Brüder sehr geliebt und regelrecht verschlungen.

Gerade in den letzten Tagen kam mir aus dieser Bücherreihe ein Märchen in den Sinn: »Der Fischer und seine Frau«. Ich erinnere mich, dass ich diese Geschichte nicht sonderlich gemocht habe, damals mit neun oder zehn Jahren. Die Erzählung hatte etwas Gruseliges – das tobende, gewaltige Meer, das immer dunkler und dunkler wurde, erschien mir sehr kraftvoll und mächtig.

In dieser Geschichte kam keine schöne Prinzessin vor. Keine Prinzessin, die von einem stattlichen Prinzen erlöst wurde. Keine Prinzessin, die gemeinsam mit einem Prinzen glücklich und zufrieden bis an ihr Lebensende in einem wunderschönen Schloss wohnte. In diesem Märchen war alles anders.

Es handelt von einem armen Fischerehepaar. Der Mann hatte eines Tages einen riesigen Fisch im Netz, doch der Fisch bat um seine Freiheit und versprach dem alten Fischer, ihm dafür einen Wunsch zu erfüllen. Der Fischer jedoch hatte ein großes Herz, war bescheiden und ging – ohne sich etwas gewünscht zu haben – zu seiner Frau nach Hause.

Daheim erzählte der Fischer von dieser wundersamen Begegnung. Die Frau wurde sogleich wütend, schalt ihren Mann als dummen Tölpel und schickte ihn sofort zurück ans Meer. Er sollte um ein schönes und besseres Haus bitten. Der Mann wollte keinen Streit und ging zum Meer, um den Fisch zu rufen. Er bat ihn um ein schönes kleines Häuschen für seine Frau. Der Wunsch ging in Erfüllung.

Es dauerte nicht lange und die Frau des Fischers wollte mehr und mehr. So bekam sie nach dem hübschen Haus ein Schloss. Dann wollte sie einen Palast. Sie wurde Königin und letztendlich wünschte sie sich, Kaiserin oder gar Gott zu werden.

> Es dauerte nicht lange und die Frau des Fischers wollte mehr und mehr.

Der brave Mann ging wieder und wieder zum Meer. Ihm war sehr unwohl dabei und er bemerkte, dass die Kraft des wunderbaren Fisches mehr und mehr nachließ. Das Meer brodelte und tobte, es war fast schwarz. Trotzdem rief er sehr beschämt nach dem Fisch und äußerte den neuesten Wunsch seiner Frau.

Der Mann wusste, dass er dem Fisch sehr viel abverlangte. Er war traurig, doch er tat, was seine Frau ihm befahl.

Gott wollte sie sein!

Der Fischer kam nach Hause – und was sah er? Seine Frau, die wieder in ihrer alten Hütte saß.

Wie komme ich auf dieses Thema?

In unserer heutigen Welt gibt es viele dieser Menschen: Fischerfrauen und Fischermänner.

Der Inhalt dieser Erzählung ist brisant. Das Märchen erinnert an das Machtstreben der Menschheit: mehr haben wollen, besser und schöner aussehen. Reicher, höher, schneller – darauf kommt es an. Man will immer mehr. Mehr arbeiten, mehr verdienen, mehr Konsum, mehr Anerkennung. Sogar mehr Schulden werden gemacht – was zählt, sind Besitz und Äußerlichkeiten.

Ja, wir meinen, das muss so sein. Wir wollen schließlich dazugehören. Wir suchen Bewunderung und Anerkennung im Außen und sind schon zufrieden, wenn diese Anerkennung auch nur von unserem Ego kommt.

> Wir sind in einem Wahn gefangen – einem Wahn, der einer Täuschung gleicht.

Wir sind in einem Wahn gefangen – einem Wahn, der einer Täuschung gleicht.

Einem Wahn, der uns immer wieder zu irgendwelchen Aktivitäten antreibt: Wir vergleichen, treten in den Ring, wollen brillant sein. Wir fühlen uns getrieben von einer gewissen Unruhe, die uns anspornt. Nicht etwa um zufrieden und glücklich zu sein – nein, es ist ein Ansporn zu noch mehr Stress. Ein Ansporn für ein Leben im Kettenkarussell, welches uns letztendlich gefangen hält.

Dabei vergessen wir voll und ganz, dass jeder von uns einmalig ist. Wir sind alle Geschöpfe des Universums, unvergleichbar und besonders. Jeder in seiner eigenen Vollkommenheit: strahlend, kostbar und wunderschön.

Warum existiert nur diese Sucht, die uns treibt?

Wir hecheln nach Bewunderung, nach Anerkennung, nach mehr Geld und den vielen anderen Dingen, die wir vermeintlich haben wollen, haben müssen.

> Die Fischerfrau strebte nach Reichtum. Sie wollte Besitz. Sie wollte Macht. In keiner Phase ihres Lebens war sie zufrieden. In keiner Phase begriff sie ihren Wohlstand.

Wir wollen SEIN – wir wollen ETWAS sein.

Wir wollen HABEN – wir wollen VIEL haben.

Wir befinden uns in einer ständigen Unzufriedenheit, in einem ständigen Kampf. Das Karussell dreht sich weiter, denn wir haben uns folgendes Gebot selbst auferlegt: perfekt zu sein, optimal zu agieren, zu funktionieren, es allen recht zu machen. Ja, vor allem nach außen gut dazustehen.

Was ist, wenn dieses gefühlte, perfekte Leben nie Realität wird? Keine vermeintlich sichere Existenz, kein überdurchschnittliches Einkommen und keine Erfüllung der vielen anderen Begierden?

Oder die andere Möglichkeit: Was ist, wenn du es scheinbar ganz oder auch nur zum Teil erreichst? Kommt dann nicht doch wieder eine neue Unruhe mit neuen Wünschen und neuen Ängsten? Eine weitere Unzufriedenheit, ein weiterer Drang nach mehr?

Und folglich regen sich Fragen: Was kann ich noch tun, was kann ich anders machen – wie muss ich sein, was muss ich an mir, an meinem Leben ändern?

Die Fischerfrau strebte nach Reichtum. Sie wollte Besitz. Sie wollte Macht. In keiner Phase ihres Lebens war sie zufrieden. In keiner Phase begriff sie ihren Wohlstand.

Ich plädiere nicht für ein monotones Leben auf minimalistischer Basis mit wenig Anspruch. Im Gegenteil: Leben bedeutet für mich wachsen, sich entfalten, genießen. Leben heißt lernen und wachsen, jeden Tag ein bisschen mehr.

Wir lernen, indem wir uns ausprobieren, neugierig bleiben, Fehler machen, Beziehungen schaffen.

Wir wachsen, indem wir Freundschaften gestalten, unsere Leidenschaft finden, für andere da sind, anderen etwas von uns geben, Freude schenken, Freude empfangen.

> Leben bedeutet für mich wachsen, sich entfalten, genießen. Leben heißt lernen und wachsen, jeden Tag ein bisschen mehr.

Das hat mit Attraktivität zu tun – mit Wertschätzung für sich und sein Leben.

Die Gier nach mehr – was hat es der Fischerfrau gebracht?

Sie hat die Liebe nicht gespürt, nicht einmal die Liebe ihres Mannes. Sie selbst hat sich überaus wichtig genommen. Darüber hinaus hat sie alles andere vergessen. Sie war blind und unzufrieden.

Wie schade, dass sie den Reichtum und die Schönheit des Lebens nicht sehen konnte.

Lass dich nicht erst von einem Frosch wach küssen. Mach dich auf den Weg, lerne neu zu laufen, lerne zu sehen – gehe nicht blind durch die Welt. Spüre nach deinem wahren SEIN, finde deine speziellen Puzzleteile: erst eins, dann noch eins und dann ganz viele – alle nur für dich, passend zu deinem einmaligen Leben.

Lassen wir die »Fischerfrau« oder den »Fischermann« hinter uns. Glaube mir, es ist wundervoller, als Cinderella durch das Leben zu gehen!

Sei wundervoll – lebe wundervoll.

ANGELIKA GWARYS-KÖRNER

Im Lebenswandel Chancen entdecken

Mit knapp 35 Jahren macht sie den größten Cut ihres Lebens. Sie lässt alles hinter sich. Andere würden sagen, sie hat alles verloren. Angelika jedoch sieht das anders: Sie hat so viel mehr. Sie hat ihre Neugier, gepaart mit dem Vertrauen: Ja, da gibt es ein MEHR! Ja, da gibt es die Chance des totalen Neubeginns! Oft hat sie sich die Frage gestellt: Kann das schon alles sein? Sie begibt sich auf die Suche, probiert sich aus. Heute tut sie das, was sie liebt – sie ist Bloggerin, Autorin, Trainerin und Coach. Das Leben bewusst zu gestalten, es lebenswert zu machen – das ist ihre Leidenschaft, das ist ihre Bestimmung.

www.seiattraktiv.de
www.angelikagwaryskoerner.de

Von Worten, die das Herz berühren, Sprichwörtern, Gefühlen, Gedanken & Zeichen

Worte findet Mann und Frau immer. Überall. Sei es als gesprochenes Wort, als gedachtes Wort, als ein Gefühl, das du in ein Wort formulierst. Das Wort als geschriebenes Wort lässt sich in sich, mit sich, durch sich, an sich, um sich von vielen Seiten betrachten und gewinnt dadurch ein solch großes Spektrum, ein Universum um sich, das bei jedem und allem wirkt. Jedes lebt in seinem eigenen Universum. Mag es groß, klein, dick, dünn, hell oder dunkel sein. In einem Moment höre ich dieses Wort, im nächsten Moment höre ich jenes Wort – oder das Wort wandert als Gedanke in meinem Kopf.

Hier halte ich mal inne – denn just hier und genau jetzt bemerke ich es bewusst oder ich nehme es »unbewusst« wahr. Wende ich meinen Blick bewusst auf eine Sache, ein Wort, ein Bild, einen Satz mit Worten, kommen die Gedanken, die mich, wenn sie das Herz berühren, fühlen lassen.

Es ist das Gefühl, was uns alle verbindet. Ein geschriebenes Wort, durch das wir alle das gleiche Gefühl spüren, zeigt uns, dass wir auf diese Art und Weise alle verbunden sind.

Stell dir vor, du siehst etwas, das dich zum Lachen bringt, dann spürst du Freude. Oder du siehst etwas, das dich zum Weinen bringt, dann spürst du Trauer, Mitgefühl, gar Mitleid. Das ist der menschliche Ausdruck.

Das ist die Verbindung vom Kopf zum Herzen, vom Herzen zum Kopf.

> Die Verbindung vom Kopf zum Herzen, vom Herzen zum Kopf.

Ein Mensch ohne Herz lebt auf dieser Welt nicht

mehr; ein Mensch ohne Kopf lebt auf dieser Welt nicht mehr. Die Verbindung (Anbindung) liegt an dieser Stelle. Im Kopf entstehen die Gedanken und im Herzen spüren wir das Gefühl. Unser Körper wiederum spiegelt, was wir vom Herzen her wahrnehmen und spüren.

Wenn wir in einer Situation sind, der wir mit Angst begegnen, die Wärme verursacht, in der sich uns eventuell die Nackenhaare aufstellen, wir nervös werden, uns eventuell der Schweiß ausbricht oder es in uns pulsiert, dann zeigt uns unser Körper, dass sich etwas für uns nicht stimmig anfühlt und wir mit dem, was gerade an uns herangetragen wird, in Widerstand gehen. Andersherum ist alles stimmig, wenn wir uns entspannt fühlen und in Frieden annehmen, was ist. Leben und leben lassen, gehen und gehen lassen, freuen und uns erfreuen lassen, lachen und lachen lassen, strahlen und strahlen lassen, fühlen und fühlen lassen.

Das Sprichwort »Jeder ist seines Glückes Schmied« habe ich jahrelang abgetan als etwas, das alte Leute sagen, wie so viele andere Sprüche, die in meinem Bewusstsein aufgeploppt sind und immer wieder aufploppen. Gerade dieser Spruch »Jeder ist seines Glückes Schmied« ist für mich nun die Erklärung unseres Lebens auf dieser Erde. Er zeigt mir, dass er absolut stimmig ist und ich ihn von vielen Seiten betrachten kann, anders formuliert aber genau das beschreibt, was das Leben hier auf Erden bedeutet. Glück ist ein Zustand, der nur dann da ist, wenn man ihn bewusst wahrnimmt. Ja, die kleinsten Dinge, Blicke und Situationen können ein Gefühl von Glückseligkeit hervorlocken. Und diese Momente hat und kann sich jeder selbst kreieren oder »schmieden«. Richtest du allein deine Gedanken auf GLÜCK, dann begegnet es dir mehr und mehr, indem du begreifst, dass Dankbarkeit, egal wofür du sie fühlst, mit dem Annehmen von Glück = Zufriedenheit beginnt. Das Begreifen und Wahrnehmen ist das TUN, für das du dich entschieden hast.

> Glück ist ein Zustand, der nur dann da ist, wenn man ihn bewusst wahrnimmt. (...) Richtest du allein deine Gedanken auf GLÜCK, dann begegnet es dir mehr und mehr.

Und Entscheidungen triffst du jederzeit und immer. – Ich habe mich gerade entschieden, mich in die Sonne zu setzen, die Beine hochzulegen, hier niederzuschreiben, was ich gerade dazu DENKE ... und just treffe ich die Entscheidung, das Wort »denke«, das ich gerade geschrieben habe, in das Wort »DANKE« umzuwandeln; quasi einen Buchstaben zu ändern. In dem Wort »danke« steckt das A wie Anfang und prompt muss ich gerade mal niesen und ein Sprichwort ploppt bei mir auf: Man sagt »es stimmt«, wenn jemand niest! Wie grandios ist das denn? – Und nun meine Entscheidung, zu LÄCHELN und gen Himmel zu schauen. Prompt landen zwei Tauben auf meinem Dach. Ich entscheide, loszugehen, um ein Foto zu machen, um es meiner Nachbarin zu schicken, mit der ich das Thema »Zeichen und Tauben« ein paar Tage zuvor besprochen hatte. Auf diesem Gang, um das Foto zu machen, treffe ich die Entscheidung, meine Entscheidungssuche niederzuschreiben, damit deutlich wird, dass uns das Leben Zeichen gibt, wenn wir auf der Suche nach einer Entscheidung sind.

> Meine Entscheidung, zu LÄCHELN und gen Himmel zu schauen.

Ein Zeichen: Ich saß mit meiner Schwester und meiner Mutter (liebenswert dement) kurz nach dem Tod meines Vaters auf der Veranda meines Elternhauses und unsere Überlegungen gingen dahin, eine Entscheidung zu treffen, welche Menschen an der Trauerfeier teilnehmen sollten. Angedacht war die Feier im engsten Familienkreis und mit Menschen, denen mein Vater sehr verbunden war. Einer Nachbarin hatte meine Schwester auch schon Bescheid gegeben und uns stellte sich die Frage, ob wir den Nachbarn im Haus gegenüber, auf das wir alle drei gerade einen Blick hatten, ebenfalls Bescheid geben sollten. In dem Moment flog eine Taube auf den Schornstein des Hauses der Nachbarn. Uns wurde in Form einer Taube, die sich auf den Schornstein setzte, um ihr Geschäft zu verrichten, die Entscheidung als Zeichen präsentiert. Meine Schwester und ich schauten uns an, ein Grinsen tauchte bei uns beiden auf und wir schüttelten gleichzeitig den Kopf und entschieden: Nein, diese

Nachbarn sollten wir nicht darüber informieren, wann die Trauerfeier meines Vaters war.

So gibt es viele Momente in unserem Leben, in denen wir vor einer Entscheidung stehen und nicht weiterwissen – letztendlich spüren wir in uns, was sich richtig anfühlt. Das Schöne, Wunderbare und Grandiose an Entscheidungen in unserem Leben ist, dass wir aus ihnen lernen und jeder seine Erfahrungen machen darf. In unseren Gedanken können wir uns in jede Situation des Lebens hineinspüren, die sich nicht stimmig angefühlt hat, und wir können die Situation in unseren Gedanken korrigieren.

* CQM Methode Gabriele Eckert

MARION RÖCHERT

Marion Röchert, geb. Kaufmann, 1971. Tochter von Helmut und Helga Kaufmann in der Hilsmulde. Lehre und Fernstudium im grafischen Werbebereich, stets sozial, demokratisch und in Statuten lebend, Mutter zweier wunderbarer Mädchen, die dank aller Höhen und Tiefen großartige Menschen für diese Welt sind.

»Maumau« wurde sie von ihrer Lieblingsnichte im Grundschulalter gerufen, ist immer bereit, neue Erfahrungen zu machen, offen für alles Schöne und Kreative, besonders für alle Bereiche, die das Herz und die Seele berühren. Das Wort »Schreiben« ist in Marion verinnerlicht, wie das Herz in unserem SEIN.

Hypnose und Glaubenssatzarbeit

Das Schicksal lenkte meine Arbeit auf die Hilfe von Menschen. – Darauf, sie in ihrer mentalen und spirituellen Verfassung zu unterstützen. Meine Leidenschaft für die Hypnose begann, als ich selbst vor einer für mich großen Herausforderung stand.

In meinem Leben wurde ich häufig damit konfrontiert, immer besser sein zu müssen als andere. Diese Programmierung entstand aus vielen Erfahrungen in meinem Leben. – Was mir natürlich nicht bewusst gewesen ist. Alleine durch diese Programmierung kam ich immer wieder beruflich wie privat in Situationen, in denen ich mich beweisen musste. Ich bildete mich weiter zum Mentalcoach. Natürlich gibt es als Mentalcoach sehr viele Möglichkeiten, Menschen zu unterstützen, doch mein eigenes Schicksal brachte mich zur Hypnose und ich sah bei mir selbst, was für eine wunderbare Technik die Hypnose ist.

Ich selbst stand plötzlich vor einer für mich sehr großen Herausforderung. Im Nachhinein muss ich schmunzeln. Die Herausforderung war, mich im Außen zu präsentieren – und ich konnte mir weder das Problem erklären noch eine Lösung dafür finden. Die eigene Homepage wurde zur echten Herausforderung. Als Coach habe ich mich natürlich mit dem Thema Glaubenssätze befasst und auch verschiedene Techniken angewandt, dennoch kam ich keinen Schritt weiter. Weder kannte ich den Glaubenssatz, noch wusste ich das Problem zu lösen. Ich war mir nicht mal sicher, ob ich überhaupt nach einem Glaubenssatz suchte, denn bewusst war mir diesbezüglich nichts. Durch Zufall kam ich dann zur Hypnose. Immer wieder las ich irgendwas in dem Zusammenhang, obwohl ich nicht bewusst danach gesucht hatte. Ich selbst glaube nicht an Zufälle, sondern denke, Dinge fallen einem zu; demzufolge informierte ich mich über das Thema Hypnose. Meine Neugier und mein Interesse waren geweckt und ich hatte den Wunsch, nun doch irgendwie eine Lösung für mein Problem zu finden. Nach ein paar Sitzungen war mein Problem erledigt. Das hat mich so begeistert, dass ich dachte, ich möchte das auch können, und so ließ ich mich selbst zum Hypnotiseur ausbilden.

In der Hypnose kann so viel aufgedeckt werden, was das Thema Glaubenssätze betrifft, hier gibt es so viele Möglichkeiten. Immer wieder ist es interessant, was die Hypnose zu dem Thema aufdecken kann und wo vielleicht verborgene »Schätze« liegen, die es nur zu entdecken gilt. Vielleicht steckt viel mehr in Ihnen, als Sie sich das heute vorstellen können.

> Vielleicht steckt viel mehr in Ihnen, als Sie sich das heute vorstellen können.

Ich werde nur kurz einige Hypnoseanwendungen beschreiben. Es gibt viele verschiedene Arten der Hypnose. Selbstverständlich kann ich jetzt nicht jede Form der Hypnose beschreiben, dann würde es ein Lexikon über Hypnose werden. Stattdessen beschreibe ich hier die Showhypnose und die Hypnoseanalyse, die ich auch selbst anwende, und zwei andere Hypnoseformen, um einen etwas tieferen Eindruck zu vermitteln.

Showhypnose:

Hier befindet sich der Proband in der Regel in einem anderen Trancezustand als in der normalen Hypnose und ich möchte gleich sagen, dass nicht jeder Mensch für die Showhypnose geeignet ist. In der Showhypnose befindet sich der Proband eher in einer Art Wachtraumzustand. Der Proband erlebt die suggerierten Inhalte eher traumartig. Auch wenn man denkt, ein Mensch, der auf Befehl tanzt oder auf Befehl Dinge vergisst, müsste sich in einer sehr tiefen Trance befinden, ist das nicht richtig. Die Suggestionen werden zwar sehr intensiv wahrgenommen, aber im Durchschnitt sind die Befehle, die der Proband gerade noch ausgeführt hat, vergessen, nachdem der Proband wieder auf seinem Platz ist oder innerhalb der nächsten 60 Minuten.

Hypnoanalyse:

Diese Form der Hypnose begleitet der Hypnotiseur. Es ist eine Form der aufdeckenden Hypnose. Es geht bei der Hypnoanalyse nicht ausschließlich um die Ursache, sondern mehr darum, Lösungsmöglichkeiten zu finden. Die analytische Hypnose ist häufig sehr erfolgversprechend.

> Die analytische Hypnose ist häufig sehr erfolgversprechend.

Rauchentwöhnung:

Wie der Name schon sagt, geht es hierbei darum, zum Nichtraucher zu werden. Laut wissenschaftlichen Studien ist die Hypnose hier eines der erfolgreichsten Verfahren.

Selbsthypnose:

Selbsthypnose bedeutet, der Anwender hypnotisiert sich selbst. Es stehen hierbei keine technischen Hilfsmittel zur Verfügung. Auch keine CDs oder Ähnliches. Es gibt keine wirklich einheitliche Definition. Wichtig ist hier, zu wissen, dass nicht bei allen Themen die Selbsthypnose wirklich hilfreich sein kann. Zum Entspannen ist sie wunderbar, aber um das Selbstbewusstsein aufzubauen, ist es mit der Selbsthypnose bedeutend schwieriger und die Unterstützung eines Hypnotiseurs ist förderlich.

Aber was bedeutet es nun, Glaubenssätze mit der Hypnose zu lösen?

»Du wirst morgen *sein*, was du heute denkst.« BUDDHA

Ein Glaubenssatz ist im Grunde eine Überzeugung von Dingen, die uns gesagt wurden oder werden. Unser Gehirn speichert genau diesen Satz, ob nun positiv oder negativ, als Muster ab. Durch das ständige Wiederholen entsteht eine Speicherung im Gehirn. Wenn diese Äußerungen oft genug wiederholt werden, insbesondere bei negativen Emotionen, besteht eine sehr hohe Wahrscheinlichkeit, dass sie sich als Tatsache materialisieren.

Um sich das vorzustellen: Jedes Mal, wenn die Sätze gesprochen werden, erzeugt das Unterbewusstsein ein zugehöriges Bild. Das ist die Probe und was Sie geistig immer wieder proben, wird Ihr Unterbewusstsein versuchen, Wirklichkeit werden zu lassen.

»Wir sind, was wir denken. Alles, was wir sind, entsteht aus unseren Gedanken. Mit unseren Gedanken formen wir die Welt.«
BUDDHA

Manche Glaubenssätze sind uns nicht bewusst. Wir tragen sie schon unser ganzes Leben lang mit uns herum und irgendwo in unserem Leben kommen wir nicht weiter oder werden immer wieder vor das gleiche Problem gestellt und finden keine Lösung. In solchen Fällen verwende ich die Hypnoanalyse und wir schauen erst mal, was das denn für Glaubenssätze sind. In den meisten Fällen ist es mehr als nur ein Glaubenssatz. Es können durchaus drei oder mehr sein. Hier geht es darum, den Kernglaubenssatz zu finden.

Es muss nicht der genaue Wortlaut des Satzes gefunden werden, aber die Kernaussage, die in dem Satz integriert ist. Zum Beispiel kann es sein, dass es beim Thema Abnehmen sehr viele Glaubenssätze um das Thema herum gibt und die Kernaussage ist vielleicht: »Ich kann nicht von selbst abnehmen.« Durch die Hypnoanalyse wird im Laufe der Zeit die Kernaussage gefunden. Das kann natürlich in der ersten Sitzung passieren, muss es aber nicht. Selbstverständlich ist es individuell, und was tief vergraben ist, braucht vielleicht etwas länger, um an die Oberfläche zu kommen. Und wie gesagt, dass der Satz jemandem gar nicht bewusst ist, passiert häufiger, als man denkt. Die Hypnoanalyse ist aufdeckend und wir arbeiten zusammen. Es ist immer wieder spannend, die eigenen Geheimnisse kennenzulernen – die Hypnose kann erstaunliche Dinge ans Tageslicht holen. Glaubenssätze sind nicht ewig gültig und lassen sich verändern: für ein selbstbestimmtes Leben.

ANJA RAIDA

Verstecktes Potenzial durch die Hypnose erkennen

Ich lenke meine Arbeit darauf, Menschen in ihrer mentalen, spirituellen Verfassung zu unterstützen und das versteckte Potenzial zu erkennen. Es ist nicht immer der Mut, der fehlt, manchmal ist es irgendein versteckter Glaubenssatz, irgendeine Erinnerung, die uns vielleicht gar nicht mehr bewusst ist. Für jeden, der ein erfülltes Leben führen möchte, seine Potenziale entdecken möchte, für den bin ich da.

In meinen Sitzungen, Seminaren und auch online teile ich diese Praktiken auf dem Gebiet der Hypnose und der Persönlichkeitsentwicklung, die Sie nahtlos in Ihr Leben integrieren können, um Ihnen neue Wege für eine positive Veränderung zu ermöglichen. Hierbei unterstütze ich Sie. Leben Sie Ihre Träume, sind Sie wirklich die Person, die im Außen zu sehen ist? Ist da nicht noch ganz viel Potenzial, um doch das zu tun, was Sie sich immer gewünscht haben? Entdecken Sie sich selbst und all die wundervollen Möglichkeiten, die in Ihnen stecken. Mithilfe der Hypnose können wir sie vielleicht auch bei Ihnen ans Tageslicht führen.

www.anja-raida.de

Ihre Glücksimmobilie oder ein renditestarkes Investmentobjekt finden SIE HIER

Wenn es um den Kauf oder Verkauf von Immobilien geht, ist nicht nur fundiertes Expertenwissen und Vertrauen wichtig, sondern auch jede Menge Fingerspitzengefühl gefragt.

Guten Tag und grüß Gott!
Ich bin mit Leib und Seele Immobilienmaklerin und werde seit nunmehr 25 Jahren von meinen Kunden sowohl für meine Fachkompetenz als auch für meine umfassenden und qualifizierten Marktkenntnisse wertgeschätzt. Meine Passion sind Immobilien, vom Bauplatz über Eigentumswohnungen, denkmalgeschützte Villen, Ein- oder Mehrfamilienhäuser für den privaten und gewerblichen Bereich. Meine Kunden – Immobilienverkäufer wie auch -käufer – profitieren von meiner stets vertrauensvollen Beratung, meiner exzellenten Fachkenntnis aus langjähriger Tätigkeit als Immobilienexpertin für Kauf, Verkauf und Wertermittlung. Zusätzlich biete ich Ihnen vielfältige Fachkenntnisse von Mediation über energetisches Housecleaning bis hin zur individuellen Neutralisierung. Sie dürfen gespannt sein!

Es ist mir ein persönliches Anliegen, meine Kunden durch meine umfassenden Qualifikationen dabei zu unterstützen, Zeit, Geld und Nerven zu sparen. Respekt, Wertschätzung, Qualität, Verantwortung und Empathie sind für mich nicht nur Worte – es sind die Werte, die ich meinen Kunden entgegenbringe. Meine Stärke ist es, lösungsorientiert für meine Kunden zu arbeiten. Es ist mir eine Freude, Sie dabei zu unterstützen, ein Anwesen, Haus oder auch eine Anlage für Sie zu finden, um dann beim Notar die funkelnden Augen zu sehen. Maximale Kundenzufriedenheit hat für mich oberste Priorität und so übernehme ich für Sie den gesamten Ablauf im Immobilienverkauf: marktgerechte Immobilienbewertung, professionelle Exposé-Erstellung, Aufbereitung und Überprüfung der gesamten Unterlagen, Überprüfung der Bonität von Kaufinteressenten, Übernahme von fachmännischen und inspirierenden Besichtigungen und letztlich die Vorbereitung des Notarvertrages. Voraussetzung für den Notarvertrag ist die Vorlage einer schriftlichen Finanzierungszusage seitens eines Kreditinstitutes. Zentrale Aufgabe ist auch die Gestaltung des Kaufvertrages, die ich stets in enger Absprache mit meinen Kunden gemeinsam durchführe. So werden alle Punkte im Vorfeld geklärt und der Notartermin kann als krönender Abschluss mit einem guten Gefühl stattfinden. Selbstverständlich stehe ich meinen Kunden auch über den Kaufvertragsabschluss hinaus immer mit Rat und Tat zur Seite. Es ist mir wichtig, Sicherheit und ein hohes Maß an Zufriedenheit für alle Parteien zu erzeugen, damit sich alle als Gewinner fühlen.

> Es ist mir wichtig, Sicherheit und ein hohes Maß an Zufriedenheit für alle Parteien zu erzeugen, damit sich alle als Gewinner fühlen.

Bewertung & Marktanalyse:

Eine Immobilie erfolgreich und schnell zu vermarkten erfordert nicht nur jede Menge Fachwissen, sondern auch eine hohe Kompetenz bei der Preisfindung: Professionell und erfahren bewerte ich Ihre Immobilie und führe Marktanalysen für Wohn- und Gewerbeimmobilien, Mehrfamilienhäuser oder Grundstücke durch.

Beratung:

Im Rahmen meiner Dienstleistungen berate ich Sie bezüglich verschiedener Immobilienfragen: Welche Unterlagen werden benötigt? Ist Kontakt zum Bauamt erforderlich? Welche vertraglichen Aspekte sind zu klären bzw. zu beachten? Ebenso zählt die Weiterleitung von Kontakten zu Fachfirmen wie Handwerkern etc. dazu. Als langjährig erfahrene Immobilienmaklerin gebe ich auch gerne Tipps und Ratschläge, wie man die zu verkaufende Immobilie besser zum Strahlen bringt, quasi die Schokoladenseite herausstellt, und somit der Verkauf nicht nur effektiver, sondern vor allem lukrativer erfolgen kann.

In gemeinsamer Absprache mit Ihnen führe ich die Verkaufsabwicklung bis hin zum Notartermin durch, kümmere mich für Sie um umfassende Überprüfung und Vorbereitung zur Erstellung des notariellen Kaufvertrages. Abschließend erfolgt die Übergabe an den/die neuen Eigentümer. Falls Sie es wünschen, übernehme ich dies ebenfalls gerne für Sie. Ein Aspekt, den ich Ihnen gerne noch ans Herz legen möchte: Ihr Zuhause ist nicht nur ein Dach über dem Kopf, es ist viel mehr. Es ist Lebensraum, Entwicklungsraum, Gestaltungsraum, Rückzugsoase und vieles mehr. Wenn Sie Ihren Lieblingsort mit harmonischem Raumgefühl bereichern, dort noch entspannter leben möchten und Ideen dazu wünschen, sprechen Sie mich gerne an.

> Mit Mediation eröffne ich Ihnen neue Kommunikationswege, um harmonisch einen gemeinsamen Konsens zu finden. Auch bei Unstimmigkeiten bezüglich Erbschaften oder Aufteilungen stehe ich Ihnen gerne mit Rat und Tat zur Seite, damit ein harmonischer Abschluss und Ablauf gesichert werden kann.

Projektierungen:

Ich entwickle Ihr Grundstück dahingehend, dass es für alle Beteiligten einen Gewinn darstellt. Ich projektiere Ihr Areal und bereite es vor. Von einer realen Planung und Visualisierung bis hin zur Baugenehmigung.

Mediation:

Hier eröffne ich Ihnen neue Kommunikationswege, um harmonisch einen gemeinsamen Konsens zu finden. Auch bei Unstimmigkeiten bezüglich Erbschaften oder Aufteilungen stehe ich Ihnen gerne mit Rat und

Tat zur Seite, damit ein harmonischer Abschluss und Ablauf gesichert werden kann.

Energetisches Housecleaning:

Sicher haben Sie das auch schon einmal gespürt: Sie betreten ein vielleicht mehrere Jahrzehnte oder gar hundert Jahre altes Haus und haben sofort ein unangenehmes Gefühl. Oder in Ihrer aktuell bewohnten Immobilie herrschen immer wieder Unruhe und Unfrieden – vielleicht sind Sie selbst oder ein Angehöriger sogar plötzlich krank geworden. Dies kann auf das Vorhandensein von verwirrten Seelen verstorbener Menschen zurückzuführen sein, die nach dem Ablegen ihres physischen Körpers den Weg ins Licht nicht gefunden haben. Sie sind auf der Erde haften geblieben und benötigen dringend Hilfe. Meine Gabe ist es, diese Seelen zu spüren und auch zu sehen! Dadurch habe ich die Möglichkeit, die Räume energetisch mit verschiedenen Methoden zu reinigen, um wieder Neutralität und Harmonie herbeizuführen. Dies wirkt sich sowohl positiv auf den Verkauf als auch auf die Wohnatmosphäre für die neuen Bewohner aus.

Prana-Healing:

Durch meine professionelle Ausbildung zur Prana-Healerin – Energie- und Auraerkennung – habe ich die Möglichkeit, individuelle Ratschläge in Bezug auf den Bewusstseinszustand zu übermitteln.

Oft sehe ich bei meinen Kunden das Thema und gebe – falls gewünscht – gerne hilfreiche Information, damit sie Körper, Geist und Seele wieder in Einklang bringen können.

> Ich gebe – falls gewünscht – gerne hilfreiche Information, damit sie Körper, Geist und Seele wieder in Einklang bringen können.

Soziale Tätigkeiten:

Soziale und gesellschaftliche Verantwortung sind Bestandteil meiner Unternehmungskultur, die vor allem von Wertschätzung und Offenheit geprägt ist. Deshalb ist es mir eine Herzensangelegenheit, den Menschen etwas von meinem Erfolg zurückzugeben, indem ich lebendige und nachhaltige Projekte und sozial benachteiligte Personen unterstütze sowie Spenden an Kinderheime, an diverse Kunst- und Tierschutzvereine tätige.

Entwicklung & Weiterbildung

Ständiger Weiterbildung räume ich einen hohen Stellenwert ein: durch wöchentliche fachliche Fortbildungen, Seminare und Webinare eröffnen sich stets neue Aspekte und ich halte mein Wissen rund um den Immobilienverkauf für Sie immer auf dem neuesten Stand.

Sie suchen eine zuverlässige, vertrauensvolle und kompetente Immobilienexpertin, bei der das hohe Qualitätsversprechen wirklich zählt? Dann sind sie hier GOLDrichtig. Ich freue mich auf unsere Zusammenarbeit.

Auch bei Fragen rund um Immobilien bzgl. der Neutralisierung von Räumen durch Pflanzen sowohl im Innen als auch im Außen können Sie mir gerne eine E-Mail zukommen lassen unter:
info@sg-immoconsult.de
www.sg-immobilien-Consult.de

SILVIA GIEGERL

Präzision mit Herz & Hirn
Immobilienexpertin: Verkauf – Vermietung – Investment

Fast 1000 erfolgreich vermittelte Immobilien, ca. 2500 zufriedene Immobilienverkäufer und -käufer, ca. 50.000 professionelle Immobilienfotos, seit 25 Jahren Expertin in der Immobilienvermarktung, Immobilienfachwirtin, Marketingexpertin, Bildredakteurin und Fotografin, Mediatorin, Projektierungen, energetisches Housecleaning, meditative Selbstheilung, Firmeninhaberin.

Ich habe ein Faible für besondere und exklusive Immobilien, führe souverän und lösungsorientiert Verkaufsverhandlungen mit überdurchschnittlich hoher Kundenzufriedenheit. Kunden schätzen sich glücklich, mit mir Geschäfte zu machen!

Tätigkeit: Frankfurt am Main, Rhein-Main-Gebiet, München und Starnberger See

So wirst du mit deiner Expertise zum Business-Influencer

Influencer-Marketing hat sich von einem Trend zu einer ernst zu nehmenden Marketingdisziplin entwickelt. Auch im B2B-Bereich wird Influencer-Marketing immer beliebter und immer mehr Unternehmen entdecken die Vorteile, die B2B-Influencer bieten. Für Experten bietet Influencer-Marketing eine hervorragende Möglichkeit, sich digital sichtbar zu machen, ihre Reputation zu steigern und nachhaltige Zusatzeinkünfte zu erzielen. Ich zeige dir, wie du dich als Business-Influencer sichtbar und attraktiv für Unternehmen machst.

Welcher Influencer-Typ bist du?

Experten
Experten besitzen ein hohes Fachwissen, sind Fach- und Führungskräfte in Unternehmen oder selbstständig tätig. Sie vermitteln ihr Know-how oftmals in Fachbeiträgen online und in Printmedien oder als Fachbuchautoren.

Blogger, Youtuber (Vlogger) und Podcaster
Viele Blogger, Videoblogger oder Podcaster haben eine große Anzahl von Followern und damit Einfluss, wenn sie Unternehmen, Produkte oder Dienstleistungen empfehlen.

Speaker
Bekannte Speaker üben durch ihr Charisma und ihre Rhetorik eine hohe Überzeugungskraft aus und sind beliebte Business-Influencer.

Wissenschaftler
Wer mit Wissenschaftlern als Business-Influencer zusammenarbeitet, kann von deren Überzeugungskraft und Know-how profitieren. Die Bekanntschaft erfolgt meist über Publikationen oder das Fernsehen statt über Social Media.

Journalisten
Da Journalisten – trotz des Medienwandels – auf die großen Medien Radio, TV und Print zugreifen können, sind sie noch immer eine bedeutende Influencer-Gruppe.

Mitarbeiter
Zufriedene Mitarbeiter »schwärmen« in ihrer Familie und im Freundes- und Bekanntenkreis vom Unternehmen, den Produkten oder Dienstleistungen und können die besten Markenbotschafter als »Everyday-Influencer« sein.

Kunden
Kunden können die besten B2B-Influencer sein, denn sie empfehlen aus Überzeugung und werden als besonders authentisch angesehen.

Mache auf dich und dein Know-how aufmerksam

Nur wenn du dich im Internet zeigst, kannst du als Experte und Business-Influencer wahrgenommen werden. So kannst du deine Sichtbarkeit als B2B-Influencer steigern:

> Nur wenn du dich im Internet zeigst, kannst du als Experte und Business-Influencer wahrgenommen werden.

Blog, Podcast oder Video
Ein Blog ist eine hervorragende Möglichkeit, dein Fach-Know-how unter Beweis zu stellen. Deine Fachthemen sollten qualitativ hochwertig und relevant für die Leser sein. Denke im Sinne des Content-Marketings an Hilfestellungen, Problemlösungen und Informatio-

nen, die zu deiner Zielgruppe passen. Du hast keinen eigenen Blog? Dann veröffentliche Gastbeiträge auf externen Blogs und profitiere von deren Reichweite. Ähnliches gilt für Podcasts und Videos. Wenn du keinen eigenen Podcast oder YouTube-Channel betreibst, dann stelle dich als Interviewpartner zur Verfügung. Egal ob Blog, Podcast oder Videos – alle Formate haben denselben Vorteil: Du kannst in den Suchmaschinen zu deinen Fachthemen gefunden werden und sorgst für passive und nachhaltige Sichtbarkeit.

Nutze die Business-Netzwerke XING und LinkedIn als Reputationskanäle
Auf XING und LinkedIn findest du Unternehmen sowie Führungskräfte von Unternehmen. Um dich für deine Zielgruppe attraktiv aufzustellen, solltest du deine Social-Media-Profile auf beiden Netzwerken gut in Schuss halten. Deine Profile sollten vollständig, aktuell und professionell sein. XING und LinkedIn bieten dir viele Möglichkeiten der Eigendarstellung. Orientiere dich an anderen erfolgreichen Influencern. Keywords, also Suchbegriffe, unter denen Unternehmen dich finden können, spielen eine wichtige Rolle. Publiziere außerdem jede Veröffentlichung deiner Expertise auch auf XING und LinkedIn. Schau dir an, wer dein Profil besucht hat oder wer auf deine Veröffentlichungen reagiert hat, und trete mit interessanten Menschen, insbesondere Vertretern deiner Wunschunternehmen, in Kommunikation.

Zeige dein Know-how auf den Social Media
Zeige dich und dein Know-how auf den Social Media, beispielsweise auf Facebook, Instagram, Twitter oder Pinterest. Mit qualitativen Beiträgen und Branchen-Know-how kannst du dich von der Masse an Inhalten abheben, Leser binden, deine Botschaften übermitteln und deine Social-Media-Kanäle aufbauen.

Speaker bei Live- und Online-Events

Mache auf deine Expertise aufmerksam und trete in Kontakt mit Unternehmen und Eventveranstaltern. Speaker zu aktuellen Fachthemen werden immer gesucht. Wer den Weg auf die große Bühne noch finden möchte, der kann ganz einfach mit Online-Events starten. Statt selbst ein Online-Event zu veranstalten und zu vermarkten, empfiehlt es sich, mit Profis zusammenzuarbeiten.

TIPP: Die Ambassadore von offiziellen XING-Regionalgruppen und -Themengruppen veranstalten On- und Offline-Events und sind oft an Experten als Speaker und Referenten interessiert.

Nimm selbst Kontakt mit Unternehmen auf

Sprich deine Wunschunternehmen an. Auch hierfür sind die Business-Netzwerke XING und LinkedIn eine gute Möglichkeit für einen Erstkontakt. Es kann aber auch hilfreich sein, Menschen und Unternehmen auf Twitter und Instagram zu folgen und mit deren Beiträgen zu interagieren (liken, kommentieren und teilen).

> Durch aktive Social-Media-Arbeit kannst du auf dich aufmerksam machen.

Durch aktive Social-Media-Arbeit kannst du auf dich aufmerksam machen. Werde außerdem Mitglied in Facebook-Gruppen, die zu deinen Themen passen, und diskutiere mit.

Wie kannst du als B2B-Influencer mit einem Unternehmen zusammenarbeiten?

Es gibt viele Möglichkeiten, wie du mit Unternehmen als Business-Influencer zusammenarbeiten kannst. Neben großen Marketing-Projekten zeige ich dir im Folgenden ein paar Ideen, die sich schnell umsetzen lassen und sich für den Start oder die Zusammenarbeit mit kleineren Unternehmen lohnen.

Zitate
Liefere Unternehmen ein Zitat zu einem Thema, das unter Namensnennung veröffentlicht wird. Solche Zitate können als Memes in den Social Media visualisiert werden.

Listicles
Du bist Blogger oder Experte? Dann erstelle Best-of-Listen zu Unternehmen, Produkten oder Dienstleistungen. Komme darüber mit Unternehmen ins Gespräch.

Empfehlungen in den Social Media
Teile und kommentiere den Unternehmens-Content auf deinen Social-Media-Kanälen. Wenn die Unternehmen wiederum dich mit @-Handles markieren, werden neue Zielgruppen auf dich aufmerksam.

Interviews
Führe ein Video-Interview oder ein Podcast-Interview mit einem Vertreter deines Wunschunternehmens.

Gemeinsame Pressemitteilungen
Veröffentliche zusammen mit Unternehmen gemeinsame Pressemitteilung über eure Zusammenarbeit. Je nach Thema kannst du Print-, Regional- oder Online-Medien damit begeistern und verschaffst dir außerdem Sichtbarkeit bei Google.

Ratings und Reviews
Eine 5-Sterne-Bewertung mit umfassender Begründung eines Branchen-Experten oder Kunden ist für Unternehmen sehr wertvoll, insbesondere wenn du ein bekannter Influencer bist. Ein Review kann auch umfangreicher ausfallen, beispielsweise als Blogbeitrag, Video oder Podcast.

Case Studies

Eine Case Study zeigt Interessenten, wie zufrieden du mit einem Produkt oder einer Leistung bist. Erzähle vom Nutzen und den Vorteilen und erzähle mit Storytelling deine persönliche Geschichte.

Tutorials

In einem Tutorial erklärst du, wie ein Produkt zu nutzen ist. Diese Methode wird beispielsweise bei Software, Tools oder Apps angewendet. Per Video oder Blogbeitrag führst du durch das Produkt und erläuterst die einzelnen Funktionen.

Unboxings

Beim Unboxing zeigst du als B2B-Influencer das Auspacken, den Zusammenbau oder die Installation und die erste Inbetriebnahme eines Produktes. Unboxings funktionieren am besten im Videoformat.

Fazit

Durch die Zusammenarbeit mit Unternehmen wirst du als Business-Influencer wahrgenommen, steigerst deine digitale Sichtbarkeit und positionierst dich als Experte in deiner Branche.

> Durch die Zusammenarbeit mit Unternehmen wirst du als Business-Influencer wahrgenommen, steigerst deine digitale Sichtbarkeit und positionierst dich als Experte in deiner Branche.

MONIKA ZEHMISCH

Expertin für digitale Sichtbarkeit

Online-Marketing und -Kommunikation sind die Leidenschaft von Monika Zehmisch. Ihr Know-how gibt sie in 18 Fachbüchern, Blogbeiträgen, Vorträgen, Webinaren, Coachings und auf Social Media weiter. Sie ist Ambassadeurin von XING-Düsseldorf – mit 52.000 Mitgliedern eine der größten XING-Gruppen im DACH-Raum. Für ihre Community hat sie 470 Business-Events organisiert und mit Online-Events mehr als 70 Experten sichtbar gemacht.

Sie zeigt dir Schritt für Schritt, wie du dich im Internet mit Leichtigkeit besser sichtbar machst, mehr Reichweite erzielst, deine Reputation steigerst und Neukunden gewinnst.

Web: https://www.neuemedienwerkstatt.de
E-Mail: info@neuemedienwerkstatt.de
Tel: 0172 5963802

Social Media
XING: https://www.xing.com/profile/Monika_Zehmisch/cv
LinkedIn: https://www.linkedin.com/in/zehmisch/
Twitter: https://twitter.com/zehmisch
Instagram: https://www.instagram.com/monika.zehmisch/
Facebook: https://www.facebook.com/monika.zehmisch/

Alles ist Energie!

Dein Pferd hat, genau wie auch du, ein Resonanzfeld! Das ist Quantenphysik.

Es entscheidet über Erfolg, Gesundheit und Entspannung. Mit der Resonanzanalyse finden wir den Status quo über dich, dein Pferd und deinen Betrieb heraus und wie euer Energiefeld vibriert.

Für Pferdemenschen und Pferde.

Ich bin Stephanie und es begann alles, als ich ein Kind war. Man fand mich immer bei Tieren und heute ziehen sie mich immer noch magisch an.

Ich bin eine Pferdefreundin mit einer echten Herzensverbindung und der Frequenz der Liebe zu diesem wundervollen Tier und folge heute dem Ruf meiner Seele und dem Ruf meines Krafttieres.

Es gibt so viele Themen, die uns feststecken lassen, ich weiß es selbst von mir, all das überträgt sich auch auf dein Pferd, egal ob alt oder jung.

Schmerzen und Krankheiten kommen nicht von ungefähr, im Gegenteil, sie zeigen uns auf, dass etwas nicht stimmt.

Wenn dein Pferd wieder springen soll und du die Power zurückhaben willst, die es einmal hatte, dann lass uns einfach mal reden.

ENDLICH WIEDER VOLLER POWER, ENERGIE und KRAFT!

Wie wäre es mit Horse ENERGY, das heißt, wir behandeln dein Pferd mit Frequenzen. Nein, ich verwende bewusst nicht das Wort »heilen«, denn ich mag keine Versprechen und Hoffnung freisetzen, die ich vielleicht nicht halten kann.

Packen wir LIEBE rein und wählen ihre VOLLE POWER, und deine Vision wird mächtig.

Wo Liebe drinsteckt, ist dein VIP nicht weit weg.

Wo Liebe drinsteckt, ist deine Seele nicht weit weg.

Krafttiere für deine Energie im wahrsten Sinne und im Sinne der spirituellen Kraft.

Für uns sind sie Träger, Spaßfaktor und Arbeitsutensil.

Vor allem geht es ihnen wie uns Menschen, sie haben Gefühle und können sie nicht äußern.

Nach viel Hin und Her und dem Suchen nach einem wohligen Gefühl in meinem Bauch als Antwort auf die Frage: »Mit wem möchte ich arbeiten, wem möchte ich helfen und was könnte ich immer und ständig neben dem Tanzen und Reden tun. Was erfüllt mich und lässt mich die Augen aufreißen?«

Da fallen mir einfach nur Pferde ein.

Dann sprechen wir gerne darüber, was diese Behandlungsweise kann!

Was kann die Horse ENERGY?

Sie kann vitalisieren.
Sie kann die Genesung fördern.
Sie kann ENERGY freisetzen.
Sie kann die Kräfte stärken.
Sie kann die Blockaden lösen.
Sie kann Heilungsprozesse beschleunigen.
Sie kann Wunder vollbringen.

Vermutlich hast du auch ein Gespür für dein Pferd und liebst es auf deine Weise. Du bemerkst, wenn es irgendwie nicht fit ist, ich möchte fast sagen, du merkst, wenn es traurig ist, seine PS nicht mehr auf die Hufe bekommt oder schwer Luft bekommt.

Klingt fast so, als würde ich von einem Menschen sprechen, oder?

Sie sind uns so unglaublich ähnlich ...

Oh ja, sie haben eine Aura und ja, auch diese kann ich lesen!

Weißt du, es klingt vielleicht albern, aber es ist wahr. Jeder Hund, jede Katze dreht sich zweimal um, sagt förmlich Hallo ... Wir müssen uns nicht berühren und doch unterhalten wir uns.

Ich muss auch nicht bei dir sein, um dein Tier zu lesen und zu behandeln – ein aktuelles Foto reicht vollkommen.

Vereinbare einfach einen Termin zur kostenfreien Aura- und Resonanzanalyse, dann sehen wir weiter.

Spürst du meine Freude an diesen Tieren?
Mal ehrlich, wo Liebe drinsteckt, ist deine Seele nicht weit weg.

Als mein **SCHÖNER** damals im Sterben lag, hätte ich mir jemanden gewünscht, der das kann, was ich heute kann.
Es ist eine Technik, die für dich als Pferdebesitzer, Pferdearzt, Pferdezüchter, Pferdetrainer ebenso wie als Reiter und Liebhaber interessant ist.

Zuerst schauen wir uns deine Tiere an und dann sehen wir weiter.

Was können wir nun also alles machen? Wir lassen Wunder wahr werden und bringen Energie wieder zusammen, weil sie so viel mehr können als alles andere, was wir zufüttern oder was wir an Training machen können.

Es geht dabei nicht um das Heilen im typischen Sinne, sondern es geht darum, die eigenen Kräfte wieder zu aktivieren, um so das System des Körpers wieder zu aktivieren.
Ich selbst vergesse immer Medikamente einzunehmen und somit war das für mich die beste Wahl, mit mir selbst in die Heilung zu gehen und die Teile von Denken, Energie, Urkraft und Seele zusammenzubringen.

Bei Pferden haben wir es in dieser Hinsicht viel leichter, denn sie verdenken nichts. Sie erschrecken sich und machen manche Dinge einfach nicht mehr. Genau dort können wir ansetzen, denn die Erinnerung ist eben auch nur Energie.

Ein unglaublich wertvolles Thema und so hilfreich für alle Lebensbereiche. Egal, ob wir uns in unseren eigenen vier Wänden oder in unserer Haut nicht wohlfühlen oder ob wir krank werden.

Sobald wir eine Harmonie herstellen und somit wieder ganz wir werden, in Einheit kommen, und zwar in Liebe zu uns und allem, was uns umgibt, kann unser System wieder funktionieren.

Wir können uns noch so viel wünschen, wenn keine Liebe drinsteckt, ist es einfach nichts, das sich wirklich lange umsetzen lässt.

Ich liebe es, die Betrachtung des Ganzen einzubeziehen und somit einen viel größeren Wert zu schaffen für uns und unsere Pferde.

Denn sie spüren alles, was wir wirklich von Herzen meinen und tun.

Vielleicht stellt sich jetzt die Frage, wie das gehen kann. Liebe ist eine Frequenz, die alles sehr positiv erscheinen lässt. Jetzt meine ich nicht die rosaroten Wolken der Verliebtheit. Ich meine **LIEBE**.

Liebe ist alles, Liebe sieht alles, Liebe kann alles und Liebe ist ganz klar eine Energie, die wir spüren.

Wir kennen das, wenn wir einem Menschen begegnen, der von innen heraus strahlt, und wir uns magisch angezogen fühlen. Meist ist das ein Zeichen, das wir sehen können. Es gibt nichts, was diese Liebe aufhält, und wir können sie eben wahrlich sehen und spüren.

Lange Zeit haben sich Menschen mit einem Muster von »wenn dann« zufriedengegeben. In der Form von wahrer Liebe und echter Frequenz und Energie gibt es kein »um zu« oder »wenn dann«.

Liebe ist einfach und das alles ist Energie.

Ich hoffe, ich konnte dich ein wenig abholen, und freue mich sehr, wenn meine Worte dienen.

Stephanie Aumüller

STEPHANIE AUMÜLLER

Ich liebe es, mit Pferden zu arbeiten. Früher als Kind war kein Pferd sicher vor mir und meinen unermüdlichen Streicheleinheiten.

Heute weiß ich, dass es mehr damit auf sich hatte.

Nicht nur, dass ich deinem Pferd seine Energie zurückgebe, sondern vor allem erhöhe ich seine Schwingung. Was so viel bedeutet wie, es hat wieder gute Laune und wir gleichen das aus, was bisher deinem Pferd die Energie nimmt anstatt sie ihm zu geben.

Lass uns es gerne ansehen, wie das Resonanzfeld deines Pferdes und Betriebes aktuell aussieht.

Schau gerne vorbei unter www.stephanieaumueller.com oder schreib mir via Mail hello@stephanieaumueller.com

Mitarbeiter wachsen lassen

Ich war Mitte 20, als ich mich bei meinem damaligen Arbeitgeber weiterentwickeln wollte. Ich klopfte beim Vertriebsleiter und vernahm einen Laut, den ich als »herein« interpretierte. Er saß in einem großen Büro an einem überdimensionalen Schreibtisch, blickte kurz auf, um direkt weiterzuschreiben. Ich erzählte von meiner Idee und erhielt als Antwort eine vorwurfsvolle Frage: »Glauben Sie denn, dass Sie alles können?« Ich hatte verstanden und glitt rückwärts wieder hinaus.

Nach einer Phase der Irritation beschloss ich, die Firma zu wechseln. Eine amerikanische Bank siedelte sich an und suchte Personal. Ich wechselte für weniger Gehalt dorthin, glaubte aber fest an meine Chancen. Ich wollte unbedingt etwas aktiv mitgestalten. Es dauerte knapp zwei Jahre, bis ich die Verantwortung für mein erstes Team übertragen bekam. Mittlerweile arbeite ich seit gut einem Vierteljahrhundert als Führungskraft. In dieser Zeit durfte ich wachsen und lernen. Bei meinem alten Arbeitgeber wurde der viel zu große Schreibtisch ein paar Jahre später übrigens nicht länger gebraucht.

Lediglich das operative Ergebnis kurzfristig sicherzustellen und den Status quo zu verwalten, kann nicht die die zentrale Aufgabe einer Führungskraft sein. Gute Chefs sind intrinsisch motiviert, gestalten das Unternehmen mit, binden ihre Mitarbeiter und entwickeln sie weiter. Hierbei spielt es keine Rolle, in welchem Business sie tätig sind. Die ganze Welt verändert sich laufend, also verändert sich auch der Anspruch an die Mitarbeiter, egal in welcher Branche. Gute Führungskräfte setzen Veränderungen mit einer inneren Überzeugung um. Sie bewegen sich souverän und schauen über Mauern hinweg.

> Die ganze Welt verändert sich laufend.

Wer sein Team und jedes einzelne Teammitglied nicht mitnimmt auf die Reise in die Zukunft, der wird zwangsläufig verlieren. Aber wie geht das? Eine Führungskraft braucht Ziele und Visionen. Ohne sie wird die Arbeit zur Plackerei. Also ist es wichtig, das gesamte Bild zu sehen und es auch für die Mitarbeiter zu zeichnen. Wenn Ihr Team den Weg sieht und verstanden hat, wo es hingehen soll, dann folgt es aus eigenem Antrieb. Das wiederum macht dann Ihr Leben deutlich leichter und oft viel erfolgreicher.

Als Chef brauchen Sie eine optimistische Grundeinstellung, ein positives Menschenbild und eine Haltung, die Sie für Ihr Team berechenbar macht. Wofür stehen Sie eigentlich? Leben Sie Ihre Werte vor? Wollen Sie als Chef vorrangig recht haben oder lieber Erfolg? Lassen Sie auch andere Gedanken zu? Entwickeln Sie Menschen weiter, auch auf die Gefahr hin, dass Ihnen mal jemand »über den Kopf wächst«? Ihre Mitarbeiter wollen gesehen werden, sonst verlieren sie ihre Motivation, fallen vielleicht sogar krankheitsbedingt aus, halten sich selbst für unwichtig oder verlassen die Firma komplett. Welch eine Verschwendung von Ressourcen.

> Wollen Sie als Chef vorrangig recht haben oder lieber Erfolg?

Was Sie sagen, das müssen Sie auch machen. »Walk the Talk« ist eine ebenso einfache wie wichtige Formel. Mitarbeiter sind aufmerksam und beobachten ihren Chef. Sind Sie motiviert und tragen Sie selbst deutlich sichtbar zum Ergebnis bei? Wenn Sie sich als Verantwortlicher zu weit entfernen, werden Ihre Mitarbeiter möglicherweise denken, dass Sie gar nicht mehr wissen, was an der Basis passiert. Dadurch verlieren Sie Akzeptanz und Sie verpassen entscheidende Entwicklungen. Direkt am Kunden wird über den Erfolg eines Unternehmens mitentschieden. Gutes Personal macht den Unterschied. Dafür dürfen Sie sich als Chef auch dankbar zeigen.

Wer macht eigentlich Ihre Mannschaft fachlich besser? Wenn Sie das nicht organisieren, dann wird es auch kein anderer tun. Sollten Sie sich persönlich um die Vermittlung der Lerninhalte kümmern, dann ist es sehr hilfreich, wenn Sie dabei die Rolle wechseln. Die moderne Führungskraft ist disziplinarisch Vorgesetzter, Coach und Mentor zugleich. Sie erreichen garantiert ein besseres Ergebnis, wenn ein gutes Coaching auf Augenhöhe passiert. Das »Was« müssen Sie als Boss anordnen, das »Wie« allerdings sollte in einem sehr gut strukturierten Training passieren. Es soll ja Substanz haben. Meiner Meinung nach kann eine gute Führungskraft die Zeit nicht besser nutzen, als sie in die Entwicklung der eigenen Mannschaft zu investieren.

> Die moderne Führungskraft ist disziplinarisch Vorgesetzter, Coach und Mentor zugleich.

Versuchen Sie sich von der Appellebene zu lösen. Wenn Sie global etwas einfordern, dann ist das nicht so wirkungsvoll, als wenn Sie Ihre Mitarbeiterinnen und Mitarbeiter persönlich ansprechen und dabei Erwartungen klar formulieren. Jeder muss wissen, was genau sein Anteil am Erfolg ist und was er wann dazu beisteuern muss. Seien Sie konkret und lassen Sie sich bestätigen, dass Ihre Erwartungen verstanden wurden. Selbstverständlich gibt es hierbei legitime Unterschiede in der Kommunikation. Beim Notarzt beispielsweise wird kurz und prägnant gesprochen, um keine Zeit zu verlieren. Niemand würde hier ausgedehnte Dialoge erwarten.

In all den Jahren im Job habe ich immer wieder erlebt, dass Führungskräfte mit Ängsten und Druck arbeiten. Tatsächlich funktioniert das sogar, zumindest temporär. Es ging so weit, dass Mitarbeiter sich nicht mal getraut haben, sich wegzubewerben oder sich Hilfe zu holen. Ich habe da eine ganz klare Meinung. Eine solche Vorgehensweise geht gar nicht. Als Chef sind Sie eine Marke, haben hoffentlich ein Profil, setzen Ziele um und übernehmen Verantwortung für Menschen. Wenn Sie als empathieloser Treiber ohne innere Haltung und Rückgrat agieren, sind Sie nach heutigen Maßstäben definitiv keine gute Führungskraft.

Es gibt natürlich auch Teammitglieder ohne Karriereambitionen. Diese sind aber wichtig, also haben sie es verdient, gesehen und anerkannt zu werden. Wenn Sie es schaffen, diese Mitarbeiterschicht zu motivieren und zu konstant guten Leistungen anzuregen, dann werden Sie gewinnen. Hier liegt ein großer Schatz, den es zu bergen gilt. Oft investieren Führungskräfte zu wenig Zeit in qualifizierte Gespräche mit grundsolidem und zuverlässigem Personal, weil die Scheinwerfer auf die Stars gerichtet sind. Oder aber es wird zu viel Energie verbrannt bei dem Versuch, einen »Low Performer« besser zu machen. Prüfen Sie lieber im Vorfeld, ob das überhaupt klappen kann. »Wenn du ein totes Pferd reitest, dann steig ab«, wussten bereits die Dakota-Indianer.

Nutzen Sie Ihre Zeit lieber für die wirklich schönen Dinge des Jobs: Mitarbeiter zu entwickeln macht nämlich richtig Spaß. Menschen wachsen zu lassen ist meiner Meinung nach die Hefe im Teig eines jeden Unternehmens. Dadurch wird untermauert, dass eine Company oder eine Verwaltung an sich selbst und an die Zukunft glaubt. Hierfür sind neue Gesichter mit neuen Ideen ebenso wichtig, wie es die langjährige Erfahrung ist. Beides in der Kombination bringt den Erfolg. Gutes Personal zu binden ist essenziell. Wenn jemand die Firma verlässt, dann verlässt er in aller Regel den Chef. Genau das gilt es zu verhindern.

> Mitarbeiter zu entwickeln macht nämlich richtig Spaß.

PETER ALTMEPPEN

Mitarbeiter wachsen lassen

Über 25 Jahre Führungserfahrung, extremer Fokus auf Mitarbeiterentwicklung und -bindung – dafür steht Peter Altmeppen. Es ist eine Auszeichnung für jede Führungskraft, wenn sie wieder ein Talent entdeckt und entwickelt hat. Ähnlich wie im Fußball.

Altmeppen hat viele Jahre neben der Personalverantwortung als Trainer gearbeitet. Hier ging es um Motivation und bewusste Entscheidungen. Niemand ist ein Opfer. Beruflich war er in ganz Deutschland unterwegs. Von Emden bis Friedrichshafen am Bodensee, von Greifswald bis Passau. Der Erstwohnsitz allerdings lag immer in Lingen im Emsland, da ihm seine Wurzeln extrem wichtig sind. Der zweifache Familienvater ist auch sozial sehr engagiert.

Das Outfit sagt mehr als tausend Worte

Bereits in jungen Jahren spürte ich, dass das gesprochene Wort nicht immer kompatibel mit der Körpersprache ist. Oder dass ein supermodisches Outfit besser auf eine Party passt als ins Business. Und so fing ich an, mich mit diesen Kommunikationsthemen zu befassen und sie mit der Zeit zu vertiefen. Situationen, in denen ich die Wirkung überprüfen konnte, gab es schließlich genug.

Ein schwerer Unfall riss plötzlich mein Leben komplett aus der Bahn. Als ich aufwachte, stellte ich fest, dass ich nichts mehr sehen konnte. Keine Farben, keine Formen – nichts. Nachdem diese Wunden verheilt waren und meine Sehkraft wiederkam, fragte ich mich: Was ist meine Aufgabe?

Heute kann ich nur rückblickend sagen, egal was passiert, schau nach vorne und stehe auf. Mittlerweile bin ich seit mehr als zehn Jahren mit meiner Akademie auf dem Markt mit einem guten Portfolio von ineinandergreifenden Themen. Eins stelle ich hier vor:

> »Kleidung ist selbstverständlich ein Ausdruck von Kultur.«
> JIL SANDER (*1943), DEUTSCHE MODEDESIGNERIN

Unsere Kleidung entspricht einem visuellen Small Talk. In diesem sozialen Spiel werden bewusst und unbewusst Glaubwürdigkeit, Kompetenz, Sympathie, Vertrauen sowie Zuverlässigkeit und auch Macht abgefragt.

Erster Eindruck

Über die äußere Erscheinung repräsentieren Sie das Unternehmen und sind damit ein Bestandteil der Corporate Identity. Die Kleidung ist mit der Verpackung eines Produktes vergleichbar. Wer mit seinem Kleidungsstil zeigt, für was er steht, wird als kompetent und vertrauenswürdig wahrgenommen. Der erste Eindruck ist dabei stark beteiligt. In ca. 150 Millisekunden haben wir ein Urteil über den anderen Menschen gefällt, ob wir wollen oder nicht: sympathisch oder unsympathisch? Vertrauen oder kein Vertrauen? Als visuelle Lebewesen nehmen wir als Erstes die Kleidung, Frisur, Körpersprache und -haltung wahr. Gefolgt von der Stimme. Damit ist nicht gemeint, *was* gesagt wird, sondern *wie* die Botschaft transportiert wird. Erst zum Schluss nehmen wir den Inhalt der Worte auf.

Das Outfit vermittelt eine Botschaft

Menschen nur auf die Kleidung allein zu reduzieren ist ohne jede Frage respektlos. Andererseits lassen sich fast alle Menschen von Äußerlichkeiten beeindrucken, unabhängig davon, ob wir das mögen oder auch nicht. Im Berufsleben können wir das zu unserem eigenen Vorteil nutzen, denn jedes Kleidungsstück setzt seine eigenen Signale. Es kann Nähe oder Distanz vermitteln, Sympathie oder Antipathie, Ordnung oder Chaos.

Fragen Sie sich morgens, wenn Sie vor dem Spiegel stehen: Entspricht mein Kleidungsstil der Botschaft, die ich für mein Unternehmen, meine Position senden möchte?

> »Mit Ihrer Kleidung zeigen Sie der Welt, wer Sie sind. Das gilt vor allem heute, da zwischenmenschliche Kontakte so schnell ablaufen.« MIUCCIA PRADA (*1949), ITALIENISCHE MODEUNTERNEHMERIN

Anpassung oder Veränderung?

Gehören Sie zu denjenigen, die etwas verändern möchten? Vielleicht trauen Sie sich nicht so recht, weil Sie sich fragen, ob der neue Kleidungsstil wirklich zu Ihnen passt oder ob die neue Stilveränderung nur unnötig auffällt? Die meisten Menschen sind sehr angepasst:

Nur nicht auffallen und immer schön mit dem Strom schwimmen! Eine Veränderung kann da sehr unbequem sein, denn schließlich verlassen wir ausgetretene Pfade und gehen einen neuen Weg.

Ein Anpassungsprozess geschieht unbewusst. Das kann ein Anzug sein, eine Krawatte, ein Kostüm, die Jeans-Uniform oder der »So-laufen-alle-herum-Look«. Schauen Sie sich doch mal in Ihrem Arbeitsumfeld um. Sich anzupassen hat auch positive Aspekte, denn es stärkt das Zugehörigkeitsgefühl und gibt Sicherheit. Tritt die Anpassung allerdings zu stark in den Vordergrund, rückt die Persönlichkeit in den Hintergrund und die Einzigartigkeit bleibt auf der Strecke. Um besser gesehen zu werden, fragen Sie sich: Wie will ich wirken?

Glaubwürdigkeit

Studien beweisen, dass wir Menschen nach Harmonie streben. Das gilt im zwischenmenschlichen Bereich genauso wie für die Kleidung. Je stimmiger Sie die Outfitfarben und -schnitte sowie Proportionen zu Ihrem Hautton und Figurtyp auswählen, desto positiver ist der erste Eindruck bei anderen Menschen. Wenn die innere Verfassung und Einstellung mit der Kleidung übereinstimmt, fühlen Sie sich wohl. Das strahlen Sie nach außen aus und es zeigt sich auch in der Körpersprache und -haltung. Mein Tipp: Wählen Sie für den gegebenen Anlass ein stilsicheres Outfit.

Wohin schaut der andere?

Der Mensch blickt ganz instinktiv von oben nach unten und wieder nach oben. An auffälligen Punkten bleibt der Blick länger haften. Das kann ein plakativer Gürtel sein, eine bunte Krawatte, Muster und auch starke Kontraste. Zu viele Hingucker lenken ab und so kommt die verbale Botschaft beim Gesprächspartner nicht unbedingt an, sondern eher das äußere Erscheinungsbild mit der damit verknüpften Emotion. Mein Tipp: Überprüfen Sie Ihre plakativen Hingucker.

Macht der Farben

Farben beeinflussen sehr stark den ersten Eindruck. Das geschieht einmal über die Farbe selbst und auch über die Intensität. Je heller die Farbe, desto mehr Nähe strahlt sie aus – je dunkler, desto distanzierter wirkt sie. Je kräftiger die Farbe, desto mehr sorgt sie für Auffälligkeit – je matter und gedeckter die Farbe, desto unauffälliger.

Ein Anzug bzw. Kostüm in dunklen, gedeckten Farben mit einem hellen Oberteil wirkt überzeugender als ein hellgrauer Anzug bzw. Kostüm mit weißem Hemd oder weißer Bluse. Mein Tipp: oben hell, unten dunkler.

> »Mir wurde einmal gesagt: Du bist nicht hübsch und wirst es nie sein, aber egal, du hast etwas, das viel besser ist: Du hast Stil.«
> IRIS APFEL (*1921), AMERIKANISCHE INNENARCHITEKTIN

Kleine Muster vor der Kamera

Ein dezentes Outfit, das das Gesicht betont, ist immer eine sichere Wahl, gerade vor der Kamera. Grundsätzlich lenken zu auffällige Muster, Drucke, Materialmixe und auch Accessoires vom Hauptgeschehen ab. Kleingemusterte Kleidungsstücke wie kleine Karos, Pepita, Fischgrat oder schmale Streifen erzeugen bei der Aufnahme ein Flimmern. Das kostet Wirkung und ist anstrengend für den Online-Gesprächspartner. Ihr Gegenüber soll Ihnen ja on- und offline ins Gesicht sehen, oder? Mein Tipp: Für Onlinetermine eignet sich am besten ein unifarbenes Oberteil.

Wie innen, so außen

Sicherheit und Unsicherheit spiegeln sich in der Kleidung deutlich wider. Das Selbstwertgefühl wird von anderen Menschen über Ihre Ausstrahlung erlebt. Nehmen Sie die Möglichkeiten der Selbstinszenierung in die Hand, machen Sie was aus sich und freuen sich daran. Innere Begeisterung darf nach außen gezeigt und gelebt werden. Mein Tipp: Bleiben Sie immer authentisch, denn das macht Sie sympathisch, weckt Vertrauen und kann Ihren Erfolg zusätzlich steigern.

NICOLA SCHMIDT

Wirkung. Macht. Vertrauen.

Nicola Schmidt ist Imageexpertin für einen klaren, selbstbewussten Auftritt. Sie erkannte schon früh, dass nicht Daten und Zahlen die Menschen bewegen und berühren, sondern Emotion und Persönlichkeit. Das spornte sie an, die Themen der Körpersprache und Rhetorik, des Outfits und Auftretens zu vertiefen, und sie erkannte, welche Kraft und Zusammenhänge diese Themen im Innen und Außen haben.

Sie hat über 1000 praxisorientierte Seminare und Workshops bundesweit sowie in ihrer Akademie durchgeführt.

Ihr erstes Buch »Erfolgsfaktor Körpersprache und Kleidung – Wie wir ohne Worte wirken« kam 2018 auf den Markt. Sie ist Gastautorin bei Focus Online und wurde für Radio und TV schon oft interviewt.

Der Fitness-Irrtum

Trainieren beginnen ist so schwer?
Eine einfache Übung bitte sehr.
Das ging leichter als gedacht.
Zehnmal hab ich das schon gemacht.

Wem ist das noch nicht passiert?
Man stürzt sich rein, top motiviert,
Funktionskleidung wird angeschafft,
in der man dann schmort im eigenen Saft,

Laufschuhe, eine Fitness-App
und weil man nach Tag eins ganz schlapp,
wird am Tag zwei nicht mehr trainiert
und auch am Tag drei wird noch pausiert.

Am vierten Tag ists auch nicht recht,
am fünften ist das Wetter schlecht,
am Wochenende ist man fort,
Tag sechs, Tag sieben auch kein Sport,

Tag acht, man geht es nochmals an,
doch weil man nicht erkennen kann,
dass Leistungssteigerung tritt ein,
lässt man das Ganze wieder sein.

Oder man pilgert ins FC.
Das beste Mittel seit eh und je,

CORNELIA BRÜCKNER

um loszuwerden seinen Bauch.
Viele glauben das, du auch?

Doch auch hier liegt im Detail
der Hund begraben. Meistens, weil
die Einrichtung nicht interessiert,
dass die Kundschaft motiviert.

Stell dir vor, es wär der Fall,
dass jedes Mitglied gleich dreimal
pro Woche durch Anwesenheit besticht.
So viele Geräte gibt es nicht!

Weswegen man ziemlich unbetreut
keine Kosten und Mühen scheut,
seinen Körper in Form zu bringen.
Na, da wünsch ich: Gutes Gelingen!

Im Frühling läufts vielleicht noch gut,
doch spätestens in der Sommerglut
gibt man auf ganz unumwunden.
Und auch der Bauch ist nicht verschwunden.

Doch selber kann man nichts dafür,
dass kriegt den Fuß nicht vor die Tür!
Der Trainingspartner hat keine Zeit,
Überstunden macht man heut,

die Kinder zum Lernen motivieren,
den Hund, den sollt man äußerln führen,
der Wasserhahn tropft und außerdem
wär's dringend Zeit zum Shoppengehen.

Ein kleiner Auszug ist es nur
an Gründen, die in einer Tour
verhindern, dass man hält ihn ein
den Trainingsplan für Bauch-Po-Bein

oder für die Kondition,
des Gewichtes Reduktion,
eine Cornettoform, wie's g'hört,
anstatt wie grade umgekehrt.

Und wenn man sich ansieht hinterher,
wie die Speckrollen wurden mehr,
wie man schnauft die Stiegen rauf,
irgendwann kommt man dann drauf,

außer Spesen nix gewesen
und was jetzt kommt, will man nicht lesen.
Die Abrechnung dafür in Zahlen,
die wohl niemandem gefallen.

Nehmen wir das Jogging her.
Ein gutes Beispiel bitte sehr.
160 Euro für Schuhe,
die fristen ihr Dasein in der Truhe.

Laufen war man genau zweimal,
laut Adam Riese in dem Fall:
80 Euro pro Laufeinheit.
Für das nächste Beispiel bereit?

Im Fitnesscenter die Jahresgebühr.
Sagen wir fünfhundert zahlt dafür,

denn bucht man's monatlich, zahlt man mehr
und Geld verdient man schließlich schwer.

Fünfmal war man im Frühjahr dort,
im Sommer sicher kein Indoorsport,
im Herbst, da geht man's wieder an.
Im Frühjahr wird man erinnert dran,

dass die Karte abgelaufen,
man möge doch eine neue kaufen
und wenn man rechnet nach das Jahr,
ergrauen wird so manches Haar.

Hundert Euro pro Besuch,
schlägt sich der Versuch zu Buch,
sein Leben sportlich zu gestalten.
Ich will jetzt keine Haare spalten ...

Erkennt man sie schon irgendwie,
die Tricks der Fitnessindustrie?
Denen schon Heerscharen aufgesessen
und nachher sind sie angefressen?

Hat man's selber schon erlebt,
dass das Ziel, das angestrebt,
in dem »Vorher-Nachher« vorgegaukelt
und die Zielgruppe nur verschaukelt,

in Wahrheit nicht zu erreichen ist,
auch wenn man Ergänzungsmittel frisst?
In Trainingsgeräte investiert,
die in der Werbung präsentiert?

Eigentlich schade, oder nicht?
Dass, was die Werbung ein' verspricht,
nicht funktionieren wird und kann.
Ob alt, ob jung, ob Frau, ob Mann.

Man wird halt kein Modellathlet,
wie er in der Broschüre steht,
so ganz einfach über Nacht.
Tja, wer hätte DAS gedacht.

Die Wahrheit ist, es tut mir leid,
ohne ein bisschen deiner Zeit
wirst du keinen Erfolg erzielen.
Auch wenn's versprochen wird von vielen.

Und – was setzt man sich als Ziel?
Erwartet man vielleicht zu viel?
Die einarmige Riesenfelge? Klar.
Am besten noch in diesem Jahr.

Einen Marathon unter vier Stunden,
um das Programm noch abzurunden?
Fastendrinks und strenge Diät?
Glaubt wirklich jemand, dass das geht?

Aller Anfang, der ist schwer.
Wie wär's mit »Kein Kreuzweh mehr«?
Wie wär's mit einer Korrektur
der Haltung für eine gute Figur?

Erahne ich ein langes G'sicht?
Der Griff nach Kronjuwelen ist es nicht?

Die Freund' nennen's Pensionistenturnen
für Leut', die weilen bald in Urnen?

Am Anfang mag das schon passieren ...
Man wird es nicht mal ignorieren,
denn wenn die Monate ziehen ins Land,
wird man hören: Na allerhand!

Gut schaust aus. Wie hast das g'macht?
Und statt »Trainieren Tag und Nacht«
wird die knappe Antwort sein:
PTCB, zieh dir das rein.

Und auf die Frag: War's eine Qual?
Kommt: »Es ist doch ganz normal.«
Wie Haare waschen, Zähne putzen.
Es macht kein' Spaß, doch ist von Nutzen.

Die Freude kommt erst hinterher.
Man genießt es nämlich sehr,
wenn man fürs Leiberl schon zu breit.
Dafür ist die Hose viel zu weit.

Wenn man wieder so beweglich
wie's nur vor 20 Jahren möglich,
wenn man die Stiegen flitzt hinauf
und der Puls, der geht kaum rauf.

Wenn man um Jahre jünger wirkt,
die Leibesmitte nicht verbirgt,
weil man das Hemd jetzt innen trägt,
ohne Baucheinziehen unentwegt.

Wenn man Lebensfreude hat,
weil eine Verwandlung fand grad statt.
Zugegeben, nach einiger Zeit,
dafür ist der Grinser fett und breit.

Doch wenn man den Bizeps sucht, den großen,
oder das Sixpack – tausend Rosen!
Du bestehst drauf? Bitte sehr.
Im Folgeprogramm dann hinterher.

Trainingserfolg braucht eines: Zeit.
Gepaart mit Regelmäßigkeit.
Und DAFÜR braucht man Motivation,
damit man ernten kann den Lohn.

Und da kommt PTCB ins Spiel.
Versprochen wird nicht viel zu viel,
beinahe wird man ja gekränkt,
weil's anders läuft, als wie man denkt.

Allerdings nur zu Beginn!
Denn man wird merken, es macht Sinn,
den Körper erst dran zu gewöhnen,
ehe hart ran will man ihn nehmen.

Und an die Sportmuffel unter euch:
Werfts die Flinte ins Korn nicht gleich.
Schon kurzes Training von Zeit zu Zeit
bewahrt vor Kreuz- und Rückenleid.

Jeder ist individuell.
Doch jeder verliert die Moti schnell,
kriegt er Lügen nur verpasst.

Und wenn du Interesse hast,
warum du grad hier gut aufgehoben:

Übung eins: Es wird nichts verschoben. 😊

CORNELIA BRÜCKNER

Motivation für ein agiles Leben

Nichts, aber auch wirklich nichts behindert den einzelnen Menschen mehr als unser größter Feind, der dummerweise auch noch unser dauerhaft Verbündeter ist, nämlich der innere Schweinehund. Seit Jahrhunderten stellen sich Menschen immer noch die Frage: Wie kriege ich die Umsetzung hin? Cornelia Brückner hat es wie keine andere geschafft, die klitzekleinen Stellschrauben zu entdecken, Anweisungen zu geben, wie man dreht, und damit den Menschen nicht nur Kraft, Disziplin und Motivation zu schenken, sondern sie gleichzeitig in Bewegung, in Gesundheit und in ein besseres Leben umzuwandeln.

www.corneliabrueckner.com

Wie viel Leben schenkst du deinen Träumen?

Ich erinnere mich noch gut an diesen sonnigen Tag, Ende September 2019. Ich setzte mich nach einer Verabredung in die Straßenbahn, um nach Hause zu fahren. Gedankenversunken fuhr ich eine Weile, bis sich ein älterer Mann neben mich setzte. Er begann von sich und seinem Leben zu erzählen, als würden wir uns schon viele Jahre kennen. Er erzählte mir, wie schwer das Leben im Alter für ihn sei und wie er anderen Menschen das Leben gerettet habe, weil er zur richtigen Zeit am richtigen Ort gewesen sei. Und dann verstummte er und ich erkannte an seinem Gesichtsausdruck, dass ihn etwas sehr bewegte. Er blickte auf seine 75 Jahre zurück und erzählte mir mit Bedauern, dass er sein ganzes Leben lang gearbeitet habe. Er sei niemals krank gewesen, stattdessen habe er sein gesamtes Leben lang seinen Dienst verrichtet, wie es sich für einen vorbildlichen Bürger gehörte. Als ich in seine Augen blickte, fühlte ich grenzenlose Traurigkeit, Einsamkeit und Bedauern. Er fasste sich und fuhr fort, dass er sich bis heute frage, warum er nicht zehn Jahre früher aufgehört habe zu arbeiten. Das hätte seinem Leben eine größere Bedeutung geben können. Somit hätte er zum heutigen Zeitpunkt sagen können: »Es hat sich gelohnt, hier gewesen zu sein!«

Die Begegnung hat mich zutiefst berührt und wachgerüttelt. Wir wissen so viel, doch leben wir unsere Überzeugungen auch? Wir haben Träume in unseren Herzen, doch schenken wir ihnen auch wirklich unsere Aufmerksamkeit und Lebenszeit? Wir haben immer wieder die Möglichkeit, uns neu zu entscheiden, unserem Leben eine neue Richtung zu geben. Wie könnte ein Leben aussehen, für das ich und du, für das wir irgendwann mit einem Lächeln im Gesicht die

Fragen bejahen können: »Bin ich meinem Herzen gefolgt? Habe ich alles dafür getan, dass ich am Ende meiner Tage unfassbar dankbar sein kann?« Eines Tages werden wir auf unser bisheriges Leben zurückblicken, vielleicht mit der Frage, ob wir uns selbst genügen konnten und ob wir wirklich alles dafür getan haben, die eigenen Wunschträume zum Leben zu erwecken.

>»Bin ich meinem Herzen gefolgt? Habe ich alles dafür getan, dass ich am Ende meiner Tage unfassbar dankbar sein kann?«

Um dem Thema auf den Grund zu gehen, möchte ich den Begriff »Wunschtraum« ein wenig genauer unter die Lupe nehmen. Wünsche spiegeln uns unsere Begeisterung und die Anziehungskraft einer Sache wider, deren Vorstellung wie ein Leuchten den Moment in seiner Erfüllung erhellt. Sie bestimmen den Pulsschlag des menschlichen Lebens und verleihen ihm eine besondere Gestalt. Der Wunschtraum ist jene Kraft, die aus dem Sein in das Bewusstsein einbricht. Er ist die Triebfeder jener erhebenden Bewegung und jeder geistigen Umkehr. Die Anziehung eines Wunsches ist wie ein goldener Leitfaden, der zur Entfaltung der Seinsstrukturen führt. Dabei ist die Hinwendung zum Wunschtraum gleichzusetzen mit der Hinwendung zur eigenen Menschlichkeit und der damit einhergehenden Endlichkeit.

Die folgenden vier Punkte sollen dich darin unterstützen, deine Träume zum Leben zu erwecken.

1. Sage »Ja« zu dir selbst!

Was wäre, wenn wir überzeugt davon wären, dass Wunschträume unsere Aufmerksamkeit auf das lenken, was unserem Leben mehr Tiefe schenkt? Indem wir uns auf den Weg machen, weil wir wissen, dass es einzig wir selbst sind, die über den freien Willen verfügen, um bedeutungsvolle Veränderungen anzustoßen. Mit der inneren Bereitschaft, auf sein Herz zu hören und sich seinen Träumen zu widmen, wird eine unheimliche Kraft freigesetzt. Eine Kraft, die die eigene Wahrnehmung für die Möglichkeiten schärfen und uns unseren

Träumen näherbringen kann. »Go for it!« Das Einzige, was uns von dem Ergebnis trennt, ist eine kraftvolle Entscheidung, die vollständige Verantwortung für sich und sein Leben zu übernehmen. Eine Verantwortung, die keine Mühen scheut, weit über das Scheitern hinaus zu reifen und aufkeimende Zweifel und Widerstände als Teil des eigenen Wachstums wertzuschätzen.

> Mit der inneren Bereitschaft, auf sein Herz zu hören und sich seinen Träumen zu widmen, wird eine unheimliche Kraft freigesetzt. Eine Kraft, die die eigene Wahrnehmung für die Möglichkeiten schärfen und uns unseren Träumen näherbringen kann.

2. Erkenne dich selbst in deinen Träumen

Lasst uns tiefer schürfen und uns den wahren Gründen hinter den Wünschen widmen. Ist es ein eigener Wunschtraum oder steht er stellvertretend für andere Menschen? Wenn du dich selbst in deinen Träumen mit Freude wiederfinden kannst, wenn sie deine Werte und Leidenschaften widerspiegeln, dann ist es dein Weg. Was ist, wenn das, was wir wollen, das ist, was wir brauchen? Wenn wir uns selbst über die persönliche Bedeutung des Wunschtraumes wiederfinden dürfen und dadurch erfahren, dass die Erfüllung unabhängig von der äußeren Repräsentation stattfinden kann. Stelle dir vor, du hast deine Träume bereits realisiert. Nimm die Gefühle der Vorstellung bewusst in dir auf, die im Zusammenhang deines Erlebens zum Ausdruck kommen möchten. Beantworte mündlich oder schriftlich folgende Fragen:

- Welcher Zauber macht deinen Wunschtraum so erstrebenswert?
- Welche Details in der Vorstellung lösen in dir den zauberhaften Moment aus?
- Was würdest du über dich sagen, wenn es dir gelungen ist, deine Träume zu realisieren?
- Welche Werte, Bedürfnisse und Aspekte deines Seins würden sich dabei in besonderer Weise offenbaren?

3. Folge dir selbst

Vielleicht geht es nicht einzig und allein um die Verwirklichung deiner Träume, sondern darum, zu welchem Menschen du dich entfalten darfst, während du deinem Herzen folgst. Versetze dich in die Vorstellung, dass deine Wunschträume bereits ein fester Bestandteil deines Alltags sind. Überlege dir in fünf Schritten, wie der Weg von der Idee bis zur Umsetzung aussehen könnte. Notiere dir diesen 5-Schritte-Plan in kurzen Sätzen. Fühle in die Schritte hinein und verändere deinen Plan, bis sich dein Weg kraftvoll und stimmig anfühlt. Dieser innere Plan entspricht einer gegenwärtigen Momentaufnahme und darf mehr und mehr Gestalt annehmen und sich mit dir weiterentwickeln. Gerade wenn sich die Schritte noch nicht ausgefeilt anfühlen, dürfen wir offen bleiben für die Ereignisse, die auf ungeahnte Weise in unser Leben treten werden. Wenn wir über die Herausforderungen hinaus unserem Herzen folgen, werden Wunder geschehen.

> Wenn wir über die Herausforderungen hinaus unserem Herzen folgen, werden Wunder geschehen.

4. Verleihe deinem Wunschtraum Lebenskraft

Im Folgenden möchte ich dich zu einem kleinen Gedankenspiel einladen. Die Gefühle hinter deinen Träumen existieren bereits als Teile deiner Seinsstrukturen. Sie warten nur darauf, erkannt, gefühlt und gelebt zu werden. Schließe dafür für einen Moment deine Augen, tauche in die Erfüllung eines Wunschtraumes ein und nimm dir die Zeit, bis es sich für dich wahrhaftig und großartig anfühlt. Frage den kreativen Teil in dir, welche Veränderungen in deinen Seinsstrukturen in Form von Eigenschaften, Gefühlen und Gedanken in dir spürbar werden. Rufe dein Inneres auf, dir Inspirationen in Form von Bildern, Ideen, Erinnerungen u.v.m. zu schicken, in welchen Momen-

> Über die vermeintlich kleinen Veränderungen kannst du Großes bewirken. Erlebe dich selbst in deinen Träumen, dann gehört dir die Welt.

ten diese neuen Aspekte in dir zum Vorschein kommen dürfen. Nun liegt es an dir, die gewonnenen Inspirationen mit Lebenskraft zu füllen, indem du die Vorstellungen regelmäßig in dir wachrufst und die gewonnenen Inspirationen in deinen Alltag integrierst.

Denn über die vermeintlich kleinen Veränderungen kannst du Großes bewirken. Erlebe dich selbst in deinen Träumen, dann gehört dir die Welt.

SILVIA GENG

Menschen in ein erfülltes Leben führen

Silvia Geng hat Ausbildungen im Bereich NLP (Practitioner, Master und Trainer) absolviert und sie hat viele Seminare im Bereich Persönlichkeitsentfaltung (»Public-Speaking«, »Master Class of Personality«, »Life force« u.v.m.) besucht.

Seit über sieben Jahren ist Silvia Geng Lehrerin im Primarschul- und Sekundarschulbereich, seit über drei Jahren Bloggerin bei Instagram »Zil_viis_world« und »ausgesprochen gut«, seit einem Jahr Podcasterin mit dem Titel »ausgesprochen gut«. Silvia Geng führt spannende Interviews mit erfolgreichen Menschen, die es geschafft haben, ihr Leben zum Positiven zu wenden, darüber hinaus vermittelt Silvia in ihrem Podcast mithilfe kraftvoller Tools transformierendes Handlungswissen, das den Zuhörer dazu befähigt, das Wachstum anzustoßen, sodass daraus eine persönliche Weiterentwicklung für ein glücklicheres und selbstbestimmteres Leben generiert werden kann. Seit 2021 bietet Silvia Geng in diesem Bereich einen Onlinekurs mit dem Namen »ButterFLY Life Training« an.

Zwischenmenschliche Klimaerwärmung rettet Afghanistan

Mich einmischen ins weltpolitische Geschehen? Es vertrauensvoll zulassen, dass ICH einen heilenden Beitrag zur aktuellen Situation in Afghanistan geben kann?

Wieder nehme ich die Botschaften auf, um der Menschheit eine andere Perspektive, einen Wechsel der Sichtachse auf die Lage der Dinge zu ermöglichen und den Fehler im System zu erkennen. Den Fehler, der seit Jahrhunderten immer wieder in wechselnden Systemen, verschiedenen politischen, religiösen oder gesellschaftlichen Strukturen begangen wird und der so das Zusammenwachsen der Menschheit zur wohlwollenden, alles integrierenden Einheit, aus der sie einst entstammte, verhindert.

Albert Einstein und viele seiner genialen wissenschaftlichen Kollegen haben uns wissen lassen, dass der Mensch zu über 99,99 % aus reiner Energie besteht. Dieser UR-Sprung, die Essenz aller Lebewesen, bestand einst zu 100 % aus lupenreiner, vollkommener ENERGIE. Erst durch INFORMATION konnte diese Energie in höchste Schwingungen versetzt werden und dann zur Verdichtung in MATERIE in deinen Körper gelangen.

Stell es dir vor wie ein Sandkuchen auf dem Spielplatz. Eine INFORMATION, als Absicht erdacht, trifft ins Herz des Sandkuchenbäckers. Er legt los, schaufelt den Sand ins Eimerchen, gibt der ENERGIE die FORM, stülpt das Ganze freudig erregt um und backe, backe Kuchen, hat sich die ENERGIE zur MATERIE verdichtet. Es braucht die Zutat INFORMATION oder ABSICHT, um etwas zu erschaffen. FORMEL: Energieverdichtung erfolgt nach Formvorgabe durch Information.

Auch und aktuell vor allem millionenfach in negativer Ausrichtung.

Informationen sind wie Sand am Meer jederzeit und überall verfügbar. Es wird debattiert, fokussiert, polarisiert. Mehr Fluch als Segen. Abgrenzung vom großen Ganzen als kosmische Einheit, so weit der Wüstensand reicht. Von hochgelobten Protagonisten aus Journalismus, Medien, Politik, Wirtschaft und Religion in bester Absicht erschaffen, jedoch völlig unbewusst der energetischen Auswirkungen ihres Tuns. Heute analysiert, strukturiert, detailliert – medial aufgeputscht und viral verbreitet wird so eins zu eins unser Morgen daraus. ENERGIEVERDICHTUNG DURCH INFORMATION ZUR MATERIE. Vergebt ihnen, denn sie wissen nicht, was sie im Energiefeld, das kein Vakuum kennt, heraufbeschwören. Und sie werden von ebenso unbewussten Menschen im Nachhinein für ihre brillanten Vorhersagen hochgelobt. HALTET EIN – BITTE!

> Eine INFORMATION, als Absicht erdacht, trifft ins Herz des Sandkuchenbäckers. Er legt los, schaufelt den Sand ins Eimerchen, gibt der ENERGIE die FORM, stülpt das Ganze freudig erregt um und backe, backe Kuchen, hat sich die ENERGIE zur MATERIE verdichtet. Es braucht die Zutat INFORMATION oder ABSICHT, um etwas zu erschaffen. FORMEL: Energieverdichtung erfolgt nach Formvorgabe durch Information.

In bester Absicht und völlig im Dunklen ihres Unbewusstseins tappen die vorgenannten Experten in jede noch so winzige Falle. Metaphorisch sei hier das Bild eines Bogenschützen gezeichnet, der für den nächsten Zielschuss einen benutzten Pfeil aus seinem Köcher zieht und diesen ähnlich wie über Kimme und Korn in seine heiß ersehnte Zukunft sendet. Schade nur, dass die Pfeilspitze noch vom klebrigen Blutrest umhüllt ist. Das Blut des deklarierten Feindes, aber immer auch das Blut der eigenen Herzenswunde. Denn mit all seinen Feinden teilt sich unser Schütze 99,99 % seines Energiefeldes, und wäre seine leidvolle Erfahrung inzwischen zur Heilung gelangt, nähme er gar keine Pfeile mehr zur Hand. Ließe sich von keinem Ereignis im Außen von seinem eigenen inneren Frieden spalten. Auch nicht, wenn er selbst als Soldat in entsprechenden Kriegen seinen

Dienst tun musste. Die Wunde klafft marianengrabentief – unbewusst. Äußere Geschehnisse werden IMMER anhand des eigenen emotionalen Abdrucks in unserem Herzen/Hirn, eben unserem Prägungsmuster, bewertet.

Die nobelpreisgekrönte Entdeckung der Spiegelneuronen 1996 hat maßgeblich dazu beigetragen, dass die uralte Weisheit vom Orakel aus Delphi aus der Spätantike – »Erkenne dich selbst« – nun auch wissenschaftlich leicht erklärbar ist.

> Mit der eigenen westlichen Haltung und bester demokratischer Expertenabsicht bildet man sich ein, unser System der Rechtsstaatlichkeit und der vereinbarten Menschenrechte sei zwingend weltweit das Maß aller Dinge.

Mit der eigenen westlichen Haltung und bester demokratischer Expertenabsicht bildet man sich ein, unser System der Rechtsstaatlichkeit und der vereinbarten Menschenrechte sei zwingend weltweit das Maß aller Dinge. Dies ist eine Fata Morgana, lebt doch bereits jeder einzelne Mensch in einem Paralleluniversum seines eigenen, verstandesgemäß erzeugten Gedankenkonstrukts. Selbst in kleinster zwischenmenschlicher Einheit, einer Zweierbeziehung, gelingt es oftmals nicht, dauerhaft harmonische Win-win-Situationen zu erzeugen. Wie kann es also gelingen?

Gleich zwei gigantische Bretter zieren den eigenen Kopf. Zum einen braucht es eine Referenz, meist ein unbewusst antrainiertes Verhaltensmuster aus der Kindheit, das die Welt in die Dualität Gut und Böse oder Falsch und Richtig einteilt. Übersehen wird hier geflissentlich, dass diese scheinbaren Gegensätze nur zusammen das Ganze, die Einheit abbilden. Die Einheit, aus der wir und alles, was lebt, entstammt. So hat es das kosmische Gesetz oder die Schöpfung einst eingerichtet. Als übergeordnetes Gesetz gilt es für ALLE und JEDEN, ÜBERALL und JEDERZEIT. Zum anderen wurde uns das fantastische Prinzip der Homöostase geschenkt, ein sich selbst regulierendes System innerhalb eines Organismus.

Zeitlich sind wir mit Delphi in der Spätantike besser aufgehoben. Das vielfach zitierte westliche Mittelalter hat nun zu den afghanischen Stammeskulturen aus vorantiker, nomadischer Zeit keinen Bezug. Bereits in den Büchern Mose haben diese Stammeskulturen wie funktionierende Bündnisse alle Rivalitäten überlebt. Ein ewiges Pendel zwischen Kooperation und Krieg mit mehrfachen Seitenwechseln der Führer, um sich schlussendlich immer wieder zu vereinen.

Heute scheinen Machtinteressen gegenüber der einst spirituellen Verbundenheit durch die gemeinsame Religion des ISLAM zu überwiegen. Das kennen wir auch im christlich geprägten Abendland, wo Kaiser und Papst nicht immer in schönster Eintracht die Geschehnisse der westlichen Welt lenkten. Die eigene Bedürfnisbefriedigung, aus tiefstem Mangel einst erzeugt, stand auch hier über der spirituellen Verbundenheit im Christentum und führte gelegentlich dazu, dass die Karre in den Graben gefahren wurde.

Wenn heutige Protagonisten in der Lage sind, ihren alarmierenden Aktionismus, ein Relikt unseres urzeitlichen Stammhirns, abzulegen und ins UR-Vertrauen zu kommen, können sie so zur Erfüllung des schöpferischen Plans beitragen. Dem Ruf der Aufgabe folgend, die einst, als sie IN FORM gegossen wurde, freudig wartend für sie bereitstand.

Die HOMÖOSTASE also, bekannt geworden aus der Biologie, kennzeichnet einen ausgleichenden Effekt, der zur Erhaltung eines Organismus eintritt, um ihn am Leben zu halten und in Balance zu bringen. Im gesundheitlichen Kontext betrachtet, erzeugt z. B. ein chronisch unterdrücktes Symptom in deinem Körper die Erschaffung eines ausgleichenden Effekts in deinem Umfeld.

> Die HOMÖOSTASE also, bekannt geworden aus der Biologie, kennzeichnet einen ausgleichenden Effekt, der zur Erhaltung eines Organismus eintritt, um ihn am Leben zu halten und in Balance zu bringen.

Meine These: Dieses Prinzip gilt übergeordnet auch in großen Organismen wie einem Land, einem Kontinent oder der gesamten Menschheit. Als Schwarmintelligenz eingesetzt, können wir durch unsere Gedanken- und Gefühlskraft die Lichtenergie positiv lenken und diesem Organismus Afghanistan strahlendweißes, funkelndes Friedenslicht senden. Durch das umhüllende Netz aus energetischen Schwingungen kommt es dort an, wenn du es in deiner Gedanken- und Herzenswelt erzeugen kannst.

Herzlichen Dank für deine Aufmerksamkeit.
Sei ein Klimawandler – wie ich.

Die Klimawandlerin® Katja Ruth

KATJA RUTH

Expertin energetischer Formverdichtung zur Klimaerwärmung

30 prall gefüllte kauffrauliche Berufsjahre im weltweiten Umfeld treffen auf die göttliche Gabe der Hochsensibilität und das Bewusstsein für eine allumfassende Größe.

Digitalisierung und Globalisierung treffen auf ein drängendes Bedürfnis nach kulturbunter Menschlichkeit und Freiheit. Katja Ruth bietet leichtfüßig mit der Kreation einer Schablone Orientierung in nur äußerlich scheinbar zusammenhanglosen Themen wie Klimawandel, Corona und dem weltpolitischen Geschehen in Afghanistan.

Originell verbindet sie diese Vielfalt auf humorvolle Art und Weise zu einem unfassbar leicht umsetzbaren Wegweiser.

Befreie dich von deinem Druck!

Ich kenne deinen inneren Druck. Druck war mein täglicher Begleiter!

Wie oft hast du als Führungskraft oder Angestellte:r das Gefühl, unter Druck zu stehen? Und wie oft hast du dir einfache, erfolgreiche und praxiserprobte Lösungen gewünscht?

Ich kenne deinen Druck sehr gut, da ich ihn selbst jahrelang erlebt habe. Ich kenne auch deine Ängste und Selbstzweifel sehr gut. Diese waren meine ständigen Begleiter. Schlafstörungen und Unruhe gehörten regelmäßig dazu. Ich habe das in der Vergangenheit ein Stück weit als »normal« angesehen. Wenn du dich so umschaust, betrifft das eine ganze Reihe von Menschen. Ich habe daraus in der Tat geschlossen, dass der Druck wohl dazugehören muss. Ist dieser Druck wirklich »normal«? Gehört dieser Druck wirklich zu unserem Leben?

> Ich kenne auch deine Ängste und Selbstzweifel sehr gut.

Wie bin ich mit diesem Druck in der Vergangenheit umgegangen?

Meine Strategie war es, den Druck zu verdrängen oder mich abzulenken. Das Problem war, der Druck kam trotzdem immer wieder. Er gehörte ja zu mir. Irgendwann wurde der Druck immer größer. Ich habe diesen Druck mit nach Hause genommen. Eine gewisse Grundanspannung hat sich in mir breitgemacht. Gerade für mich als Leistungsmensch war es extrem schwer, aus dieser Spirale herauszukommen. Ich wollte ja immer meine Leistung abliefern und zeigen, dass ich alles schaffen kann.

Wie sagt man so schön: Nach dem Burn-out ist vor der Sinnsuche. Zu einem Burn-out kam es bei mir nicht, dennoch war die Sinnfrage schon sehr stark geworden. Wofür dieser ganze Druck? Und warum warten wir eigentlich so lange, bis wir wirklich etwas tun? Unser Organismus möchte uns vor möglichen Gefahren warnen und da kommt unsere Komfortzone ins Spiel. In unserer Komfortzone kennen wir uns aus. Auch den Druck kennen wir sehr gut – er gehört ja zu uns, also in unsere Komfortzone. Unsere Komfortzone muss also nicht zwangsläufig angenehm sein.

Ich habe angefangen, Videos auf YouTube zu diesen Themen zu schauen. Dann habe ich Bücher verschlungen und Seminare besucht. All das hat mich entspannter werden lassen, jedoch nur kurzfristig. Nach ein paar Wochen kehrte ich wieder in meine alten Muster zurück. Wenn diese Videos, Bücher und Seminare mir zeigten, dass es anders geht, warum klappte das nicht bei mir? Mir ist klar geworden, dass Impulse und Motivationen von außen nicht ausreichen, um langfristig erfolgreich den Druck loszuwerden. Ich habe also weiter nach einer geeigneten Methode gesucht.

> Mir ist klar geworden, dass Impulse und Motivationen von außen nicht ausreichen, um langfristig erfolgreich den Druck loszuwerden.

Ich bin schlussendlich bei einer Coachingausbildung gelandet. In meiner fast einjährigen Coachingausbildung bin ich so tief in meine Themen eingetaucht, dass ich die Gründe für meinen Druck gefunden habe und diesen loswerden konnte – und zwar langfristig!

Wusstest du, dass Druck und besonders Leistungsdruck bereits in den ersten sieben Lebensjahren so stark verwurzeln kann, dass er dich dein ganzes Leben begleitet? Das Gehirn eines Kindes funktioniert in den ersten sieben Lebensjahren in etwa so wie ein Schwamm. Das Kind saugt alles ungefiltert bewusst und vor allem unbewusst auf. Daran siehst du, dass ich mein ganzes Leben reflektiert habe – von heute zurück bis zur Geburt. Ich habe damit von Grund auf alle Themen, die mich davon abhalten, glücklich zu sein, aufgearbeitet.

In welche Zone gelangen wir eigentlich, wenn wir unsere Komfortzone verlassen? Wir sind immer und ohne Ausnahme in unserer

Angstzone. Wenn wir unsere Angstzone noch nicht so häufig besucht haben, ist sie für uns sehr groß. Außerhalb der Angstzone befindet sich unsere Macherzone. Wir kommen also erst dann ins Tun, wenn wir uns unseren Themen zugewandt und diese von Grund auf bearbeitet haben. Das erklärt, warum Impulse und Motivation von außen nur von kurzer Dauer sind.

Ich habe gelernt, meine tief verwurzelten Glaubenssätze zu finden. So ein Glaubenssatz könnte z. B. »Ich bin nicht genug« sein. Da diese Glaubenssätze sehr häufig in den ersten sieben Lebensjahren entstehen, bin ich auf der Suche nach meinen Glaubenssätzen meinem inneren Kind begegnet. Gemeinsam haben wir unsere alten Glaubenssätze aufgelöst und neue Entscheidungen getroffen. Mit diesen Entscheidungen haben wir Werte und Eigenschaften definiert, für die ich stehen möchte, und diese visualisiert.

> Ich habe gelernt, meine tief verwurzelten Glaubenssätze zu finden.

Durch diese Methode hat sich Energie in mir freigesetzt, die ich nutze, um mit meiner Erfahrung Menschen auf ihrem Weg zu unterstützen. Und das ganz ohne Druck! Ich kann mit dem »Druck« von außen nun sehr gut umgehen und nehme ihn nicht mit nach Hause. Das hat mir zu mehr Ausgeglichenheit verholfen. Meine Familie dankt es mir. Durch die neuen Entscheidungen ist meine Angstzone kleiner geworden und ich komme leichter ins Machen. Umsetzungen fallen mir mittlerweile sehr leicht.

Wie groß ist dein Wunsch, diesen Druck endlich loszuwerden? Und wie groß ist dein Wunsch, endlich langfristig frei von diesem Druck mit neuer Energie in die Zukunft zu gehen?

Mein Name ist Jörg Dickmanns und ich bin zertifizierter ICF-Coach. In meiner mehr als zehnjährigen Praxis als Führungskraft und in meiner Tätigkeit als Coach habe ich mich auf die Themen Druck und Leistungsdruck spezialisiert und kann dir bereits erfolgreich praxiserprobte Tools mit auf deinen Weg geben. Ich habe selbst diese Tools erfolgreich umsetzen können.

Du lernst ...
- in sehr kurzer Zeit, die Ursachen für deinen Druck zu finden.
- wirkungsvolle Strategien zu entwickeln, um mit innerer Stärke den Druck sukzessive kleiner werden zu lassen.
- auf deinem weiteren Weg den Druck langfristig aus deinem Leben zu verbannen.

Wenn auch du die Ursachen für deinen Druck finden und dich nachhaltig von diesem Druck befreien möchtest, dann freue ich mich auf ein kostenloses Erstgespräch mit dir!

Gebe diesen Link in deinen Browser ein und fülle das Formular aus: www.joergdickmanns.com

> Ich bin ICF-zertifiziert. ICF-zertifizierte Coaches repräsentieren höchste Qualität mit professionellen Coaching-Standards und halten sich streng an den ICF-Code-of-Ethics.

Ich bin ICF-zertifiziert. ICF-zertifizierte Coaches repräsentieren höchste Qualität mit professionellen Coaching-Standards und halten sich streng an den ICF-Code-of-Ethics.

Zusammen mit Christina und Walter Hommelsheim und der Stiftung »Humor Hilft Heilen« von Dr. Eckart von Hirschhausen haben wir in meinem Buch »CREATE YOUR MIND – Dein Schlüssel für ein glückliches Leben« das Thema Mindset beleuchtet. Dieses Expertenwissen habe ich mit meinem Spezialgebiet Druck und Leistungsdruck in meinen Coachings vereint. Du wirst also optimal von mir begleitet. Dieses Buch ist übrigens ein idealer Begleiter und bei Amazon zu finden.

Besuche mich auch gerne auf meiner Homepage: www.joergdickmanns.com

JÖRG DICKMANNS

Führungskräfte und Angestellte von ihrem inneren Druck befreien

Jörg Dickmanns ist seit über zehn Jahren Führungskraft in einem mittelständischen Unternehmen. Daneben ist er Coach in der Persönlichkeitsentwicklung und in der Entwicklung von Leadership-Modellen tätig. Durch seine jahrelange Erfahrung und der Zusammenarbeit mit Christina und Walter Hommelsheim von Greator® sowie der Stiftung »Humor Hilft Heilen« von Dr. Eckart von Hirschhausen hat sich Jörg Dickmanns auf die Themen Druck und Leistungsdruck spezialisiert. Er hat selbst unter Leistungsdruck gelitten. Mit seiner Erfahrung und seiner Spezialisierung in der Coaching-Methode kann er auch dich von deinem inneren Druck befreien.

Über Immobilien: Zwischen Faszination und Risiko

Ein Tag ohne Immobilien ist für uns alle nicht vorstellbar: Typischerweise wird der Alltag der meisten Menschen von wechselnden Aufenthalten in verschiedenen Immobilien bestimmt, sei es zu Wohn-, Schlaf- oder Arbeitszwecken. Manch einer gibt der besonderen Faszination von Immobilien nach und beschließt beim Anblick moderner Wohnarchitektur oder ehrwürdiger Eichenfischgrätparkettböden, nunmehr selbst eine Immobilie zu kaufen. Häufig ereignen sich hierbei Missverständnisse oder die finanzielle Vorbildung des Immobilienkäufers reicht schlichtweg nicht aus. Wird nicht gegengesteuert, kann der angedachte Coup zum finanziellen Fiasko werden.

Investor im Nebenamt?

Ich war auf dem Weg zu einem Ehepaar, das sich für meine Weiterempfehlung eines Badspezialisten bedanken und mir dessen Arbeitsergebnis zeigen wollte. Die neugestaltete Badelandschaft des Paares war beeindruckend, zugleich wunderte ich mich jedoch: Während der Handwerker vergleichsweise übersichtliche Badaufträge in den Mietwohnungen von Investoren ausführte, hatten die Herrschaften ihr Privathaus mit einem imposanten Luxusbad im Gegenwert eines Fahrzeugs der gehobenen Mittelklasse verschönert. Damit nicht genug, denn trotz an sich knapper Finanzlage, so sagte der Hausherr, habe man sich nun auch noch eine Anlageimmobilie gekauft: ein vermietetes Apartment in der näheren Umgebung.

Aufgrund diverser Konsumschulden entschieden sich die Eheleute beim Immobilienkauf für den gewagten Finanzierungsvorschlag eines Finanzakrobaten aus ihrem Bekanntenkreis. Dessen Weissagung: »Sie als Käufer haben keine Kosten, denn mit der erhaltenen Wohnungsmiete zahlen Sie sozusagen direkt die Kreditrate ab.« Ich war mäßig begeistert, denn derartige Geschäfte gelten nicht ohne Grund als problematisch. Es reichen bereits kleine Themen wie Mietausfälle oder eine ungeplante Reparatur, um diese Konstruktion in Schieflage zu bringen. Größere Reserven stehen häufig nicht zur Verfügung und fehlt die Miete, fällt automatisch die Kreditrate aus – dem wird die Bank nur kurz zusehen und den Kredit fällig stellen.

Es wurde noch besser und der frischgebackene Investor im Nebenamt erklärte mir, dass »sein« Mieter erst einmal in der Wohnung bleiben dürfe, er würde ihm noch mitteilen, zu welchem Datum er die Miete »abrufen« wolle. Auf Erklärungen zum gesetzlich normierten Grundsatz »Kauf bricht nicht Miete« (§ 566 BGB) oder zur klar bestimmten Fälligkeit der Miete (§ 556b BGB) verzichtete ich. Denn was mir hier mit großem Selbstbewusstsein dargeboten wurde, war ohnehin nur dazu geeignet, den Ruf seriöser Immobilienunternehmer nachhaltig zu beschädigen. Ich sah, dass sich das Ehepaar nicht mit Immobilien befasst hatte und offenbar vollmundigen Versprechungen der Schnell-reich-werden-Literatur vertraute. Missgelaunt erklärte ich den Herrschaften, dass ein derartiges Gebaren kaum geeignet sein dürfte, ein vertrauensvolles Mietverhältnis zu etablieren. Vertrauen kann im Mietverhältnis nur dann entstehen, wenn der Vermieter sich als echter Dienstleister mit ernst gemeinter sozialer Verantwortung wahrnimmt. Noch nie habe ich einen Klassiker unter den Nachfragen fachfremder Personen an Vermieter verstanden: »Ist das nicht lästig, wenn Mieter bei Ihnen anrufen?« Die Gegenfrage muss vielmehr lauten: »Ist es nicht erfreulich, wenn Mieter das direkte Gespräch mit dem Vermieter suchen?« Ich schal-

> Vertrauen kann im Mietverhältnis nur dann entstehen, wenn der Vermieter sich als echter Dienstleister mit ernst gemeinter sozialer Verantwortung wahrnimmt.

te mein Telefon deswegen niemals aus und bin grundsätzlich für Mieter erreichbar. Bei nicht hinnehmbaren Dingen wie verstopften Rohren lege ich auf Reaktionszeiten meiner Dienstleister von etwa einer Stunde größten Wert. Leider erklärt es sich von selbst, dass die beiden Neueigentümer diese Ausführungen beileibe nicht verstanden.

Mit Strategie gegen das Risiko

Wenn es um Immobilien geht, ist der Begriff des angeblichen Betongoldes nicht weit. Ich halte diese Bezeichnung für verfehlt, da sie etwas suggeriert, was es nicht gibt: die per se bestehende Sicherheit (»wie Beton«) und unangreifbare Wertstabilität (»wie Gold«) der Immobilie. Stattdessen wird die umgekehrte Denkrichtung erfolgversprechender sein, indem man versucht, die Risiken einer Immobilie zu identifizieren, zu beurteilen und möglichst zu neutralisieren. Das gilt verstärkt dann, wenn eine Finanzierung im Spiel ist. Denn auffallend häufig werden gehebelte und kreditfinanzierte Investments vorgestellt, ohne dass in den Modellrechnungen das besondere Risiko derartiger Käufe vorkommt: Vergessen wird, dass ein verwendeter Fremdkapitalhebel nicht nur »nach oben«, sondern auch in die Gegenrichtung wirkt. Wurde wegen der irreführenden Metapher des Betongoldes ausschließlich in die Anlageklasse der Immobilien investiert, wäre man zusätzlich einem Klumpenrisiko ausgesetzt: Verlieren Immobilien an Wert, wird das Gesamtvermögen spürbar geschmälert.

Was kann man also tun? Vor einiger Zeit erteilte mir ein privater Immobilieninvestor einen Beratungsauftrag. Er war mit der Verwaltung seiner Immobilien heillos überfordert, wurde fahrig und drohte, zwischen Betriebskostenabrechnungen und Verkehrssicherungspflichten schlichtweg unterzugehen. Mein Rat an ihn: Es ist hilfreich, sich beim Immobilienmanagement an der Vorgehensweise von Family Offices zu orientieren. Dies wird in vielen Fällen zu mehr Klarheit und Struktur verhelfen, sei es bei einer selbst genutzten Wohnung oder mehreren vermieteten Gewerbeeinheiten.

> Es ist hilfreich, sich beim Immobilienmanagement an der Vorgehensweise von Family Offices zu orientieren.

Ein klassisches Family Office unterstützt den Vermögensinhaber ganzheitlich im Management seines Vermögens auf Grundlage einer langfristig ausgerichteten Verwaltungsstrategie – und genau hiervon lassen wir uns inspirieren. Beabsichtigt für den Mandanten war also die Übernahme der von strategischer Planung und Umsetzungsdisziplin geprägten Arbeitsweise professioneller Family Offices. Die dahinterstehende Überzeugung kann gut mit der Erkenntnis von Wilhelm Busch beschrieben werden, wonach Glück oft durch Aufmerksamkeit in kleinen Dingen und Unglück folgerichtig durch Vernachlässigung kleiner Dinge entsteht.

Gemeinsam mit meinem Mandanten arbeitete ich also an seiner Aufmerksamkeit für kleine Dinge im Immobilienalltag und ließ die Ergebnisse in Schemata zusammenfassen. Mein Mandant erkannte erstmalig den berühmten roten Faden und verfügte von nun an über genau passende Algorithmen und Checklisten zur Vorgehensweise bei Neuvermietungen, für die Risikokontrolle oder zur Zusammenarbeit mit der Steuerberatung. Mit den zunehmend auftretenden Erfolgen war der Mandant in der Lage, auch weitere Themen anzugehen, wie etwa eine zukunftsfähige Liquiditätsplanung. So konnten wir das bisherige Missverhältnis zwischen seinem liquiden und illiquiden Vermögen – von amerikanischen Beratern prägnant als »asset rich but cash poor« bezeichnet – deutlich glätten. Im Zuge der Verbesserungen ging dem Mandanten die Arbeit erfreulicherweise souveräner von der Hand und sein Zustand stabilisierte sich zusehends.

Fazit

Die zunehmende Verkomplizierung der Immobilienbranche führt zu wachsender Unsicherheit, der Beratungsbedarf steigt bei Verkaufs- und Vermietungsvorgängen sowie bei der laufenden Verwaltung seit Jahren an. Falls Sie den Kauf einer Immobilie vorhaben oder bereits Immobilieneigentümer sind, empfehle ich Ihnen, sich strukturiert in die komplette Materie einzuarbeiten und hierbei weder Steuerthemen noch Grundlagen der Bauphysik auszusparen. Lernen Sie, sich als Immobilieneigentümer zunächst bestmöglich selbst zu organisieren, auch und gerade dann, wenn Sie professionelle Unterstützung hinzuziehen werden. Und: Vergessen Sie bei aller Komplexität nicht die Freude an Immobilien!

Ihr
Markus Wilhelm

MARKUS WILHELM

Immobilien in ihrer Komplexität verstehen

Markus Wilhelm ist Strategieberater mit den Schwerpunkten Wohn- und Bestandsimmobilien. Er ist Immobilienmakler (IHK), DEKRA-zertifizierter Sachverständiger für Immobilienbewertung, Baumanager (TÜV), Mitglied der Hausbank München eG und seit mehr als 15 Jahren in der Immobilienbranche tätig. Eine wichtige Motivation für ihn ist, der Komplexität von Immobilien eine Chance zu geben. Markus Wilhelm betreibt ein Immobilienunternehmen in München und berät private Wohnungseigentümer, Investoren und Unternehmen der Immobilienwirtschaft bei strategischen Fragestellungen.

markus@wilhelm.immo

Visionsoptimierung für den Erfolg

Die Mehrheit der Menschen in unserer Gesellschaft ist visionsblind. Man mag sich fragen: Roland, wie kommst du auf so eine Aussage? Die Mehrheit der Menschen geht durch ihr vollgeladenes Leben ohne ein klares Ziel, das sie gerne erreichen wollen. Wie traurig kann das sein, einfach durch das Leben zu gehen, ohne eine klare Vorstellung von dem zu haben, was man sich wünscht? Es darf nicht so sein. Man kann Ziele im Leben erreichen, indem man sich eine Vision erstellt, an der man sich orientiert. Die meisten Menschen machen eine Einkaufsliste, bevor sie zum Geschäft gehen, aber sie haben keine Liste von Dingen, die sie in ihrem Leben erreichen wollen.

Vor ein paar Jahren war ich in einer Situation, in der ich ohne eine klare Vision lebte. Diese Zeit meines Lebens war hoffnungslos und ich war mehr als bereit, Dinge in dieser Zeit mit dem Gefühl zu tun, als hätte ich nichts zu verlieren. Aber das Ganze änderte sich an dem Tag, an dem ich eine Veranstaltung besuchte und dort eine Frau einen Vortrag hielt. Dieser Vortrag gab mir nicht nur Hoffnung für eine bessere Zukunft, sondern war wie ein kleines Licht, das in meinem dunklen Tunnel leuchtete. Von diesem Tag an erstellte ich meine Lebensvision und entschied mich, mein Studium in Deutschland fortzusetzen. So ging ich zu einer Sprachschule, bekam eine Zulassung und anschließend ein Visum für ein Studium in Deutschland. Die Vision, mit der ich bewaffnet war, als ich nach Deutschland kam, dient mir seit inzwischen 14 Jahren als eine Art Windschutzscheibe, mit deren Hilfe ich meine Entscheidungen treffe.

»Es gibt keine Komfortzone in der Verfolgung einer Vision. Wenn du die Ziellinie deiner jetzigen Vision erreichst, wirst du eine Vision von etwas Größerem als von dem erfassen, was dein Verstand zuvor erfasst hat.«

Es war der 19. Juli 2018, gegen 16:45 Uhr. Ich saß im Wohnzimmer und war dabei, ein Buch zu lesen. Meine Frau kam plötzlich aus dem Bad und rief: »Schatz, Schatz, guck!« Und als ich mich zu ihr drehte, zeigte sie mir ... einen Schwangerschaftstest! »Ich bin schwanger«, schrie sie und wir freuten uns. Das war die Schwangerschaft unseres ersten Sohnes. Ab diesem Tag haben wir unseren Ernährungsplan angepasst, um das Wohl des Kindes zu gewährleisten. Eine Vision ist genau wie eine Schwangerschaft; wenn sie eintritt, gibt es zunächst keine äußerlichen Nachweise, aber man spürt es im Inneren. Leute könnten daran zweifeln oder die Vision für nicht möglich halten.

> »Erwarte nicht, dass die Leute sofort an die Möglichkeit deiner Vision glauben, denn es ist nicht ihre Vorstellungskraft, sondern deine, die diese Vision eingefangen hat.«

Aber je mehr man sich mit seiner Vision beschäftigt, sein Visionsgebiet erforscht und die richtige Nahrung zu sich nimmt, fängt die Vision an, Gestalt in der Person anzunehmen. Ab einem gewissen Zeitpunkt kann die Person nicht anders, als sich in die Richtung der Vision zu begeben. So fängst du beispielsweise an, Kleidung für Schwangere zu tragen, weil dein Bauch wächst, und du fängst an, deine Ernährung und deine Lebensweise anzupassen, um das Wohl des Kindes (die Vision) zu gewährleisten.

Eine Vision verstößt nicht gegen das allgemeine Gleichbehandlungsgesetz. Jeder kann sie empfangen, unabhängig von seiner sexuellen Orientierung, seiner Religion, dem Alter oder der ethnischen Herkunft. Jeder kann mit einer Vision schwanger gehen.

Laut einer Studie der WHO gibt es weltweit 2,2 Milliarden Menschen mit Sehbehinderung. Stell dir mal vor, dass du plötzlich nicht mehr in der Lage bist, deine Träume und Vorstellungen zu erfassen. Wie wird das Leben sein, wenn du plötzlich visionsblind wirst? Dann wird es nicht möglich sein, dein volles Potenzial auszuschöpfen und diese Entwicklung, Innovation und Fortschritt unserer Gesellschaft zu erleben. Deswegen ist es maßgeblich wichtig, dass du eine Vision hast und diese ständig optimierst.

Ich durfte beim Sushi-Essen lernen, wie man eine Vision optimiert. Als ich zum ersten Mal zum Sushi-Essen eingeladen wurde, war ich skeptisch, denn Sushi gehört nicht zu dem, was wir in Afrika essen. Aber ich habe mich darauf eingelassen und dachte, ich probiere Sushi mal. Offen, man muss offen sein.

»Sei offen, um neue Wege zu gehen und Erfahrungen zu machen, während du dich bemühst, deine Vision zu verwirklichen.«

Also ging ich zum Sushi-Restaurant und nahm Platz. Es war ein Running-Sushi-Restaurant, das heißt, dass das Sushi auf einem Band läuft. Dann habe ich plötzlich ein Sushi gesehen, das meiner Vision entsprach. Ich wollte es nehmen und während ich darauf wartete, hat es jemand anderes geschnappt, bevor es zu mir kommen konnte, und ich dachte: Was ist da los?

Ich habe dann zwei Stücke Sushi probiert und war schon satt. Das heißt, meine Rendite war nicht erfüllt, weil es sich um ein All-You-Can-Eat-Restaurant handelte und für viel mehr bezahlt wurde. Ich beschloss, beim nächsten Mal das Sushi-Essen zu optimieren. Genau so muss es sein: Eine Vision braucht Optimierung. Als ich das nächste Mal zum Sushi-Restaurant ging, habe ich mich genau an den Start des Bandes gesetzt. So positioniert, fokussierte ich mich darauf, wie der Angestellte das Sushi vorbereitete und auf das Band stellte. Ich wartete genau auf das Stück, das meiner Vision entsprach, und habe es mir geschnappt.

»Visionsblindheit erzeugt verpasste Gelegenheiten.«

Ich musste sehr diszipliniert und mental vorbereitet sein, denn das erste Mal habe ich alles beim Sushi-Essen probiert und war plötzlich satt, aber an diesem Tag habe ich nur das genommen, was meiner Vision entsprach. So Sushi zu essen lehrt mich, wie man eine Vision optimiert.

Wo auch immer du dich gerade im Leben befindest: Du kannst heute anfangen, eine Vision für dein Leben zu erstellen, damit du nach klaren Vorstellungen und Träumen lebst und nicht einfach zufällig durch das Leben gehst. Fang an, ein durch Visionen inspiriertes Leben zu leben. Die Vision erzeugt den Erfolg.

ROLAND NGOLE

Hilft Menschen und Unternehmen, ihre Vision zu maximieren & ein Global Mindset zu entwickeln, damit sie höchsten Erfolg erlangen.

Roland Ngole hielt bereits Vorträge vor rund 25.000 Menschen an Universitäten, in Organisationen und auf Konferenzen in Deutschland und im Ausland. Darüber hinaus hat er drei Bücher geschrieben und 30 Pressebeiträge veröffentlicht. Er hat ein abgeschlossenes Bachelor- und Masterstudium in internationaler Betriebswirtschaftslehre beziehungsweise Supply-Chain-Management. Durch diverse berufliche Stationen in sieben internationalen und deutschen Unternehmen gewann er tiefe Einblicke in Unternehmensvisionen und Global Mindsets. Der trilinguale internationale Speaker hilft Menschen und Unternehmen, ihre Vision zu maximieren und ein Global Mindset zu entwickeln.

Website: www.rolandngole.com
E-Mail: Info@rolandngole.com

Kreativitätsblockaden in fünf Schritten lösen

Rien ne vas plus. Seit Minuten sitze ich vor meinem Bildschirm. Es fühlt sich an, als vergingen Stunden. Das ist noch nicht die Lösung, das weiß ich genau. Doch jeder Strich, den ich zeichne, jeder Gedanke, den ich mir mache, stärkt nur die vorhandene Lösung. Es entsteht weder eine neue Variante noch eine Verbesserung. Keine Veränderung ist in Sicht. Dutzende Kreativitätstechniken habe ich gelernt, Hunderte Projekte erarbeitet und genau jetzt, wo sich die Abgabe nähert, komm ich nicht zum Ziel. Blockiert, leer und schwer fühl ich mich. Die Gedanken sind nicht mehr fokussiert, sondern springen von einem Puzzlestück zum andern. Doch sie passen nicht zusammen. Ich bin im Inneren meines eigenen Denkens gefangen und kann den Fluss nicht durchbrechen. All meine bekannten Arbeitsgewohnheiten funktionieren nicht mehr. Das Gefühl von Unwissenheit kommt hoch; hätte ich doch mehr gelernt, früher angefangen, mir besseres Material oder bessere Technik zugelegt. Alles Wenn und Aber nützt jetzt nichts.

Mein Beruf als Landschaftsarchitekt ist zwar kreativ und als solcher mit gewissen Freiheiten versehen, sodass ich Neues erschaffen, Bestehendes verbessern und so die Qualitäten im Lebensumfeld erhöhen kann. Trotzdem muss ich am Ende ein Resultat abliefern, das den Vorstellungen meines Auftraggebers entspricht. Andere kreative Berufe wie Fotograf oder Grafiker gleichen dem meinen: Wir sind Dienstleister und haben die Vorgaben des Kunden zu erfüllen, zumindest in finanzieller und funktionaler Hinsicht. Für die Kreativität hat er uns beauftragt. Und dafür werden wir schließlich bezahlt. Insofern unterliegen wir dem Druck, mit unserer Arbeit auch Geld verdienen zu müssen. Und das kann belastend sein, gerade in der entscheidenden Phase des kreativen Flows.

Kennst du diese Situation auch? Die Gründe mögen letztlich vielfältig sein. Wie oben erwähnt können sie einen mentalen Ursprung haben, persönliche Probleme betreffen, die nicht gelöst sind, es können bekannte Arbeitsgewohnheiten sein, die nicht mehr greifen, fehlendes Wissen, schlechte Ausrüstung sowie ungenügende oder problematische Kommunikation oder emotionale Barrieren. Ich kann dich beruhigen: Kreativblockaden haben auch die Besten.

| Kreativblockaden haben auch die Besten.

Natürlich wäre es einfach, dem sterilen Arbeitsumfeld, dem nervenden Chef, den störenden Arbeitskollegen oder einem einfältigen Auftraggeber die Schuld zuzuweisen. Wichtig ist in diesem Moment, dass man die Art der Blockade erkennt. Auch wenn ich den Grund für die Blockade augenblicklich nicht ausschalten kann, kann ich mich doch von ihr lösen und sie beheben. Im kreativen Umfeld hört sich meine These, die Kreativitätsblockade in fünf klaren Schritten zu beheben, technisch an, doch vertrete ich vehement die Ansicht, dass auch der Umgang mit Blockaden gelernt sein will. Ja, er muss trainiert werden, wie ein Sportler seine Technik, wie ein Musiker seine Akkorde oder der Maler die Pinselstriche übt.

Mit den folgenden fünf Schritten lernst du mit deiner Kreativitätsblockade umzugehen, unabhängig davon, in welchem Beruf du arbeitest.

1. Lege eine Pause ein

Gerade wenn du unter Druck stehst, ist die Tendenz da, sich noch intensiver in die Arbeit hineinzusteigern. Lege jetzt unbedingt eine Projektpause ein. Eine Pause, um dich zu entspannen. Nichts tun. Ein Powernap. Absolute Entspannung. Auch das Durchbrechen alltäglicher Abläufe hilft: Verschiebe deine Mittagspause zeitlich und gehe in die Natur. Mach früher Feierabend und beginne dafür morgen zeitig. Wieso nicht heute mal zu Fuß nach Hause gehen? Es gibt Personen, die können sich bei einfacher, monotoner Arbeit entspannen. Aber Vorsicht, das klappt nur, wenn keine geistigen Anforderungen bestehen. Gehe auf jeden Fall offline. Auf sozialen Medien zu surfen ist nicht entspannend, auch wenn du dir das einredest. Genauso wenig, wie sich Nachrichten im Fernsehen anzusehen oder im Radio anzuhören. Nutze deine Pause aktiv, um Sauerstoff zu tanken: Atme bewusst tief ein und aus. So wirst du dich entspannen und deine Gedanken lösen sich. 20 Minuten sollte diese Pause mindestens dauern, um auch physisch spürbar zu werden.

> Auf sozialen Medien zu surfen ist nicht entspannend, auch wenn du dir das einredest.

2. Aktiviere dich

Aktivieren heißt bewegen: Laufen, Gehen, Aufstehen, einfach nur den Körper in Bewegung bringen. Bewegung setzt Endorphine in deinem Gehirn frei. Bewege dich optimalerweise in Parkanlagen oder im Wald. Grünflächen haben alle einen beruhigen Effekt auf dein Gehirn. Wer läuft, kennt das Gefühl, zuerst von allen Gedanken aufgefressen zu werden. Du konzentrierst dich auf die Gedanken statt auf die Atmung und den Laufstil. Langsam löst das Laufen die Gedanken ab. Und plötzlich überwindest du den Punkt, an dem es einfacher wird, wenn du dein Tempo gefunden hast und der Kopf frei wird. Jetzt bist du bereit für neue Schritte!

> Bewegung setzt Endorphine in deinem Gehirn frei.

3. Ändere deine Sicht

Nun brauchst du neue Einflüsse und Sichtweisen. Lass dich inspirieren bei einem Museumsbesuch, einem Theaterstück oder Kinobesuch. Aber nicht nur die bildende Kunst kann deine Sinne wecken.

Die Frage ist nur, wie offen du für Inspirationen bist.

Ich habe mal in einem Kurs zur Herstellung von Schokoladenhasen Inspirationen gesammelt. Abwegig? Nein, keinesfalls. Die Frage ist nur, wie offen du für Inspirationen bist. Und jetzt, wo du vorbereitet bist, fällt dir das leicht. Also beleuchte dein Problem aus der Sicht einer anderen Person oder eines anderen Arbeitsfeldes. Was würde der Confiseur mit den Hasen tun? Dir wird vielleicht nicht sofort die zündende Idee einfallen, aber durch den Perspektivenwechsel werden dir Ansätze und Stichwörter in den Sinn kommen, die dich weiterbringen.

4. Lege einen Sprint ein

Nimm nun dein Skizzenbuch und eine Handvoll Stifte, generiere Bilder, schreibe Texte und achte darauf, dass jede Idee festgehalten wird. Bringe deine Gedanken wertfrei zu Papier. Und wenn du noch kein Notizbuch hast, ist das jetzt der beste Zeitpunkt, eines zu eröffnen. Ich habe mir eingeredet, diese Vorgänge ließen sich im Kopf speichern und zusammenführen. Ja, bedingt stimmt das. Das volle Potenzial erscheint jedoch erst beim physischen Vorgang des Zeichnens oder Schreibens. Eine Linie ist vielleicht nicht präzise und das bringt mich plötzlich auf eine neue Idee ... Für den jetzigen Zeitpunkt gibt es auch Kreativitätstechniken, die gut passen: Speedpainting, Thumbnail-Skizzen, klassisches Brainstorming und andere.

5. Kehre zurück zu deiner Aufgabe

Kehre nun zurück zu deinem bisherigen Arbeitsstand, nutze die frisch getankte Energie und profitiere von der Fülle neuer Ideen. Was stärkt meinen bisherigen Ansatz? Welche Idee kann ich für einen neuen Ansatz verwenden? Schon mit einer einfachen Stärken-Schwächen-Abwägung fällt es dir leicht, Ideen zu übernehmen und weiterzuarbeiten. Nutze deine neu entwickelte Kreativität.

PATRICK ALTERMATT

Als Landschaftsarchitekt gehört Patrick Altermatt (55) mit seinen Partnern und 60 Mitarbeitenden seit Jahren zu den erfolgreichsten seines Faches in Europa.

Hunderte geplanter und gebauter Freiräume bis zu einer Größe von 680 Hektar, unzählige Wettbewerbsgewinne, Jurys und Veröffentlichungen gehören zu seinem Portfolio.

Tagtäglich stellt er seinen Kunden seine Kreativität in Entwurf und Umsetzung zur Verfügung mit dem Ziel, unser tägliches Umfeld schöner zu gestalten: Gärten, Parkanlagen, Straßen, Plätze und vieles mehr.

Aber er lebt es auch vor: Rund ums Haus hat er mit seiner Partnerin ein kleines Paradies angelegt, das sie täglich pflegen und weitergestalten. Immer mit dem Fokus, die Natur, die Biodiversität und das Klima zu respektieren und zu fördern.

www.hager-ag.ch
altermatt@hager-ag.ch

Verliebt in Verkauf

Es war ein Donnerstag im September 2020. Ich war gerade in Mastershausen bei Hermann Scherer zum Speaker Slam, als mich meine 83-jährige Nachbarin Uschi anrief. Sie ist mir besonders ans Herz gewachsen, denn sie passt mit ihren 83 Jahren bereits seit zwölf Jahren auf meine beiden Töchter auf. Dank ihr konnte ich immer meine Kundenveranstaltungen durchführen, auf Businesstreffs gehen oder auch mal in die Disco. Sie wollte mir an diesem Tag Bescheid geben, dass meine Katze mal wieder auf das Sofa gekackt hatte und dass sie bereits ein neues Ledersofa für mich habe. Ich müsse mich nur mit Ralf abstimmen und es selbst abholen. »Oh mein Gott«, dachte ich. Sie hatte ja recht, das vollgekackte Sofa war nicht mehr so anziehend, aber es passte mir gerade überhaupt nicht in meinen Zeitablauf, dass ich mich jetzt noch um einen Transporter und einen Helfer kümmern sollte.

Ich rang mich durch und sagte dem neuen Ledersofa zu. Daheim stellte ich als Erstes mein vollgekacktes Sofa auf eBay rein. Ich reinigte es noch und stellte es mit meiner Nachbarin raus auf die Straße zur Abholung. Ich schämte mich für das Sofa und wollte unerkannt bleiben. Zum Glück wurde es gleich abgeholt und die neuen Besitzer freuten sich. Nun telefonierte ich mit einer Autovermietung, um den Transporter klarzumachen. Ich fragte: »Kann ich am Samstag von 16:00 bis 19:00 Uhr einen Transporter mieten, um ein Sofa zu transportieren?« Der Autoverkäufer meinte: »Samstag haben wir ab 14:00 Uhr zu!« Ich war leicht genervt und fragte schroff: »Okay, was ist die Lösung? Wie kriegen wir zwei das hin?« Er antwortete: »Na ja, Sie können den Transporter vor 14:00 Uhr abholen und Freitagabend den Schlüssel in den Briefkasten schmeißen.« Ich sagte: »Prima, so machen wir es. Bitte reservieren Sie den Transporter auf den Namen ›Holm‹.« Alles klappte super. Mein Freund Michael kam, um mir zu helfen, und der Sofabesitzer Ralf kam sogar mit zu mir, um es in mein Wohnzimmer zu tragen. Anhand dieser Geschichte zeige ich dir wunderbar die Verkaufsschlüssel, mit denen jeder Mensch ein beliebter Unternehmer und Verkäufer sein kann.

Verkaufsschlüssel

Charisma

Es geht um die Gefühle, die du in dir hast und die deine Interessenten riechen können wie ein Hund. Außerdem schwächen die niedrigen Gefühle in dir deine Handlungskraft, Motivation, Willensstärke, Begeisterungsfähigkeit und Überzeugungskraft. Meine Uschi hatte einfach das Gefühl, das Sofa muss weg und hier kommt die Lösung! Ich konnte gar nicht anders, als »Ja« zu sagen, weil das Problem dringend und die Kacke sozusagen wirklich am Dampfen war. Prima! Gekauft!

> Niedrigen Gefühle schwächen deine Handlungskraft, Motivation, Willensstärke, Begeisterungsfähigkeit und Überzeugungskraft.

Die goldenen 3

Benenne immer drei wichtige Punkte als Kaufargument. Die Uschi hat das so gemacht: Anne, erstens ist dein Sofa dreckig, zweitens hat die Katze schon wieder draufgekackt und drittens ist es jetzt wirklich dringend, dass du es entsorgst. Prima! Gekauft!

> Benenne immer drei wichtige Punkte als Kaufargument.

Die Lösung

Sprich immer in der Zukunft über das, was du mit dem Produkt alles besser machen kannst, sodass dein Interessent dein Produkt bereits geistig in Besitz genommen hat. Die Uschi hat das so gemacht: Anne, das Sofa, das ich für dich gefunden habe, ist aus Leder. Da hast du

> Sprich immer in der Zukunft über das, was du mit dem Produkt alles besser machen kannst.

keine Probleme mehr mit den Katzenhaaren und eventuellen Kackhaufen. Da kannst du alles viel besser reinigen und hast es immer schön. Prima! Gekauft!

7-Kontakte-Regel

Es wurde analysiert, dass man im persönlichen oder telefonischen Kontakt im Durchschnitt sieben Berührungspunkte braucht, um eine neue Person überhaupt zum Termin oder Telefonat zuzulassen. Das hat überhaupt nichts mit deiner Persönlichkeit oder Qualität zu tun. Die Uschi hat ja schon lange auf meine Kinder aufgepasst und ich vertraute ihrem Urteil blind. Egal, wo sie das Sofa herhatte, egal, was es kostete, egal, wie es überhaupt aussah: Uschi war der Meinung, dass es passt und dann passt es. Prima! Gekauft!

> Man braucht sieben Berührungspunkte, um eine neue Person überhaupt zum Termin oder Telefonat zuzulassen.

Wunschkunden

Meine Uschi hatte das Sofa nur durch eine Erzählung ihrer Tochter gefunden. Denn das Sofa stand bei ihrem Ex-Mann und er hatte keinen Platz mehr dafür. Uschi war der Meinung gewesen, dass ich die perfekte Abnehmerin war für das Sofa. Sie schwärmte mir so davon vor, dass ich gar nicht Nein sagen konnte. Prima! Gekauft!

Weiterempfehlungen

Und jetzt kommt's. Als ich das Sofa abholte, stellte sich heraus, dass der Ralf mich bereits kannte. Er hatte schon mehrere YouTube-Videos von mir gesehen, sodass er sich riesig freute, dass ich nun die neue Besitzerin seines Sofas wurde. Er reinigte es und kaufte mir noch neue Schoner für den Boden. Außerdem tauschten wir uns eine Stunde über meine Arbeit aus, weil er selbst Verkäufer war und gerne mehr Umsatz machen wollte. Ich gewann einen Kunden und einen neuen Empfehlungsgeber für meine Coachings und Trainings.

Hier steckt so viel Potenzial, das meistens unterschätzt wird.

Fragst du deine Kunden wirklich immer, wie sie dich weiterempfehlen? Bringst du ihnen sozusagen bei, wie sie dich weiterempfehlen sollen? Fragst du sie wirklich, wie sie dein Angebot verstehen und ob sie dich weiterempfehlen? Traust du dich wirklich, nach einem Namen zu fragen? Falls nicht, habe ich die Lösung für dich, damit du in Zukunft richtig viele Kunden von alleine bekommst. Dazu gibt es eine goldene Frageformel, die ich in meinem E-Book »Verliebt in Verkauf« vorstelle.

Verkaufschallenge

Du setzt dir jede Woche ein Ziel und hast Spaß daran, es zu erreichen? Besonders spannend ist das für Anfänger. Wenn du hier nur den Beitrag liest, wirst du fast nichts behalten und anwenden. Wenn du aber richtig mitmachst und die Erfahrung eines simulierten Verkaufsgespräches oder eines Videos machst oder einfach nur eine Geschichte teilst, dann erhöht sich dein Wissensschatz extrem und du wendest es später tatsächlich an. Ich lade dich ein, nicht nur dies hier zu lesen, sondern auch in meiner Verkaufschallenge richtig mitzumachen.

Da wir in der Verkaufschallenge die Energie erhöhen und auch gleich Beiträge posten und Videos machen, behältst du mindestens 80 % der Dinge, die du dort lernst. Deswegen ist diese Challenge ein echter Gewinn für jeden Unternehmer, der selbst online sichtbar sein will.

> Da wir in der Verkaufschallenge die Energie erhöhen und auch gleich Beiträge posten und Videos machen, behältst du mindestens 80 % der Dinge, die du dort lernst.

Alle Verkaufsschlüssel trainiere ich mit dir live per Zoom in der kostenfreien Verkaufschallenge. Melde dich jetzt hier kostenfrei an und erhalte alle Informationen dazu per E-Mail:

https://challenge.anne-kristin-holm.com

ANNE-KRISTIN HOLM

Verkaufsexpertin

Man nennt sie zu Recht die Lara Croft des Verkaufs, denn so bezeichnet sie Thomas Klußmann vom Erfolgskongress. Sie versteht es, Unternehmer so zu unterstützen, dass sie viel leichter Kunden und Umsatz generieren. Anne-Kristin Holm trainiert seit ihrem 20. Lebensjahr Menschen im Verkauf.

Sie wird angefragt als Speakerin beim Erfolgskongress, Next Level Kongress, bei den Bayrischen Vertriebstagen, und sie moderiert als Unternehmensberaterin des Bundesverbands Mittelständischer Wirtschaft die bayrischen Big5 der Unternehmer wie Microsoft, Siemens, BMW, Audi und die Therme Erding. Sie bringt wieder mehr Menschlichkeit in den Verkauf. Sie kämpft für die Anerkennung der Verkäufer, denn ohne sie werden die Unternehmen in Zukunft aussterben. Sie hat drei Bücher veröffentlicht und schöpft aus über 20 Jahren Marketing- und Verkaufserfahrung in der 4- und 5-Sterne-Hotellerie.

Die Wirkung von Fotos

Viele sehen Fotos nur als Fotos. Aber ist das wirklich so? Oder steckt bei professionell fotografierten Bildern mehr dahinter? Es gibt sehr viele Bereiche, die fotografiert werden. Angefangen vom Babybauch, dem Neugeborenen bis zu Aktfotografie und natürlich auch Fotos aus dem Bereich Lifestyle und Business. Seit dem Zeitalter von Social Media und Smartphones sind Fotos immer und überall sichtbar. Früher waren die geliebten und eher seltenen Fotos mehr im Familienbesitz, doch heute zeigen wir sogar unser Essen im Netz. Meine These ist: Für manche mögen es »nur Fotos« sein, weil sie dem Ganzen keine besondere Bedeutung geben, doch Fotos haben eine starke Wirkung auf den Betrachter und können ihn sogar beeinflussen.

Deutschland fotografiert immer und alles. Und doch haben wir keine Erinnerung an diese Momente. Warum ist das so? Heutzutage hat wirklich fast jeder ein Smartphone, das eine mehr oder weniger ordentliche Qualität liefert. Wir machen Screenshots, wenn wir etwas Lustiges oder Interessantes sehen, wir fotografieren Straßennamen, damit wir zurück zum Auto finden, wir fotografieren sogar unser Essen. Ganz zu schweigen von Selfies und Bildern von Freunden und Familienmitgliedern. Aber seien wir mal ehrlich. Wer schaut sie sich denn wirklich immer wieder an?

> Deutschland fotografiert immer und alles. Und doch haben wir keine Erinnerung an diese Momente.

Meistens geraten diese Fotos in Vergessenheit, und Fotos, die unwichtig sind, vermischen sich mit solchen, die wirklich eine Rolle spielen. Ich kenne das nur zu gut. Deswegen empfehle ich dir von Herzen, dass du dir in deinem Smartphone Ordner machst, damit

wirklich wichtige Fotos und wunderschöne Erinnerungen nicht in Vergessenheit geraten.

Hin und wieder landen deine Lieblingsbilder auf Social Media. Damit zeigen wir, was wir Tolles gegessen haben, wo wir unterwegs waren, was wir tolles Neues haben und wie toll wir wieder aussehen. Aber was bewirken wir bei anderen in diesem Moment? Bewirken die Schnappschüsse denn überhaupt etwas? Ich glaube schon. Viele sind sehr neugierig und möchten mehr von anderen erfahren. Klar, sonst würde man der anderen Person ja nicht folgen. Die Wirkung von persönlichen Fotos hat natürlich auch immer eine Wirkung auf den Betrachter. Sie lösen Neugier, Begeisterung, Liebe oder Bewunderung aus. Aber manchmal auch Trauer, Eifersucht, Neid oder Schlimmeres.

Vielleicht wäre es gelegentlich sinnvoll, einen Moment innezuhalten und zu überlegen, was im Betrachter ausgelöst wird, statt spontan draufloszuposten. Ich glaube, dass sich viele darüber keine Gedanken machen. Du kannst das sogar ganz bewusst machen, indem du das Bild vielleicht sogar etwas inszenierst, um eine gewisse Reaktion hervorzurufen. So wie es Marketingabteilungen und eben auch Profifotografen machen.

Bestimmt 80 % der Fotos auf dem Smartphone sind unnötig

Warum ist das so?

Wir machen so viele unnötige Fotos. Wir machen Bilder, damit wir unseren Parkplatz wiederfinden, und dann löschen wir sie nicht. Wir machen Fotos und Screenshots, um uns etwas zu merken, und auch das löschen wir nicht. So viele verschwommene und unbrauchbare Fotos liegen im Speicher des Smartphones oder irgendwo in der Cloud und vermüllen unseren Speicher. Wir haben die Möglichkeiten, und die riesigen Speicherplätze verleiten meiner Meinung nach dazu, dass man 100 Fotos von einer Situation macht. Auch wenn nur ein oder zwei Fotos davon brauchbar sind, vergessen viele, die unbrauchbaren Bilder zu löschen. Somit häufen sich die unbrauchbaren Fotos auf unserem Speicher und wir verlieren den Überblick. Auch macht sich keiner mehr die Mühe, sich vorher Gedanken über das Foto zu machen. Wozu auch? Du kannst ja 100-mal abdrücken, eins davon wird schon dabei sein, das was geworden ist. Ich empfehle da wirklich zeitnah Bilder zu löschen. Ich weiß, dass das leicht gesagt ist. Ich kenne das. Besonders, wenn du schnell ein Bild machen willst und du eigentlich keine Zeit hast, um zu sortieren. Wie ich das inzwischen mache? Beim Bilderdurchsehen schiebe ich meine Fotos in Ordner und somit schaue ich sie mir noch mal an. Wenn ich sehe,

> Ich empfehle da wirklich zeitnah Bilder zu löschen.

dass ein Bild nichts geworden ist, dann lösche ich es. Es gibt nichts Schlimmeres, als wenn man irgendwann feststellt, dass man 10.000 Fotos hat und nicht weiß, wie man das bewältigen soll.

Fotos von einem professionellen Fotografen und was sie bewirken

Was bewirken eigentlich professionelle Familien- und Kinderfotos?

Nicht nur, dass es wunderschöne Erinnerungen sind, Profis haben auch einen bestimmten Blick und können in den verschiedenen Situationen Erinnerungen erschaffen, emotionale Momente einfangen und deinen wahren Kern festhalten. Nichts ist magischer und emotionaler, als wenn ein neues Leben erwartet wird. Viele gehen dann zum ersten Mal zum Fotografen und möchten diese ganz besondere und leider kurze Zeit in Bildern festhalten. In dieser Zeit passiert so viel und leider vergisst man sehr schnell einige Details. Mit Bildern bleiben die Meilensteine unserer Kinder in Erinnerung. Es sind somit nicht nur Fotos, sondern deine Erinnerungen und Emotionen an diese Momente. Es ist sogar bewiesen, dass das Selbstbewusstsein der Kinder steigt, wenn ein Familienfoto zu Hause hängt.

Es ist bewiesen, dass das Selbstbewusstsein der Kinder steigt, wenn ein Familienfoto zu Hause hängt.

Aber wenn ich auch selbst Fotos machen kann, wozu sollen die professionellen Businessfotos denn gut sein?

Viele überlegen – soll ich oder soll ich nicht? Reicht es, wenn ein Freund von mir ein paar Bilder macht? Ich glaube, es kommt auf den Anlass an. Ich beschreibe mal, wie es bei mir ist. Als Fotografin lebe ich von Bildern! Ich selbst habe es natürlich leicht, da ich weiß, wie ich meine Assistentin einweisen muss, wenn sie mich bei der Arbeit fotografieren soll. Ich brauche die Bilder, um eine gewisse Wirkung im Außen zu erzielen und meinen Kunden Einblicke in meine Arbeit zu geben. Die Bilder schaffen Vertrauen und zeigen meine Kompetenzen. In diesem Fall bin ich der Meinung, dass diese Fotos professioneller wirken sollen, aber dass auch ein Smartphonefoto reicht. Schließlich mache ich solche Bilder und auch Videos jede Woche. Trotzdem treffe ich mich regelmäßig mit Fotografinnen, um professionelle Bilder zu machen.

| Wir schaffen mit diesen Fotos eine Verbindung. Diese Fotos wecken Emotionen und begeistern Menschen.

Warum mache ich das?

Wir können mit Bildern unsere Message verstärken. Je nachdem, was du aussagen möchtest, machen viele verschiedene Bilder Sinn. Wir schaffen mit diesen Fotos eine Verbindung mit unseren potenziellen Kunden. Wir hinterlassen einen professionellen Eindruck und erschaffen ein Image. Egal, ob diese Fotos gezielt inszeniert oder aus dem Geschäftsalltag sind. Mit deinem Fotografen besprichst du, was du beim Betrachter bewirken möchtest. Diese Fotos wecken Emotionen und begeistern Menschen.

KAMILA BURKHARD

Es geht immer um den Menschen.

Als Fotografin erschaffe ich mit meiner Fotografie mehr als nur Bilder. Dafür lasse ich mir viel Zeit, um sie kennenzulernen. Da ich besonders viele Familien und auch Frauen vor der Kamera habe, ist mir die Verbindung zu allen sehr wichtig. Schließlich sind das Fotos, die über Generationen in ihrem Familienbesitz bleiben. Den Familien zeige ich auch, wie sie eigene Fotos machen.

Als Coach unterstütze ich andere Fotografen in ihrem Wachstum. Egal, ob sie lernen möchten, wie sie durch meine Brille fotografieren, oder ob sie lernen möchten, wie sie in ihrem Business vorankommen. Ich bin Fotografin mit Leib und Seele.

Empowerment – Die Kraft in dir!

Als ich das Wort »Empowerment« zum ersten Mal hörte, war ich Feuer und Flamme. Es drückte genau das aus, was sich in meinem Inneren so schwer in Worte fassen ließ. Da gab es etwas – etwas Mächtiges, etwas Kraftvolles, das raus wollte. Raus in die große weite Welt und etwas beitragen. Was, das wusste ich damals noch nicht.

Deine wahre Größe leben, deine Seele zum Ausdruck bringen oder die beste Version deiner selbst sein, sind einige Übersetzungen dafür.

Da gibt es also diese Kraft, dieses Potenzial, was in jedem von uns steckt. Doch genau diese Tatsache vergessen wir oft, dann fühlen wir uns klein, ohnmächtig oder hilflos und geben damit die Macht in unserem Leben an andere ab: an den/die Partner:in, die Führungskraft, die Eltern, das böse Finanzamt und so weiter und so fort.

> »Wem du die Schuld gibst, gibst du die Macht!« QUELLE UNBEKANNT

In meinen Trainings kommen immer wieder Menschen auf mich zu, die sich nicht trauen, diese oder jene Entscheidung wirklich zu treffen. Sie glauben, dass sie keine Wahl hätten. Ihr eingeschränkter Denkrahmen hat sich wie ein Korsett fest um sie herum zugeschnürt.

Was ist Empowerment überhaupt?

Wikipedia sagt dazu aus dem Englischen übersetzt: Ermächtigung, Übertragung von Verantwortung. Es geht darum, die Autonomie und den Grad der Selbstbestimmung von Menschen in Gemeinschaften bzw. Systemen zu stärken. Als Dipl.-Sozialarbeiterin begegnete mir schon früh die Empowerment-Übersetzung »Hilfe zur Selbsthilfe«, meist allerdings mit der Vorannahme eines Handicaps. Auch der Begriff »Frauenförderung« bringt dies zum Ausdruck. Da muss jemand gefördert werden, der scheinbar irgendwie nicht ok ist.

Ich übersetze den Begriff Empowerment am allerliebsten mit Selbstermächtigung und im Businesskontext auch manchmal mit Selbstkompetenz oder Selbstmanagement. Das impliziert, dass wir uns selbst ermächtigen oder managen können, also jederzeit die Grundkompetenz eben dazu besitzen. Die alte Denkweise geht noch davon aus, dass Menschen in Wahrheit ohnmächtig sind, also einen Hirten, Führer oder Ähnliches brauchen.

Ich glaube, Self-Empowerment ist ein Weg raus aus den hierarchischen Strukturen hin zu mehr Vertrauen, Selbstbestimmtheit, Eigenverantwortung und selbstorganisierten Formen von Arbeit und Leben. Denn nur, wer selbst in der Lage ist, wirklich 100 % Verantwortung für sich zu übernehmen, der braucht keine übergeordnete Macht mehr. Er oder sie antwortet dann aufs Leben. Immer und immer wieder neu.

> Self-Empowerment ist ein Weg raus aus den hierarchischen Strukturen hin zu mehr Vertrauen, Selbstbestimmtheit, Eigenverantwortung und selbstorganisierten Formen von Arbeit und Leben.

Wie kann dieses Antworten auf das Leben nun gelingen?

Mit der Frage: Wer hat die Macht in meinem Kopf? Ein erster Schritt zur persönlichen Selbstermächtigung ist es, sich selbst beim Denken, also dem eigenen inneren Dialog, zuzuhören, damit wir überhaupt erst mal mitbekommen, was »es« da oben so denkt. Die allgemeine Herausforderung besteht darin, dass wir das leider eben genau nicht in der Schule gelernt haben und die Gedanken oft viel zu schnell vorbeifliegen. Das bedeutet, wir brauchen genau hier Entschleunigung, sprich Achtsamkeit. Und dann heißt das Spiel: Gedanken fangen!

So wie ein Schmetterlingsjäger mit seinem Kescher den bunten Flatterwesen hinterherhüpft. Und wenn wir dann einen Gedanken gefangen haben, braucht es auch Zange und Lupe, um zu prüfen, ob es eine alte, vielleicht sogar giftige Motte ist oder das schönste, wundervollste Schmetterlingsexemplar auf Erden. Und wenn dir nicht gefällt, was du da gerade so denkst, dann lass es einfach wieder frei fliegen und sag: Tschüss Motte. Ok, die Fortgeschrittenen könnten sich das Exemplar natürlich auch noch genauer anschauen, nach der positiven Absicht suchen und daraus neue Erkenntnisse ziehen. Aber wir bleiben einfach mal im Grau/Bunt-Modus: Toller, bunter, unterstützender Gedanke – mehr davon! Grauer, schwerer, destruktiver Gedanke – verabschieden und loslassen! Du kannst auch sagen: »Hallo, du (komischer) Gedanke, dich habe ich so gar nicht bestellt, da wähle ich jetzt neu.« Dann suchst du dir die mit den schönen bunten Flügeln aus, also Gedanken, die dich stärken, die dich unterstützen oder dich einfach glücklich machen. Und ja, das ist ein Fall von »viel hilft viel«.

> Du kannst auch sagen: »Hallo, du (komischer) Gedanke, dich habe ich so gar nicht bestellt, da wähle ich jetzt neu.«

Stell dir dein persönliches Empowerment wie eine Waage vor. Wie oft hast du dunkle, schwere oder suboptimale Gedanken gedacht? Das ist die eine Waagschale. In die andere Waagschale kommen die positiven, kraftvollen und konstruktiven Gedanken. Du kennst das Verhältnis deiner persönlichen Waage am allerbesten. Welche deiner Schalen braucht mehr gedanklichen Zuspruch? Und so wie du mit dir selbst sprichst, so kommunizierst du auch im Außen. Wie groß ist dein innerer Kritiker? Wenn wir wieder die Waage aufstellen, wovon verschenkst du mehr an die Welt – Lob oder Kritik?

Wie sehr bist du daran interessiert, andere zu stärken?

Führst du Mitarbeiter, lebst in einer Partnerschaft oder hast Kinder, Eltern, WG-Mitbewohner:innen usw.? Wäre es nicht wundervoll, wenn wir diese Begegnungen auch dafür nutzen würden, andere zu empowern? Jede Form von Lob, Wertschätzung oder Dankbarkeit kann hier echte Wunder bewirken. Der kraftvollste Satz, wenn du andere wirklich unterstützen willst, lautet: »Ich glaub an dich!« und natürlich auch alle Varianten davon wie »Du schaffst das!«, »Ich weiß, du kannst das!«, »Du bist toll!«. Welchen Power-Satz könntest du noch heute einem Menschen ehrlich sagen?

Ich glaube fest daran, dass wir Menschen uns gegenseitig viel mehr bestärken sollten, denn jeder Mensch ist ein Kunstwerk. Wir sind so einzigartig in der Zusammensetzung unserer Fertigkeiten und Fähigkeiten, dass genau darin unsere Kraft und unser Vermächtnis füreinander liegt. Du kannst mir nur etwas geben, wenn du anders bist als ich, nur dann können wir voneinander lernen und aneinander wachsen.

> »Ich glaub an dich!« – denn jeder Mensch ist ein Kunstwerk. (...) Du bist die Macht in deinem Kopf!

Je bewusster wir mit uns selbst und mit anderen umgehen, desto mehr steigt auch unser wahrgenommener Selbst-Wert. Im Business-Empowerment bedeutet das, dass Menschen ihren eigenen Selbstwert nicht nur mental kennen und repetieren, also immer weiter vertiefen sollten, sondern auch eine echte Verkörperung ihrer inneren Haltung nach außen hin ausstrahlen müssen. Sonst wirkt es aufgesetzt und ist vor allen Dingen nicht nachhaltig. Wenn ich im Job oder auch als Unternehmer:in erfolgreich sein will, ist es notwendig, mir meiner selbst (im Hier und Jetzt) bewusst zu sein.

Ich muss meine persönlichen Stärken und Schwächen kennen sowie die Korrelation zwischen meinem persönlichen Selbstwert und meinem erzielten Preis am Markt herstellen, denn Selbstwert = Marktwert! Empowerment lohnt sich also auf jeden Fall, denn du bist die Macht in deinem Kopf!

IRIS IRBAH

Empowerment – Die Kraft in dir!

Als Management-Trainerin und Business-Coach mit jahrzehntelanger Erfahrung erinnert Iris Irbah Menschen daran, dass sie »mächtig« sind. Zu ihr kommen Unternehmer:innen und Führungskräfte, die ihr Selbstbewusstsein stärken wollen. Das geht einher mit dem Wunsch nach mehr Selbstsicherheit bzw. mehr Selbstvertrauen. Als PersönlichkeitsAUSwicklerin macht Iris Irbah Mut, schafft Zuversicht und unterstützt mit den richtigen Mindset-Tools. Und auch wenn Female Empowerment ihre Passion ist, so inspiriert sie als Vortragsrednerin immer wieder gerne ihr gemischtes Publikum.

www.irisirbah.de

Erfolg hat drei Buchstaben: Lob

Warum Anerkennung und Wertschätzung in Unternehmen – und im richtigen Leben – wichtig sind

Donnerstag, 8:00 Uhr. Ich bin schon seit einer halben Stunde im Büro, habe die Kleine extra früher in die Kita gebracht. Der Chef hat mich gestern gebeten, heute das Pensum zu erhöhen. Am Freitag kommen die Kunden und die Präsentation muss komplett überarbeitet werden. Die Kollegin hat versäumt, sich um das Catering zu kümmern, und der Raum muss noch vorbereitet werden. Also – Ärmel hochkrempeln und los geht's. Bis 9:00 Uhr läuft es gut, danach klingelt das Telefon ununterbrochen. Es scheint, als hätten sich alle verabredet, um genau heute ihre Fragen zu stellen und ihre Anliegen mitzuteilen. Was? Schon 12:30 Uhr und die Präsentation steht noch nicht mal zur Hälfte. Ich muss noch Bilder anfordern, die hoffentlich gleich ankommen. An eine Mittagspause ist heute nicht zu denken. Jetzt hat sich der Computer aufgehängt. Ich versuche einen Neustart. Der bringt nichts. Also brauche ich die Kollegen von der IT. Die haben gerade ein Meeting und kommen voraussichtlich erst nach 15:00 Uhr wieder raus. Das ist doch wie verhext. Also mit Feierabend um 17:00 Uhr wird das heute nix. Ich muss schnell meine Schwester anrufen, dass sie die Kleine aus der Kita abholt und mit zu sich nimmt. Der Kollege von der IT meldet sich und kann den Fehler beheben. Es wird langsam etwas ruhiger im Büro und ich kann konzentriert arbeiten. Es ist 19:30 Uhr, bis ich mit allem fertig bin und der Chef die Präsentation abgesegnet hat. Jetzt noch mein Kind abholen, schnell ein Abendessen machen, die Kleine ins Bett bringen und selbst ins Bett fallen.

Freitag, 14:00 Uhr. Die Präsentation ist gelungen, das Catering war perfekt, die Kunden sind begeistert, wir haben den Auftrag in der Tasche. Kaum sind die Kunden gegangen, kommt der Chef mit der Anforderung, sofort die Verträge vorzubereiten. Die müssten heute noch beim Kunden sein. Ohne Verschnaufpause arbeite ich die Unterlagen aus. Die aufwendigen Verträge brauchen ihre Zeit, auch heute ist es spät, bis ich aus dem Büro komme. Nur gut, dass die Kleine heute bei meiner Mutter ist. Als ich gehe, ist kein Kollege mehr da und auch der Chef ist schon weg.

Am Abend sitze ich zu Hause und fühle mich echt k.o.! Eigentlich müsste ich stolz und zufrieden sein über unseren Erfolg. Und doch fühle ich mich traurig. Mein Chef hätte doch wenigstens »Danke« sagen können. Ich habe mein Bestes gegeben, damit alle zufrieden sind und wir den so bedeutenden Auftrag bekommen. Ich habe keine Lust mehr, das beim nächsten Mal wieder so zu machen, mich reinzuhängen und meine wertvolle Zeit zu opfern. Das war nicht das erste Mal, dass es so gelaufen ist. Wenn das so weitergeht – ich glaube, dann suche ich mir einen neuen Job. Ich kann nicht mehr und ich will das auch nicht mehr. Und die Kleine braucht mich doch auch. Ach, »der« weiß ja gar nicht, was er an mir hat!

So oder so ähnlich spielen sich tagtäglich Szenen in Unternehmen ab. Und was hat das zur Folge? Die Mitarbeitenden sind frustriert. Ihre Begeisterung und ihr Engagement bei der Arbeit nehmen ab und die Stimmung kippt ins Gegenteil. Mitarbeitende zwingen sich zu ihrem Gang ins Büro, sie machen Dienst nach Vorschrift. Es kommen gesundheitliche Beschwerden hinzu wie Kreuzschmerzen, Verspannungen, Kopfschmerzen und depressive Verstimmungen. Laut Gesundheitsreport der DAK waren im Jahr 2019 Erkrankungen des Muskel-Skelett-Systems mit einem Anteil von 21,2 % an erster Stelle der Ursachen für Krankenstand, an zweiter Stelle standen die psychischen Erkrankungen mit 17,1 %. Im Vergleich zum Vorjahr ist ein deutlicher Anstieg der Fehltage festzustellen.

Die Krankheitstage und Fehlzeiten steigen. Andere Kollegen müssen die Arbeit übernehmen. So kommt ein Teufelskreis in Gang, der im schlimmsten Fall in einem Burn-out mündet. Das sind Kosten, die auch im Unternehmen zu Buche schlagen. Dabei können Führungskräfte, Unternehmerinnen und Unternehmer beeinflussen, inwiefern Mitarbeitende sich positiv weiterentwickeln. Sie können unterdrückt und demotiviert, ja sogar an guten Leistungen gehindert werden oder Unterstützung und Förderung bekommen. Fühlen sich Mitarbeitende wohl und anerkannt, geben sie ihr Bestes. Und das kommt letztendlich den Unternehmen, aber auch unserer Gesellschaft zugute.

> Fühlen sich Mitarbeitende wohl und anerkannt, geben sie ihr Bestes. Und das kommt letztendlich den Unternehmen, aber auch unserer Gesellschaft zugute.

Es ist wichtig, Unternehmenserfolg gemeinsam zu feiern und damit die Wertschätzung für den Einsatz der Mitarbeiterin oder des Mitarbeiters auszudrücken. Ein freundliches und ehrlich gemeintes DANKE ist ein Anfang. Aber das ist ausbaufähig. Sogar der Gesetzgeber hat die Relevanz dieser Wertschätzung erkannt und unterstützt Arbeitgeber mit der Möglichkeit des steuerfreien Sachbezugs in Höhe von 44,00 Euro brutto (ab 2022 Erhöhung auf 50,00 Euro brutto) pro Mitarbeitendem und Monat.

Wir übersetzen diesen steuerfreien Sachbezug in Punkte, so können Mitarbeitende für ihre Leistungen direkt belohnt werden. Die gutgeschriebenen Punkte können gesammelt und jederzeit in Sachprämien eingetauscht werden. So können sich die Mitarbeitenden ihre persönlichen Wunschprämien auswählen. Was zunächst kompliziert klingt, kann durch voll automatisierte Shop-Systeme einfach für jedes Unternehmen genutzt werden: Einfach und übersichtlich können ausgewählte Produkte steuerfrei erworben werden – ein großer Mehrwert, vor allem im Vergleich zu einer klassischen Gehaltserhöhung.

In über 25 Jahren Erfahrung haben wir oft freudige Mitarbeitende mit leuchtenden Augen gesehen und Aussagen gehört wie: »Ich freue mich, dass unser Arbeitgeber uns das ermöglicht. Das ist einfach klasse.«

Es geht hier nicht um »den perfekten Chef« oder »die perfekten Mitarbeitenden«, es geht um ein gutes, gesundes Miteinander mit Raum für Vertrauen, Entwicklung und Menschlichkeit. Denn das ist es doch, was es ausmacht – nicht die Perfektion. Es geht darum, eine wohltemperierte Arbeitsumgebung zu schaffen, in der jeder und jede an-erkannt wird, sich weiterentwickeln kann und für Leistungen wertgeschätzt wird. Etwas zu verschenken macht auch etwas mit dem Schenkenden! Auch die Vorgesetzten freuen sich, echte Leistungen belohnen zu dürfen!

> Es geht um ein gutes, gesundes Miteinander mit Raum für Vertrauen, Entwicklung und Menschlichkeit.

Ist Ihr Interesse geweckt? Dann kommen Sie gerne auf unsere Website oder lassen Sie sich direkt von uns beraten. Wir freuen uns auf Sie und Ihre Mitarbeitenden.

Herzlichst, Ihre Angelika Neiber

ANGELIKA NEIBER

Expertin für Anerkennung und Wertschätzung in Unternehmen (und im richtigen Leben)

Angelika Neiber ist Unternehmerin und systemischer Coach. Sie absolvierte Weiterbildungen zur Burn-out-Beraterin sowie zur Kursleiterin für PME (Progressive Muskelentspannung). Seit 25 Jahren konzipiert sie Prämiensysteme für Unternehmen.

Sie erlebt jeden Tag, was es mit den Menschen macht, wenn Anerkennung und Wertschätzung fehlen. Sie möchte ein neues Bewusstsein in die Unternehmen bringen, denn die Mitarbeiter sind das Potenzial dieser Unternehmen. Sie zeigt, dass Wertschätzung die wirkungsvollste Methode zur Mitarbeiterzufriedenheit und zum langfristigen Firmenerfolg ist.

Angelika Neiber ist Mutter von vier erwachsenen Kindern und Oma einer Enkeltochter. Sie arbeitet in Groß-Gerau und lebt in einem beschaulichen Dörfchen in Hessen.

Junge Unternehmer braucht das Land!

Junge Menschen können »Unternehmer«! Sie haben die Motivation, die Begeisterung für eine selbstständige Existenz – unzählige Start-ups zeigen das.

Meine Mission ist es, junge Nachfolger in ihre zukünftige Führungsrolle in Familienunternehmen zu bringen. Menschen, die ihre Erfüllung darin sehen, kreativ zu sein, sich selbst zu verwirklichen, indem sie ein existierendes Familienunternehmen in eine erfolgreiche Zukunft führen. Die Rede ist vom Mittelstand, dem oft zitierten »Rückgrat unserer Wirtschaft«.

> »Familienunternehmer mit ihren Traditionen, mit ihrer Erbfolge, mit ihrer Ausdauer und ihrer Tapferkeit sind der einzig nachwachsende Rohstoff unseres Landes. Und jetzt denke ich manchmal: Hoffentlich stimmt das auch.«
> GABOR STEINGART

Dieses Rückgrat läuft aber Gefahr, gebrochen zu werden. Warum hat – im Gegensatz zu den Neugründern – kaum jemand Interesse daran, in die Fußstapfen der Elterngeneration zu treten? Der sichere Weg in vorgegebenen Strukturen, die hochgelobte »Work-Life-Balance« – das scheint die Stimmungslage zu sein. Das Ergebnis: Kleine und mittlere Betriebe landen oft im Schoß von Großunternehmen – die »Konzernierung« der Wirtschaft droht. Der Medienunternehmer Gabor Steingart bringt es in seinem Podcast auf den Punkt: »Familienunternehmer mit ihren Traditionen, mit ihrer Erbfolge, mit ihrer Ausdauer und ihrer Tapferkeit sind der einzig nachwachsende Rohstoff unseres Landes. Und jetzt denke ich manchmal: Hoffentlich stimmt das auch.«

Das heißt: Das schwindende Interesse junger Menschen an Familienunternehmen muss wiederbelebt werden, dieser »Rohstoff« muss gepflegt und für die Zukunft erhalten werden, mit neuer, frischer Substanz!

Es bedarf erstens eines neuen Bewusstseins in der Gesellschaft, dass der mittelständische Unternehmer Positives für sie leistet, indem er Arbeitsplätze schafft und seinen Beschäftigten Sicherheit bietet – anders als in Konzernen, die von Managern mit Fokus auf Quartalsergebnisse und Tantiemen gelenkt werden. Der Familienunternehmer verpflichtet sich seinem Unternehmen gegenüber, es ist Teil seiner Identität, dafür stellt er sich tagtäglich neuen Herausforderungen.

Ich will dazu beitragen, dass diese Sichtweise selbstverständlicher wird, dass Unternehmer ein integrierter, von breiten Bevölkerungsschichten anerkannter Teil der Gesellschaft sind.

Die Botschaft vom »geerdeten«, vom fairen Unternehmer verdient es, nach draußen gebracht zu werden. Keynotes und Social Media sind die zeitgemäßen und unverzichtbaren Kanäle dafür. Die Öffentlichkeit wartet auf ein positives Unternehmerbild.

> Die Öffentlichkeit wartet auf ein positives Unternehmerbild.

Dazu braucht es zweitens eine »neue Zugänglichkeit« der Familienunternehmer, die ihre Firma, aus welchen Gründen auch immer, an junge Menschen abgeben wollen. Die Aura des Patriarchen der 60er- und 70er-Jahre hat ausgedient.

Die Entscheidung, das eigene Unternehmen abzugeben, klingt so einfach. An ihrer Umsetzung sind jedoch schon Legionen von Inhabern gescheitert. Warum laufen Generationswechsel in Familienunternehmen immer wieder schief? Weil es oft an der inneren Bereitschaft des Seniors fehlt, loszulassen und das eigene Lebenswerk in jüngere, aus seiner Sicht unerfahrene Hände zu geben. Es muss Vertrauen dafür aufgebaut werden, dass junge Menschen eben keine ausgetretenen Pfade wählen, um zu positiven Ergebnissen zu kommen.

»Fangt nicht erst mit siebzig an, eure Nachfolge zu planen!«, möchte man den Gründern zuschreien. Ein Übergabeprozess kann nur dann erfolgreich sein, wenn er gut vorbereitet und planvoll durchgeführt wird. Blindflug führt unweigerlich zum Exitus. Und die Übergabe innerhalb der Familie hat immer auch eine emotionale Komponente und ist daher komplexer als ein Transfer unter rein wirtschaftlichen Aspekten. Fatal ist aber ein eingebremster, untermotivierter Nachfolger (und automatisch mit ihm die Führungscrew), der eher verwaltet und sich wegduckt, anstatt dem Unternehmen frische Impulse zu geben.

> Der erfolgreich durchgeführte Generationswechsel ist die Königsdisziplin in einem Unternehmerleben.

Der erfolgreich durchgeführte Generationswechsel ist die Königsdisziplin in einem Unternehmerleben, auch wenn dies bedeutet, dass der Senior sich am Ende selbst »überflüssig« macht.

Drittens braucht es den Mindset bei den jungen Menschen selbst, den Mut, gar nicht erst abzubiegen auf das rostige Gleis einer Laufbahn im mittleren Management, sondern mit jugendlicher Energie die Chancen wahrzunehmen, die sich aus Fantasie, Kreativität, Lust auf inspirierende Führung und selbstverständlich Fleiß ergeben. Der Erfolgsautor Hermann Scherer spricht von »Chancenintelligenz«, ein Begriff, den nur der versteht, der durch das Weitwinkelobjektiv schaut. Ohne Scheuklappen, außerhalb des Mittelmaßes!

Wer diese Voraussetzungen mitbringt, der wird auch mit Traditionen und den Erwartungen der Familie und seines Umfelds umgehen können. Als Nachfolger in einem Familienunternehmen gilt es, aus dem Schatten des Gründers herauszutreten und den eigenen Weg zu finden und gleichzeitig anzuerkennen, dass der Gründer lebenslange, wertvolle Arbeit ins Unternehmen gegeben hat. Es bedeutet, sich aus der Komfortzone herauszuwagen, Strapazen auf sich zu nehmen, bis man die passende Organisationsform und den eigenen Stil gefunden hat.

Der Lohn heißt Selbstbestimmtheit, Entscheidungsfreiheit, Flexibilität im Handeln, »Hirte statt Schaf« zu sein, ein erfülltes Leben führen zu dürfen. Ein Bonmot meines Lehrherren ist mir noch heute in guter Erinnerung: »Unternehmer sein ist pure Nächstenliebe.«

Vorgänger und Nachfolger zusammenzubringen, die so wichtige gemeinsame Richtung im Denken und Agieren herzustellen, den erfolgreichen Generationswechsel zu begleiten, alle Beteiligten zu Gewinnern zu machen – das ist meine Ambition!

Ist die Finanzierung solide, sind die Investitionen auf aktuellem Stand? Ist die Bewertung des Unternehmens realistisch? Wer sind die Leistungsträger? Wie sind die Zukunftsaussichten? Diese Fragen sind ein Beispiel dafür, worüber auf Augenhöhe eine einheitliche Sicht zwischen »Alt« und »Jung« erzielt werden muss.

Der Generationswechsel ist ein Gemeinschaftsprojekt sämtlicher Akteure im Unternehmen – vom Senior bis zur Hilfskraft.

> Vorgänger und Nachfolger zusammenzubringen, die so wichtige gemeinsame Richtung im Denken und Agieren herzustellen, den erfolgreichen Generationswechsel zu begleiten, alle Beteiligten zu Gewinnern zu machen – das ist meine Ambition!

Selbstverständlich braucht es eine systematische Vorbereitung auf den Führungswechsel. Die Ausbildung im elterlichen Unternehmen allein reicht nicht aus, genauso wenig das BWL-Studium ohne ergänzende Vorbereitung. Im Idealfall hat der Übernehmer seine Lorbeeren bereits draußen in Führungspositionen verdient und seine Wirksamkeit bewiesen.

Ein befreundeter Jungunternehmer leitet in dritter Generation einen boomenden Großbetrieb in der Lebensmittelbranche. Über 500 Mitarbeiter, der Markt umkämpft wie kaum ein anderer. Was den Generationenübergang zum Erfolg gemacht hat? »Meine Eigenständigkeit habe ich mir durch eine fundierte akademische Ausbildung erworben. Meine Kompetenz habe ich in Unternehmen im In- und Ausland bewiesen. So konnte ich ohne Angst vor dem Scheitern ans Werk gehen und gelassen den kritischen Blicken der älteren Generation standhalten.« Seine Empfehlung an potenzielle Unternehmensnachfolger? »Jagt eure Selbstzweifel zum Teufel und seid von eurer Selbstwirksamkeit überzeugt!«

Zum guten Schluss ist der Generationenübergang vollbracht: Das Unternehmen agiert erfolgreich am Markt, sein finanzieller und ideeller Wert für Mitarbeiter und Inhaber wächst, das Familienvermögen ist abgesichert. Der Senior widmet sich in Gelassenheit seinen Enkeln, pflegt seine Hobbys und investiert seine Zeit in Neues. Der junge Chef führt den Betrieb kraftvoll zu neuen Ufern. Die Mitarbeiter sind motiviert und zufrieden, an dem großen Projekt »Nachfolge« beteiligt gewesen zu sein. Und schließlich genießen das Unternehmen und seine Lenker einen tadellosen Ruf, nicht nur bei Geschäftspartnern, sondern auch im lokalen Umfeld. Ein wirkungsvoller Beitrag zu einem positiven Unternehmerbild und es gibt nur Gewinner.

ULRICH VON DEN HOFF

Unternehmensnachfolge für Gewinner

45 Jahre Berufserfahrung in Handel und Logistik, vier Jahre Vertriebstätigkeit in den USA, 35 Jahre Führungsaufgaben, zunächst im eigenen Familienunternehmen, dann 22 Jahre Geschäftsführer der Baumarkt-Verbundgruppe Nr. 1 in D/A/CH mit über 1200 inhabergeführten Betrieben, erfolgreiche Leitung von Change-Projekten in einer leistungsstarken zentralen Logistikorganisation mit 450 Arbeitnehmern und 600 Mio. Euro Umsatz – das ist Ulrich von den Hoff. Heute begleitet er als Experte für Nachfolge in Familienunternehmen beide Generationen, die ihr Unternehmen zukunftsfähig positionieren wollen, und macht ambitionierte junge Menschen zu Unternehmern.

Die emotionale Kundenreise

Mit Leidenschaft und Organisation zum Erfolg

Wie wäre es, wenn ich dir sage, dass deutsche Organisation und Struktur gemixt mit italienischer Leidenschaft und Herz zum absoluten Erfolg führt? Wie wäre es, wenn ich dir sage, dass du weder auf das eine noch auf das andere verzichten musst, um dein Business aufs nächste Level zu bringen, um deinen Erfolg voranzubringen? Wie findest du es, wenn ich dir sage, dass du es mit dem Mix aus Leidenschaft, Herz, Organisation und Struktur schaffst, dass deine Kunden dich WIRKLICH lieben, deine Fans werden und somit dein Business eine unwiderstehliche Philosophie erhält und deine Kunden gar nicht mehr ohne dich können?

Die beste Organisation ist die, die unsere Kunden nicht sehen, sondern SPÜREN! Wir wollen unsere Kunden mitten ins Herz treffen und einen bleibenden emotionalen Eindruck hinterlassen, das Team so strukturieren und die Prozesse so anlegen, dass jeder im Team der gleichen leidenschaftlichen Firmenphilosophie folgt und durch Struktur qualitative Zeit hat, um die Kundenbedürfnisse zu verinnerlichen. Hierdurch entsteht Businesserfolg auf einem hohen Level, Umsatzsteigerung als Resultat, Kundenbegeisterung statt Kundenzufriedenheit, Teambindung und Abhebung von der Konkurrenz. Unsere Kunden werden Multiplikatoren für unser Business.

> Die beste Organisation ist die, die unsere Kunden nicht sehen, sondern SPÜREN!

Freundlichkeit kann man kaufen, Herzlichkeit nicht. Sei authentisch – immer! »Guten Tag, Frau Meyer, schön, dass Sie da sind! Wir freuen uns sehr auf Ihren Besuch heute.« Mit meinem Blick aus der Kundensicht vermittele ich neue Impulse, Inspirationen und Ideen, um dein Business auf das nächste Level zu bringen, eine Bindung zu deinen Kunden über Emotionen herzustellen, denn gerade in dieser Zeit, die geprägt ist von Hektik und Stress, sind Emotionen der Schlüssel, um deine Kunden nachhaltig an dich und deine Produkte und/oder Dienstleistungen zu binden.

Jeder Kundenkontakt sollte von uns wie ein Date behandelt werden, auch wenn wir mit ein und demselben Kunden bereits zum zehnten Mal Kontakt haben. Wir legen uns ins Zeug, damit sich unser Kunde in uns verliebt. Und bei Dates legen wir uns doch alle ins Zeug, oder?! Wie wunderbar herzlich ist es, wenn ein Kunde z. B. bei seinem Friseurbesuch einen reservierten Platz angeboten und einen Begrüßungscocktail hingestellt bekommt? Wie emotional bindend ist es, wenn wir einen Kunden zum Geburtstag anrufen und ihm unsere Glückwünsche mitteilen?

Was denkst du, wird dieser Kunde draußen über uns erzählen? Nur Gutes, oder?!

Eine meiner prägenden Erinnerungen: Italienischen Espresso kennt jeder. Ich kenne nicht nur den italienischen Espresso, sondern ich verbinde damit Erinnerungen, Kindheitserinnerungen, die ich heute noch lebe. Wenn meine Mamma früher zu Hause für meinen Papá Espresso noch in der Mokka auf dem Gasherd gekocht hat, hat die ganze Wohnung nach Espresso geduftet. Natürlich schmeckt heute der Espresso auch aus normalen Kaffeemaschinen sehr gut, diesen schon vorher verbreiteten Duft können sie mir jedoch nicht geben. Deswegen kochen wir zu Hause, auch wenn wir eine moderne Espressomaschine haben, den Espresso immer noch ab und an mit der Mokka auf dem Herd. Und sobald ich den Duft im ganzen Haus rieche, kommen Kindheitserinnerungen hoch, vom Urlaub, von der italienischen Familie, vom Zusammensein.

Dies ist eine der Emotionen, die wichtig sind und die wir auch unseren Kunden vermitteln, indem wir um das, was wir verkaufen, eine emotionale Story »erzählen«. Dazu nutzen wir unserer Sinne: Sehen, Riechen, Hören, Schmecken, Tasten. Aus meiner Leidenschaft für Kundenservice und Organisation heraus ist es für mich eine Vision und Mission geworden, jedes Unternehmen individuell zu begleiten und ihr Team in der persönlichen Weiterentwicklung zu fördern. Darunter fällt das Erkennen von Stärken des Unternehmens sowie des einzelnen Mitarbeiters, der Aufbau des Selbstbewusstseins, die Implementierung von Prozessabläufen innerhalb der Unternehmensstruktur und des Kundenablaufes.

Lösungsorientiert und leidenschaftlich im Team zu arbeiten, macht viel mehr Spaß, als nur über das Problem zu reden. Sei ein Lösungsanbieter und nicht ein Problemlöser! Aus jedem Problem kann man etwas großes Neues erschaffen. Nicht meckern, sondern HANDELN. Aus allem kann man etwas Positives ziehen und es kommt immer darauf an, aus welcher Perspektive man die Dinge anschaut. Manchmal traut man sich auch nicht zu handeln, weil man denkt, man müsse erst perfekt werden in dem, was man tut, oder der perfekte Zeitpunkt sei noch nicht da. Perfektion hindert DICH am Handeln, am Weitermachen, es hindert dich daran, dich weiterzuentwickeln, Neues auszuprobieren. Versuche doch mal nicht perfekt zu sein, es könnte ja klappen. Setze deine Ziele trotzdem und träume groß!

> Lösungsorientiert und leidenschaftlich im Team zu arbeiten, macht viel mehr Spaß, als nur über das Problem zu reden. Sei ein Lösungsanbieter und nicht ein Problemlöser!

Meinen Jungs sage ich immer: »Alles, was du tust, tu es mit Liebe und es wird gut!« Bringe italienische Lebenskultur und Lebensfreude mit deutscher Organisation zusammen und sieh selbst, was dies aus deinem Team, deinen Kunden und schlussendlich deinem Business macht. Der Slogan einer unserer Firmen war »Dolce Vita für Sie und Ihr Haar!«. Dies haben wir bewusst gewählt, da wir wollten, dass sofort von außen klar wird, dass bei uns Leidenschaft, Emotionen

Dolce Vita bringt Leichtigkeit, Spaß und Leidenschaft in dein Business.

und Genießen im Vordergrund stehen. Unsere Kunden haben uns auch immer wieder bestätigt, dass sie dieser Claim unheimlich neugierig auf unser Unternehmen gemacht hat und viele erst mal aus Neugier zu uns gekommen sind. Als sie dann gesehen haben, dass wir unseren Slogan auch wirklich leben, sind sie bei uns geblieben. Dolce Vita bringt Leichtigkeit, Spaß und Leidenschaft in dein Business. Wenn dann Organisation und Struktur mit eingebunden werden, ist das der absolute Schlüssel zum Erfolg und zu deiner eigenen Leidenschaft für dein Business.

ARIANNA CASERTA

Arianna Caserta ist Mutter, Ehefrau, Networkerin, Eventorganisatorin, Notarfachwirtin und vor allem leidenschaftlicher Businesscoach und Keynote-Speakerin. Mit ihr trifft teutonisches Organisationstalent auf italienische Leidenschaft für emotionalen Kundenservice.

Sie coacht die Führung der Dienstleistungsbranche von heute und morgen.

Sie bringt ihre Expertise mit Temperament, Herzlichkeit und Leidenschaft den Unternehmen so nahe, dass alle Prozesse direkt umgesetzt werden. Die beste Organisation ist die, die Kunden nicht sehen, sondern spüren! Leidenschaft und Emotionen gepaart mit Organisation und sofortigem Umsetzen – das ist Arianna Caserta.

Immer. Anders. Wo immer du bist.
Lebe dein Soulbusiness.

Wir leben in einer Zeit des Wandels – viele Menschen spüren, dass es Zeit ist, sich zu verändern, etwas Neues auszuprobieren, aus alten Gewohnheiten auszubrechen oder endlich mal die Dinge zu tun, von denen man schon so lange sagt »Eigentlich würde ich ja gerne mal ...«. Viele Menschen können nicht mehr klarsehen, weil ihnen der Alltag die Sicht vernebelt und die unzähligen Tätigkeiten keinen Raum für Entfaltung lassen, oder sie sind auf der Suche nach ihrer Berufung oder einem erfüllten Berufsleben und finden die Tretmühle, in der sie sich befinden, erdrückend.

Es sind die Fragen nach der eigenen Identität, nach Authentizität, nach Aufrichtigkeit, sich selbst gegenüber, nach Ruhe und Klarheit. Was macht uns aus? Wer sind wir? Welche Facetten haben wir? Haben wir eine Aufgabe oder was brauchen wir, um UNSER Leben zu leben?

> Was macht uns aus? Wer sind wir? Welche Facetten haben wir? Haben wir eine Aufgabe oder was brauchen wir, um UNSER Leben zu leben?

Egal, ob aktuelle Geschehnisse, aufgestaute Erlebnisse oder versteckte Gefühle – viele Menschen wurden an und über ihre Grenzen hinausgeführt. Vielen ist bewusst geworden, dass es Themen, Dinge oder Möglichkeiten gibt, die sie entdecken möchten. Oder auch umgekehrt, dass sie den Weg zurück zu ihrem Herzen finden wollen, um wieder mehr Ruhe und Fürsorge für sich zu erlangen.

Menschen vergessen, welche wunderbaren Eigenschaften sie haben, weil sie sich im Laufe der Zeit angepasst haben. Angepasst, um nicht aufzufallen oder um bloß nicht als Außenseiter zu gelten. Sie sind »tapfer« und werden zum Mitläufer, zu einem von vielen, funktionieren und folgen brav der Masse. Versucht man, sich zu verstecken und zu kaschieren, wer man ist, hat man einen anstrengenden Alltag. Der Schein trügt zudem, denn das Außenseiter-Gefühl bleibt. Das Herz verschließt sich, man fällt in eine Opferrolle, wird zum unerbittlichen Kritiker und wartet, dass sich im Außen etwas ändert. Das macht feindselig, ängstlich vor Veränderung und in allerletzter Konsequenz krank.

Veränderung erfahren Menschen, die verstanden haben, dass SIE es sind, die ihr Mindset ändern müssen, dass sie den eigenen Blick auf die Dinge auf den Prüfstand stellen müssen. Wenn sie ihr Mindset ändern, ihre Glaubenssätze hinterfragen, Entwicklung zulassen und sich trauen, der Welt zu zeigen, wer sie wirklich und wie wunderbar vielseitig sie sind, ändert die Energie, die sie dadurch freisetzen, auch das Außen. Das heißt, sie dürfen darauf vertrauen, die Lösung in sich selbst zu finden, und müssen nicht ihre ganze Kraft dazu verwenden, die Welt um sich herum ändern zu wollen. Wer die Tür zu seinem Herzen öffnet, begibt sich auf die schönste Reise seines Lebens.

> Wer die Tür zu seinem Herzen öffnet, begibt sich auf die schönste Reise seines Lebens.

Ändert sich unsere Energie, ändert sich vieles um uns herum ganz automatisch. Legt man den Fokus auf das eigene Leben und befreit sich von der Zustimmung anderer, erzeugt das eine wohltuende und nachhaltige Zufriedenheit in uns selbst – eine Ruhe, von der nicht nur wir selbst profitieren werden. Auch das Außen wird sich verändern.

Die eigene Berufung finden und leben

Menschen abholen, ihnen Raum und Zeit zur Orientierung geben, gemeinsam mit ihnen neue Perspektiven entwickeln – das ist Soulbusiness. In das eigene Leben reingehen, Stärken und persönliche Ressourcen wieder erkennen, raus aus der Opferrolle, sich nicht mehr betrügen. Aus der Komfortzone heraustreten, sich aktiv seinen

Platz in der Welt erschaffen und damit unabhängig von gut gemeinten Ratschlägen oder dem lang erhofften Lob anderer werden. Sich auf diesen Weg zu machen, lohnt sich immer. Dabei die richtigen Personen an seiner Seite zu haben, ist Gold wert.

Das ist der Kern meiner Arbeit – Menschen ein Begleiter zu sein, sie zu inspirieren und ihre Potenziale wachsen zu lassen. Mit ihnen aufzuräumen, damit sie wieder klar sehen können und entdecken, was sie so lange in ihrem Herzen verschlossen und nicht zugelassen haben. Unser Herzensweg und damit unsere Berufung ist nicht etwas, was sich ausschließlich auf den Bereich der Erwerbsarbeit beschränken lässt. Unsere Berufung ist unser ganzes Sein. Deshalb kann die berufliche Aufgabe in unserem Leben auch öfter wechseln, sie wird immer wieder Ausdruck unserer Berufung sein.

> Es erfüllt mich mit großer Freude, Menschen ins Tun zu bringen und sie nachhaltig zufriedener und glücklicher zu machen.

Meine Arbeit ist ganzheitlich und liefert eine personenorientierte Sicht von außen, die Menschen in die Lage versetzt, wieder handlungsfähig zu werden, eine wohltuende Klarheit zu gewinnen sowie neue Perspektiven zu finden. So individuell jeder Einzelne von uns ist, so individuell ist meine Vorgehensweise. Es erfüllt mich mit großer Freude, Menschen ins Tun zu bringen und sie nachhaltig zufriedener und glücklicher zu machen. Egal wie alt sie sind und in welcher Lebensphase sie sich befinden.

Drei Schritte sind meiner Meinung nach essenziell, für ein Leben in Liebe:

1. SELBSTANNAHME

Versuche nicht, jemand anderes zu sein als du selbst, und versuche nicht, allen gefallen zu wollen und von allen gemocht zu werden. Du belügst dich selbst, weil du Sachen sagst, die du gar nicht sagen willst, und Dinge tust, die du gar nicht tun möchtest. Dein Herz sagt immer die Wahrheit – fange an, darauf zu hören. Du bist genau richtig so, wie du bist.

2. VERANTWORTUNG
Suche nicht im Außen nach Veränderung. Die Veränderung liegt in dir und damit auch dein persönliches Glück. Ändere *deinen* Blick auf Menschen und Dinge, und die Welt um dich herum wird sich verändern. Alle Kraft und alles Wissen, das du brauchst, um dein Leben zu meistern, trägst du bereits in dir. Löse dich aus der Opferrolle und übernimm in jeder Hinsicht die Verantwortung für dein Leben.

3. LOSLASSEN
Lerne zu vergeben – dir selbst zuliebe. Das schafft inneren Frieden und sorgt dafür, Themen abschließen zu können. Nicht etwa um denjenigen, die uns verletzt haben, unsere Güte zu erweisen, sondern um dich frei von negativen Erinnerungen, Schuldgefühlen oder Vorwürfen zu machen. Je mehr Liebe du dir selbst schenkst, desto unabhängiger wirst du von der Liebe anderer.

Soulbusiness steht für deinen Seelenauftrag – für ein erfülltes Leben voller Freude und Liebe

Jeder Einzelne von uns ist so unglaublich vielseitig und hat viele Talente. Was wären wir, würden wir diese Talente nicht leben? Wer authentisch lebt, ist nicht nur in seiner Kraft, sondern auch in seiner Liebe und kann aus voller Überzeugung das Leben leben, nach dem das eigene Herz schon so lange ruft. Die Welt wartet auf dich in deiner Kraft. Du bist hier, um etwas Besonderes in diese Welt zu bringen. Jetzt ist ein guter Zeitpunkt, damit zu starten.

CHRISTINE HARTMANN

Leistungssportlerin, Kommunikationsexpertin, Berufungsfinderin – Christine Hartmann begleitet Menschen dabei, mit Freude und Leichtigkeit den Job und die Lebensumstände zu finden, die nachhaltig glücklich machen. Nach ihrer sportlichen Karriere arbeitete sie in namhaften Unternehmen ebenso wie in großen deutschen und internationalen Werbeagenturen. Kommunikation und Menschen, dafür schlägt ihr Herz. Heute stellt sie als ganzheitlicher Coach ihre große Expertise ganz in den Dienst des Menschen. Kunden sagen: »Unser Herz ist das wichtigste Organ, das wir haben. Christine lehrt dich, wie du es hören kannst.«

Deine Chance

Die meisten von uns wollen so lange wie möglich jung bleiben und so spät wie möglich alt werden. Ich nehme mal an, du auch. Die Geburtstage kommen trotzdem immer wieder zur gleichen Zeit, stimmt's? In diesem Buch gebe ich dir ein paar Hinweise und Anstöße, wie du deine natürliche Lebenserwartung verlängern kannst, um länger jung zu bleiben oder auch, wie du dich biologisch verjüngen kannst. Natürlich ist auf diesen Seiten nur ein ganz kleiner Einblick möglich. Am Schluss fasse ich deshalb noch mal mit meiner 3-L-Methode diese Kostprobe ganz kurz zusammen. Viel Spaß dabei.

Kapitel 1: Junges Denken

Welche Rolle spielt das Denken beim Altwerden oder beim Jungbleiben? Eines kann ich schon mal verraten, wer schneller denkt, bleibt länger jung!* Es spielt tatsächlich eine entscheidende Rolle, wie man denkt und was man denkt. Kurz gesagt, wer jugendlich denkt, lebt vitaler.

> Wer schneller denkt, bleibt länger jung!

Ein paar Beispiele: Ich denke, spiele ich jetzt etwas oder streame ich eine Serie? Ich denke, trinke ich ein Glas Wasser oder gemütlich ein Glas Wein? Ich denke, fahre ich jetzt mit dem Auto zum Supermarkt oder nehme ich lieber das Fahrrad? Ich denke, ein Schokoriegel auf die Schnelle ist genau das Richtige oder doch besser ein Salat?

Wie gesagt, was man denkt und wie man denkt, bestimmt das Leben und oft auch das Leben der Mitmenschen im Umfeld. Konkret

---

* Siehe dazu die finnische Studie der University of Jyväskylä, 2020 bezogen auf das Altwerden und Jungbleiben, ist es hierbei wichtig zu wissen, dass unser Gehirn für das Denken wie ein Muskel benutzt und trainiert werden kann. Dabei ist zudem entscheidend, so simpel es klingt, stets Positives zu denken und dies auch auszusprechen. Es macht nämlich einen Unterschied, ob man denkt, »ich will nicht alt und krank sein« oder stattdessen denkt, »ich will jung und gesund sein und lange leben«.

Ideal ist es auch, wenn man so viel spielt und lacht wie in der Jugend und dabei so viele Hirnareale benutzt wie möglich, denn es gibt ein Gesetz in der Biologie, dass die jeweiligen Körperregionen, die nicht benutzt werden, abgebaut werden!

Die gute Nachricht: Man kann sehr wirkungsvoll etwas gegen den Abbau und für das Jungbleiben tun! Zum Beispiel nicht ständig Dr. Google das Denken zu überlassen, sondern sich im Kopf beim Lesen von Büchern selbst Bilder und sogar den eigenen Film zu machen, anstatt Fertigware aus dem Bildschirm zu konsumieren.

Meine Empfehlung für junges Denken:
- Fremdsprachen lernen,
- ein Musikinstrument lernen,
- Spiele spielen und lachen, am besten in Gesellschaft,
- (Tief-)Schlafphasen pflegen, um dem Gehirn Regenerationszeit zu geben,
- Gehirnjogging betreiben (dazu gibt es vielfältige Trainings-Apps und Workshops),
- Speed-Reading erlernen, um mehr Potenzial des Gehirns zu nutzen,
- Meditieren und dabei Bauchatmung nutzen,
- keinen Einkaufszettel schreiben (Gedächtnistraining),
- soziales Umfeld pflegen und an viele verschiedene Ort reisen.

Kapitel 2: Junges Bewegen

Wer rastet, der rostet – stimmt wirklich!
Wer sich auf eigenen Füßen schnell durchs Leben bewegt, ist jung und bleibt jung! Wir alle haben doch gemeinsam, dass wir mal sehr jung waren und den ganzen Tag lustvoll herumgelaufen sind. Mit sechs Jahren kommt man dann in die Schule und muss fortan sitzen, stundenlang, tagelang. Erwachsene sitzen gerne, wie ist es bei dir in diesem Moment? Kinder sitzen meist nur, wenn Erwachsene sie dazu auffordern. Ständig herumrennen und herumzappeln ist meist nicht erwünscht.

Die gute Nachricht: Sich zu bewegen ist völlig natürlich und gut für die Gesundheit. Ständig zu sitzen und sich nicht zu bewegen, obwohl man es könnte, ist unnatürlich. Die Mediziner haben dafür einen Ausdruck: unphysiologisch. Hinzu kommt, dass Muskeln, die nicht benutzt werden, atrophieren (schrumpfen). Sie werden abgebaut und man altert schneller. Ergebnisse der Wissenschaft und Altersforschung (auch meine persönlich gemachten Erfahrungen) zeigen, dass es lebensverlängernd ist, sich selbst schneller zu bewegen, anstatt ständig schnell bewegt zu werden (durch Auto, Fahrstuhl, Bahn, Rolltreppe und Co). Wer jung sein möchte, sollte sich auch wie ein junger Mensch bewegen können.

> Wer jung sein möchte, sollte sich auch wie ein junger Mensch bewegen können.

Noch eine gute Nachricht: Der Körper dankt es einem mit bis zu 15–20 Jahren mehr Lebenszeit!*

Meine Empfehlung für junge Bewegung:
- Aeroben Sport treiben, der Freude macht,
- wer den halben Tag sitzt (6 Stunden durch PC, Arbeit, Autofahrt, Essen, TV) sollte jeweils mindestens eine halbe Stunde locker und leicht Joggen gehen,

---

* Siehe dazu auch die *Studie des National Institute for Health Research*, Leicester, 2020

- wer länger als 6 Stunden sitzt, jeweils 1 Stunde Laufen gehen,
- drei- bis fünfmal die Woche abwechselndes Muskeltraining und Beweglichkeitsübungen.

Kapitel 3: Junge Ernährung

Im Gegensatz zu schnellerem Denken und schnellerer Bewegung ist in diesem Kapitel langsam und wenig das richtige Rezept. Schnell sollte allenfalls das Erwecken bzw. Neuprogrammieren der somatischen Intelligenz sein (die Fähigkeit des Körpers, eine Entscheidung bei der Auswahl der richtigen Nahrung zu treffen).

> Dass eine stetig abwechselnde, nährstoffreiche Ernährung mit Verzicht auf Genussmittel ein langes, gesundes Leben begünstigt, ist unbestritten.

Dass eine stetig abwechselnde, nährstoffreiche Ernährung mit Verzicht auf Genussmittel ein langes, gesundes Leben begünstigt, ist unbestritten. Ebenso, dass das Konsumieren von viel Fleisch, Zucker, Alkohol und Zigaretten alt und krank macht. Junge Ernährung bedeutet für mich, lustvoll Leichtes und Leckeres mit vielen Vitalstoffen zu genießen. Dabei rate ich dazu, dies nicht mit Diätplänen und dauerndem Verzicht anzugehen, sondern lieber mit aeroben Sportarten wie z. B. Laufen, Radfahren, Schwimmen, Rudern oder Nordic Walking auszugleichen.

Die gute Nachricht: Die somatische Intelligenz (die innere Stimme), stellt sich entsprechend mit der Zeit auf das tägliche Sportprogramm ein und man bekommt dann automatisch Appetit auf die gesunden Sachen. Das macht es einfacher, als täglich Kalorien zu zählen oder sich an Verbote halten zu müssen. Anbei meine Empfehlungen auf dem Weg dorthin.

Ganz viel:
- Lebendiges, also Unverarbeitetes (z. B. Salat, Obst),
- sinnvoll zusammengestellte Nahrungsergänzung,

- täglich eine Portion Eiweiß (z. B. durch Hülsenfrüchte, Nüsse, Eier, Hüttenkäse, Fisch, Eiweiß-Shakes),
- täglich je nach Belastung und sportlicher Betätigung 1,5 – 3 Liter stilles Wasser trinken.

Ganz wenig:
- verarbeitete Lebensmittel,
- Fleisch, Genussmittel,
- kurzkettige Kohlenhydrate,
- Produkte mit langer Zutatenliste (am besten ohne Zutaten).

Zusammengefasst und **leicht** zu merken mit der 3-L-Methode:
Junges Denken → Leicht. Lernen. Lachen.
Junges Bewegen → Leicht. Locker. Lustvoll.
Junges Ernähren → Leicht. Lebendig. Lecker.

EKKEHARD JAGDMANN

Wer schneller ist im Leben, bleibt länger jung!

Hunderte von Vorträgen für Universitäten, Professoren und Ärzte rund um die Welt. Zahlreiche Publikationen, Workshops und Seminarveranstaltungen zu Medizinprodukten sowie zu Work-Life-Balance-Themen. Mehrfacher Marathonläufer und Gesundheitssport-Lehrer für Global-Player-Unternehmen mit Auszeichnungen in den Disziplinen der Orthomolekularmedizin und Gesunderhaltung. Beratende Tätigkeit und professioneller Instructor zur Lebenserhaltung im Bereich Close-Combat für Spezialkräfte von Polizei und Militär machen Ekkehard Jagdmann zu einem Experten, um jung und gesund zu bleiben!

Motivation oder was?

Immer wieder versuchen wir, andere Menschen zu motivieren. Wir wollen, dass sie etwas Bestimmtes tun. Dieses Bestimmte kann eine Verhaltensänderung sein oder ein konkreter Auftrag. Egal worum es geht, nennen wir es »das Ziel«. Das ist eine ganz alltägliche Situation, sei es in der Erziehung der eigenen Kinder, im Umgang mit dem Partner, der Partnerin, dem Kollegen oder Mitarbeiter. Schnell fallen dabei Schlagwörter wie »souverän führen«, »richtig überzeugen«, »konsequent erziehen« – oder auch »manipulieren«. Sehr offensichtlich ist das Thema Motivation zeitlos, situations- und altersunabhängig.

> Immer wieder versuchen wir, andere Menschen zu motivieren. Wir wollen, dass sie etwas Bestimmtes tun.

Ist das Ziel auch aus Sicht des Gegenübers attraktiv und ist die Erreichung des Ziels aus seiner Perspektive auch wahrscheinlich, dann stellt sich das Thema Motivation nicht als Problem dar, auch wenn es bei der Umsetzung Rückschläge oder Misserfolge geben kann und der mit der Zielerreichung Betraute in eine Problemtrance abgleitet. Auch möglich, dass du trotz anfänglicher Umsetzungseuphorie eine »Null-Bock«-Haltung deines Gegenübers verspürst. Es gibt nicht den einen Tipp, das eine Erfolgsrezept, das für alle Kinder, Jugendlichen oder Erwachsenen zu guter Motivation führt. Das ist eine Illusion!

In der Fachliteratur wurde viel über intrinsische und extrinsische Motivation geschrieben. Dabei folgt die intrinsische Motivation aus dem eigenen Antrieb, dem eigenen Wunsch, ein Bedürfnis zu befriedigen. Demgegenüber fußt die extrinsische Motivation auf einem externen Reiz, der einen Menschen zu etwas bewegen soll. Beispiel: Will ich selbst der Beste in einem Ranking, auf dem Fußballfeld, in einer Gruppe sein, einfach weil es mein Bedürfnis ist, ganz oben zu stehen, dann bin ich intrinsisch motiviert. Mich muss niemand zum Training schicken, ich will selbst jede freie Minute trainieren. Die andere Möglichkeit ist, dass mich der erste Platz gar nicht interessiert. Bietet mir jemand für den ersten Tabellenplatz aber eine außerordentliche Erfolgsprämie und hänge ich mich dann ins Training, weil ich diesen Bonus unbedingt haben möchte und mir davon etwas anderes, lang Ersehntes kaufen kann, dann bin ich extrinsisch motiviert. Auch ein beliebter Motivationsverstärker für Kinder: 10 € für die Zwei in der nächsten Mathearbeit. Das kann gut funktionieren, selbst wenn Mathe das Horrorfach ist, weil der Geldbonus so attraktiv ist, dass er ein wichtiges Bedürfnis befriedigt.

Nun kann man trefflich analysieren – und das wurde sehr wissenschaftlich getan –, welche der beiden Motivationsformen die bessere der beiden ist. Unschwer zu erahnen, dass der intrinsischen Variante immer wieder der Vorzug gegeben wurde. Ich persönlich halte diese Überlegungen für akademisch. Die Diskussionen über intrinsische und extrinsische Motivation ist aus der Mottenkiste der Verhaltenspsychologie. Ich bin der Überzeugung, dass es egal ist, woher die Motivation kommt. Auch die extrinsische Motivation kann ausgesprochen stark sein und ebenso kann die intrinsische Motivation schwächeln, wenn andere Bedürfnisse in den Vordergrund treten.

Motivation hat sehr viel interessantere und überlegenswertere Aspekte:
1. Die Bereitschaft – das Wollen
2. Die Fähigkeit – das Können
3. Die Möglichkeit – das Dürfen

Wollen, Können und Dürfen bedingen sich. Geht einer der Faktoren gegen null, werden wir kaum Motivation für eine Tätigkeit erzeugen.

Wollen und Können sind auf der persönlichen Seite des Individuums zu finden, während das Dürfen zu den Rahmenbedingungen zählt.

1. Die Bereitschaft, das Wollen, gründet sich auf die ureigenen Wünsche, Ziele, Bedürfnisse und auf das eigene Selbstbild bzw. das Mindset, mit dem jemand zu Werke geht.
2. Die Fähigkeit, das Können, gründet auf Kenntnissen, Erfahrungen und Kompetenzen. Dabei sind nicht nur die vorhandenen Skills wichtig, auch die Kopfhaltung gegenüber den Fähigkeiten, die noch nicht beherrscht werden, ist relevant.
3. Die Möglichkeit, das Dürfen, ist im ersten Ansatz nicht vom Individuum abhängig, sondern vom gesetzten oder zu gestaltenden Rahmen. Die Bedingungen müssen demnach so gestaltet werden, dass Gelingen und Erfolg wahrscheinlich sind.

Das sind sehr einfache, leicht nachzuvollziehende Sätze, aber sie haben es in sich! Betrachten wir zunächst das Wollen: Ist ein Ziel für die Person attraktiv, dann ist sie (intrinsisch) motiviert. Ist das nicht der Fall, kann ein extrinsischer Anreiz hilfreich sein. In jedem Fall lohnt sich eine Nachfrage: Auf einer Skala von 1 bis 10, wie attraktiv ist das Ziel für dich? Und bleiben die Werte im Bereich bis 6, so sollte schlicht nachgehakt werden, was erforderlich wäre, um daraus eine 7, 8 oder 9 zu machen.

> Ist ein Ziel für die Person attraktiv, dann ist sie (intrinsisch) motiviert.

Nun zu den Fähigkeiten: Die »mangelnde Leistungsbereitschaft« oder »mangelnde Motivation«, die insbesondere Kindern oft unterstellt wird, ist häufig einem Mangel an Fähigkeiten und Möglichkeiten geschuldet. Und durch viele negative Erfahrungen kommt auch das Wollen zum Erliegen.

Als Coach, als Lehrkraft, als Elternteil oder auch als Führungskraft ist es unsere Aufgabe, den idealen Trainings- oder Umsetzungsbereich zu schaffen! Und das ist gar nicht so schwer. Während im Bereich Wollen insbesondere die Zielarbeit hilft, ist es im Bereich der

Fähigkeiten erforderlich zu wissen, wo der Betroffene genau steht und was er als Nächstes erreichen kann. Es gilt also, die Kompetenzen und Kenntnisse, die für die Zielerreichung nötig sind, zu erfassen und evtl. weiterzuentwickeln, sodass der Betroffene das Gefühl hat: Das schaff ich! Auch an dieser Stelle bietet sich eine Königsfrage an: Für wie wahrscheinlich (auf einer Skala von 1 bis 10) hältst du es, dass du das Ziel erreichst?

Abschließend zum Dürfen: Gerade Kindern legen wir oft Steine in den Weg. Wir konfrontieren sie mit unseren Überzeugungen und postulieren ein: »Erst A, dann B!« Oder ebenso beliebt: »Entweder A oder B!« Nun müssen derartige Randbedingungen nicht zwangsläufig durch eine andere Person, also von außen, gesetzt werden. Dieses Schema kann auch in der betroffenen Person selbst vorherrschen. Eine junge Frau saß mir im Coaching gegenüber und war verzweifelt über die bevorstehende Entscheidung, entweder ihre Karriere als Drehbuchautorin oder ihre Coaching-Ambitionen zu verfolgen. Erst die Verknüpfung durch das Wort »und« eröffnete neue Perspektiven. Warum also nicht das eine *und* das andere tun? Und dafür den Rahmen schaffen!

> Willst du jemanden motivieren, sollte dir die Relevanz einer guten Zielarbeit, eines guten, attraktiven Ziels und einer gründlichen Ressourcenbetrachtung – was kann der Betroffene und was kann er *noch* nicht – jetzt klar sein. Schaffst du dann noch den Rahmen, dann sollte einer motivierten Zielerreichung nichts mehr im Weg stehen.

Willst du jemanden motivieren, sollte dir die Relevanz einer guten Zielarbeit, eines guten, attraktiven Ziels und einer gründlichen Ressourcenbetrachtung – was kann der Betroffene und was kann er *noch* nicht – jetzt klar sein. Schaffst du dann noch den Rahmen, dann sollte einer motivierten Zielerreichung nichts mehr im Weg stehen. Und sollte es einmal stocken, egal an welcher Stelle im Coaching, im Unterricht oder in einem Projekt, reflektiere zunächst selbst über das Wollen, das Können und das Dürfen. Und frag dich anschließend, inwieweit es hilfreich sein kann – und meistens ist es das –, mit den Betroffenen auch darüber zu sprechen.

AXEL RODENBERG

Kindern und Jugendlichen einen erfolgreichen Bildungsweg ermöglichen

Nach 25 erfolgreichen Jahren im Management, die ihn bis an die Spitze zweier Hightech-Unternehmen führten, hatte Axel Rodenberg die Nase voll von schneller, höher, weiter. Seine Erfahrung, junge Führungskräfte als Mentor, Coach und Kommunikationstrainer zu begleiten, brachte er in seinen »Lern-Ort« und seine »Akademie für ganzheitliches Kinder- und Jugendcoaching« ein. Hier arbeitet er gemeinsam mit seiner Frau und einer Kooperationspartnerin mit großem Engagement daran, Kindern, Jugendlichen und ihren Familien einen entspannten und erfolgreichen Bildungsweg zu ermöglichen. In über 1000 Kursen dieser beiden jungen Online-Unternehmen wurde eine Vielzahl Coaches, Lerntherapeuten und Trainer mit innovativen Konzepten und Methoden ausgebildet und einige von ihnen auf ihrem Weg in die Selbstständigkeit begleitet. Seine Freizeit verbringt er gern mit seinen vier erwachsenen Kindern und mit Musik, vor allem mit Cello und E-Gitarre.

Wer nicht auffällt, fällt aus

Sind Sie Unternehmer? Egal ob Rechtsanwalt, Steuerberater, Architekt, Maurer oder Friseur: Es gab noch nie so viele Mitbewerber wie jetzt! Dies ist auch der Grund, weshalb manche Unternehmen viel arbeiten, aber relativ wenig verdienen. Wenn Sie auch finanziell erfolgreich sein möchten, müssen Sie in die Champions League Ihrer Branche kommen; da wo das große Geld verdient wird. Aber wie?

> Das Geheimnis ihres Erfolges liegt darin, dass sie ihr Business anders gestalten als die anderen.

Oft werden Konkurrenz- oder Erfolgsunternehmen als Vorbilder nachgeahmt. Nach dem Motto: besser gut kopiert als schlecht erfunden. Das Erfolgsmodell der Erfolgreichen ist wiederum, dass sie nie die Absicht hatten, das zu tun, was alle anderen tun. Das Geheimnis ihres Erfolges liegt darin, dass sie ihr Business anders gestalten als die anderen.

Nehmen wir zum Beispiel Mobiltelefone. Bis zur Jahrtausendwende waren Mobiltelefone für Business-Kunden gedacht. Nokia schaffte es, sich durch günstigere Preise und ein neues Design auf dem B2C-Markt zu etablieren, und wurde damit der erfolgreichste Mobiltelefonanbieter. Erst Jahre später kam der erste ernst zu nehmende Konkurrent: Blackberry. Sie entdeckten einen alten Markt wieder: die Business-Kunden. Sie ermöglichten ihren Nutzern, ihre Termine mit Outlook zu synchronisieren und E-Mails auf dem Mobiltelefon sicher zu empfangen.

Steve Jobs brachte die Wende. Als er 2007 das iPhone vorstellte, präsentierte er weder ein Mobiltelefon noch die Möglichkeit, E-Mails darauf zu empfangen. Er präsentierte einen iPod mit Touchscreen, mit dem man mehr als 1000 Songs hören konnte, einen innovativen Internetkommunikator-Bot und – »one more thing« – man konnte damit auch telefonieren. Die Prämisse war, die Business-, Telefonund vor allem jüngere, hippe Kunden gleichermaßen zu begeistern. Apple hat nicht mit Nokia oder Blackberry konkurriert. Sie haben das Bewährte »anders« gemacht. Das ist das, was richtigen Erfolg ausmacht. Man dringt nicht in einen Markt ein und konkurriert mit Ähnlichem.

Muss man aber immer etwas Neues erfinden? Nein, gewiss nicht! Es muss nur »anders« sein.

Nur ein begeisterter Kunde bleibt Kunde!

Unternehmensziele ändern sich. Bis vor 20 Jahren hatten die besten Unternehmen vor allem ein Ziel: die Kunden zufriedenzustellen. Ein zufriedener Kunde war zu dieser Zeit ein guter und treuer Kunde. Die Kunden von heute sind aber anders sozialisiert.

Heute ist Zufriedenheit ein Mindeststandard, sie gilt als selbstverständlich und wird vorausgesetzt. Kundenzufriedenheit darf nicht das Ziel sein, sie ist Basis für eine gute Kundenbeziehung.

Verkaufen Sie Kühlschränke an Eskimos?

Ich verkaufe einen Kühlschrank an einen Eskimo! Wer kennt diesen Spruch nicht?! Die typischen Säulen des Verkaufs kennen wir alle:

1. Bedarfsanalyse: Den Bedarf des Kunden an dem Produkt ermitteln.
2. Nutzen-Argumentation: Die Vorteile des Produkts hervorheben.
3. Umgang mit Einwänden: Alle Zweifel ausräumen.
4. Abschluss: Auftrag unterschreiben!

Doch oft kommt es anders. Bis zum dritten o. g. Punkt haben Sie einen Eskimo davon überzeugt, dass er einen Kühlschrank braucht und er ist nun bereit, einen zu kaufen.

Doch statt Ihr Angebot zu unterschreiben, beginnt er nach günstigeren Alternativen zu suchen. Wenn er das reine Produkt vergleicht, haben Sie den Kunden auch nicht verdient!

Was ist passiert? Sie haben einen Eskimo davon überzeugt, einen Kühlschrank zu kaufen, aber leider den Kühlschrank Ihres Konkurrenten!

So bieten Sie ein vergleichbares Produkt. Lassen Sie Ihren Kunden visualisieren, wer, wie und was hinter Ihrem Produkt steht. Geschichte, Werte und Erfolge Ihrer Firma und mehr. Damit werden Sie zum Stern Ihres Universums! Sie machen sich unvergleichbar!

Sollte man sich lieber in einer Nische positionieren?

Mit Verlaub, ich möchte mit dem Mythos USP (Unique Selling Proposition) aufräumen. Wenn ich der Einzige bin, der ein Produkt oder eine Dienstleistung anbietet, stellt sich die Frage, warum das so ist. Wenn ich zum Beispiel Hundefriseur für schwarz-weiß-karierte Dackel bin, habe ich keine Konkurrenz. Aber kann ich von den zwei Kunden im Monat leben? Natürlich bestätigen Ausnahmen die Regel. Aber es bleiben Ausnahmen!

It's the hope that kills you.

Viel wichtiger sollte ein differenzierter Ansatz bei den Kunden und Mitarbeitern sein. Während der Corona-Pandemie befragte ich Führungskräfte aus über 60 kleinen bis mittelständischen Unternehmen und untersuchte die Probleme, mit denen sie konfrontiert waren. Zwei Sachen wurden immer genannt: Entweder gibt es Konkurrenten, die billiger sind als man selbst, oder es gibt volle Auftragsbücher, aber die Mitarbeiter fehlen. Kunden müssen deshalb »abgewiesen« werden. Erschreckenderweise warten mehr als 90 % der Unternehmer darauf, wie sich der Markt in naher Zukunft entwickelt. Sie versuchen nicht, aktiv etwas zu verändern, sondern hoffen auf bessere Zeiten.

Ein englisches Fußball-Sprichwort sagt: It's the hope that kills you – es ist die Hoffnung, die dich tötet. Wenn ein Trainer passiv auf einen Fehler des Gegners wartet, ist die Gefahr eines eigenen Fehlers exponentiell größer.

Elisha Graves Otis und die Neuerfindung des Aufzuges

Aufzüge gibt es schon seit der Antike. Ihre Sicherheit war jedoch immer das Problem. Wenn das Aufzugseil riss, war dies das Todesurteil für die Fahrstuhlinsassen. Als Elisha Graves Otis 1861 ein Patent für eine Aufzugbremse anmeldete, interessierte sich zunächst niemand dafür. Der Durchbruch kam erst, als er vor Publikum und Journalisten in einen Aufzug stieg und filmreif das Zugseil mit einem Schwert durchtrennte! Die Zuschauer gerieten in Panik, aber wider Erwarten stürzte der Aufzug nicht ab! Seine Erfindung hatte ihm das Leben gerettet. Applaus! Die Otis Elevator Company ist übrigens bis heute der weltweit größte Hersteller von Aufzuganlagen.

Sie können der weltbeste Dienstleister sein, es nutzt Ihnen nichts, wenn es niemand weiß!

In einer Zeit, in der der Einfluss und die Nutzung öffentlicher Sprachrohre immer mehr zunimmt, ist Ihre Wahrnehmung nach außen wichtiger denn je geworden. Die Konkurrenz wächst täglich. Andererseits war es noch nie so einfach, Aufmerksamkeit zu erreichen.

> Sie können der weltbeste Dienstleister sein, es nutzt Ihnen nichts, wenn es niemand weiß!

Strahlen Sie wie ein Stern und Ihre Konkurrenz wird ausgeblendet!

Anders zu denken, mich zu differenzieren, die Gabe, mich und mein Unternehmen ins Rampenlicht zu setzen, war schon immer das Geheimnis meines Erfolgs.

Ich komme aus der Beauty-Branche, dort ist der Wettbewerb zwischen kleinen und mittleren Unternehmen einer der härtesten überhaupt! Wie soll sich ein Kunde entscheiden, wenn zwei Friseursalons nebeneinander sind? Wenn die Dienstleistungen sich so sehr gleichen. Ein Haarschnitt bleibt ein Haarschnitt. Wenn sich die Unternehmen nicht unterscheiden, wird der Kunde sich wahrscheinlich für den günstigeren entscheiden. Der Preis darf aber nicht entscheidend sein, denn es wird immer einen günstigeren Mitbewerber geben.

Wenn ein Unternehmen strahlt, wird der Preis ausgeblendet! Der Preis der Dienstleistung oder des Produkts wird unvergleichbar.

Das ist der Schlüssel zu meinem heutigen Erfolg als Business Coach und Keynote-Speaker. Ein Unternehmen muss strahlen wie ein Stern, denn ein Unternehmen, das sich abhebt und differenziert, diktiert seinen eigenen Preis.

SALVATORE CASERTA

Shine like a star! – Es ist Zeit zu strahlen!

Top-Unternehmer des Jahres-Marketing-Awards und Speaker-Slam-Gewinner sind nur zwei der Auszeichnungen, die ihn als Guru seines Faches bestätigen.

»Nur ein begeisterter Kunde bleibt Kunde!« ist der Leitsatz in seinen Vorträgen.

Der Keynote-Speaker und Business Coach vermittelt mit Charme und Humor und der Erfahrung aus mehr als 300 internationalen Shows und 1200 Seminaren seine Erfolgsmethodik sowie Expertise treffend und simpel. Seine Firmenphilosophie lautet: »Unvergleichbar verkauft sich besser.« Getreu dem Motto: »Dein Unternehmen ist genauso einzigartig wie du!« Das ist Salvatore Caserta, ein Bündel an Erfahrungen, Begeisterung und Energie, die spürbar ist.

Blick wechseln
für Wachstum – Image – Erfolg

Bei einer Stadtführung in Köln mit Anne Colonia – www.annecolonia.de – habe ich den Petrusbrunnen und seine Geschichte kennengelernt. Diese außergewöhnliche Stadtführung verbindet geschichtliche Begebenheiten mit Fragen zu unserer heutigen Lebenseinstellung. An den verschiedenen Stationen der Stadtführung gibt es Impulse zum Nachdenken. So zeigte sie mir u. a. den Petrusbrunnen, im Volksmund der »Drüje Pitter«* genannt. Der trockene Brunnen bekam seinen Namen daher, dass der Brunnen anfangs keinen Wasseranschluss hatte. Auch mit Wasseranschluss floss das Wasser nur sehr spärlich. Wirkliche Freude hatten weder die Besucher noch die Kölner an diesem Brunnen. Der »Drüje Pitter« steht direkt auf dem Domgelände und die Dombauhütte sah Handlungsbedarf. Die Kosten für eine ordentliche Renovierung wurden ermittelt und in ihrem Haushaltsplan eingestellt. Als die dafür vorgesehene Zeit kam, wurde der Brunnen abgebaut, damit die Arbeiten starten konnten. Nun platzte einem Verantwortlichen der Stadt Köln sinnbildlich der Kragen und es wurde ein Veto eingelegt. Die Argumentation war Folgende: Der Brunnen war ein Geschenk der Kaiserin Augusta an die Stadt Köln gewesen, somit habe ihn die Dombauhütte widerrechtlich abgebaut. Sachlich war der Einwand berechtigt und die Leitung der Dombauhütte freute sich. Sie hatte somit Geld für andere Renovierungen, die nun vorgezogen werden konnten. Der Oberbürgermeister hingegen suchte Geld in Höhe von mindestens 100.000 €

---

* https://www.koeln-lotse.de/2020/08/01/der-drueje-pitter-und-seine-wanderung-rund-um-den-dom/

im klammen Haushalt der Stadt. Vergebens. Wer einsprang und einen großen Teil der anfallenden Kosten übernahm, waren die Kölner Bürger:innen mit ihren Spenden.

Der sinnbildlich geplatzte Kragen des Oberbürgermeisters von Köln ist kein Einzelfall in Unternehmen. Oft zahlt der Verursacher die entstandenen Kosten nicht aus eigener Tasche. Diese »emotionalen Krisen« kosten Unternehmen ungeplant viel Geld und schaden immens dem Image. Immer wieder höre ich Sätze wie diese: »Dass der Vorgesetzte bzw. das Unternehmen so gehandelt hat, verstehe ich. Unangenehm in Erinnerung ist mir bis heute das Wie. Deshalb empfehle ich keinem meiner Freunde oder Bekannten mehr, dort anzufangen. Viele haben innerlich gekündigt.«

> Wachstum, Image und Erfolg sind die Resonanz für Ihr Wie des Handelns.

»Oh, ich treffe keine Entscheidungen, wenn ich sehr emotional bin.« Das sagte ein Bekannter meiner Eltern vor über 30 Jahren zu mir auf meine Frage, was er mir für den Start ins Berufsleben mitgeben möchte. Er erklärte mir, dass er den Heiratsantrag an seine bezaubernde Frau mehrmals überschlafen hätte. In geschäftlichen Situationen und Auseinandersetzungen mit Mitarbeitern, Kollegen oder Vorgesetzten hinterfragt er Entscheidungen grundsätzlich ebenso intensiv.

Einen Heiratsantrag mehrfach zu überschlafen fand ich anfangs befremdlich. Angesichts der hohen Kosten von Scheidungen im Vergleich zu Eheschließungen ist es für mich rückblickend sehr weise.

Im Berufsleben erlebe ich immer wieder, dass Führungskräfte aus dem Gefühl einer Kränkung, eines Missverständnisses heraus auf der verzweifelten Suche nach einem Schuldigen oder nach ungünstigen Wortwechseln Entscheidungen treffen, die sich dann als sehr kostenintensiv herausstellen. Kleine Dinge können ungewollt eine große Wirkung haben. Mir selbst geht es auch manchmal so, dass mir eine pfiffige Antwort erst zehn Minuten später oder abends im Bett einfällt. In der Situation selbst bin ich dann wie gelähmt oder habe das Gefühl, neben mir zu stehen. Zu meinem Team sage ich dann: »Stopp, wir lassen das so stehen und denken dann. Lassen Sie uns in 15 Minuten die Situation neu bewerten.«

| Ade Gedanken-karussell – Blick wechseln für neue Perspektiven und Lösungen. |

»Das Einstellen von neuen Mitarbeitern ist eine angenehme Arbeit, also die Kür, das Entlassen ist mehr die unangenehme Pflicht, die unschöne Kehrseite des Personalberufes.« So beschrieb ein Personalleiter seinen Arbeitsplatz in einem Vorstellungsgespräch. Gewinnmaximierungen sind überall ein Hauptziel, da spielt der einzelne Mitarbeiter keine bzw. nur eine geringe Rolle. Es geht um Fragen wie diese:

- Trägt diese Abteilung genügend zum Unternehmensgewinn bei?
- Wo können wir Fixkosten sparen?
- Verlagern wir ins Ausland oder verkaufen wir Unternehmensbereiche?

Diese und weitere Fragen binden sehr viele Ressourcen bei den Führungskräften. Wenige Firmen nehmen sich Zeit, um über die Frage nachzudenken: »Wie sage ich es den Mitarbeitern?« Diese Wie-Frage hat eine direkte Auswirkung auf die ungeplanten Kosten der Entlassungen. An der Art und Weise, wie sie davon erfahren haben, kauen viele Mitarbeiter lange und wünschen sich eine Entschädigung als »Schmerzensgeld«.

Als Führungskraft habe ich im Rahmen der Fusionierung von zwei Unternehmen meinen damaligen zehn Mitarbeitern verkündet, dass die Abteilung geschlossen wird. Es gab nur zwei Angebote für den neuen Standort, der ca. 450 km entfernt war. Ohne Standortwechsel konnten zwei Mitarbeiter in anderen Abteilungen eine neue Aufgabe finden. Einige Mitarbeiter bewarben sich extern und verließen schnell das Unternehmen. Einem Mitarbeiter musste ich kündigen. Er bekam eine Abfindung und eine Verabschiedung mit einem Dankeschön für seinen Einsatz. Ungefähr 15 Jahre später hatten wir bei meinem damaligen Arbeitgeber ein unangekündigtes Audit. Dieser ehemalige, von mir gekündigte Mitarbeiter war einer der zwei Auditoren. Auf Augenhöhe und ohne Misstrauen begrüßten wir uns. Dafür bin ich noch heute dankbar.

Viele Unternehmen haben einen Krisenplan für Produktrückrufe, Erpressungen, Feuer, Blitzeinschlag etc. Für den Notfall ist geregelt, wer im Krisenteam welche Aufgabe übernimmt. Teilweise haben Firmen schon vorgefertigte Presseberichte z. B. für den Rückruf von Produkten oder Warnungen einschließlich eines detaillierten Planes, wo was wann veröffentlicht wird. Es ist exakt geregelt, wer alarmiert wird und wer was zu tun hat. Es dient dazu, den schon entstandenen Schaden so gering wie möglich zu halten und weiteren Schaden abzuwenden. Der Krisenplan wird mindestens einmal im Jahr geübt und gegebenenfalls an neue Erkenntnisse angepasst.

Haben Sie einen Krisenplan für den »geplatzten Kragen« einer Führungskraft? Bei einem Konflikt zwischen Vorgesetzten und Mitarbeitern kann durch eine Mediation oder ein zeitnahes Coaching erheblicher finanzieller und immaterieller Schaden von den Unternehmen abgewendet werden.

> Wer sich selbst wertschätzt und wertgeschätzt wird, kommuniziert und handelt wertschätzend.

Volkswirtschaftlich gesehen haben wir aus meiner Sicht zu viele Langzeitkranke und -arbeitslose. Auf der anderen Seite suchen Unternehmen händeringend Fachkräfte und Auszubildende, und das schon seit Jahren. Wie können wir diesen Spagat meistern?

Schätzen Sie sich und jeden einzelnen Mitarbeiter bzw. Kollegen. Keiner ist perfekt und jeder lernt täglich dazu. Geben Sie Ihren Mitarbeitern die Chance, Fehler zu machen und daraus zu lernen. Üben Sie Nachsicht mit sich selbst und den anderen Menschen.

Wer Kinder hat, kennt vermutlich das folgende Phänomen: Wenn ich Zweifel habe, bin ich unruhig und unkonzentriert und dies spiegeln mir die Kinder mit ihrem Verhalten wie z. B. Schreien, Zerstören ... In diesen Situationen habe ich dann die Wahl: Schimpfe ich mit den Kindern oder nutze ich meine Zweifel als Chance für mein inneres Wachstum?

Üben Sie die persönlichen Krisen mit Ihren Führungskräften und gewinnen Sie an Stärke und Resilienz. Passen Sie meine Vorlage eines Krisenplanes für persönliche Krisen an Ihr Unternehmen an.

> Jeder Mensch ist ein Schatz, den ich entdecken und entwickeln darf.

MONIKA DEINHART

Blick wechseln für Wachstum – Ideen - Erfolg

Speakerin, Autorin, Mentorin – mit ihr gelingt das Wechseln des Blicks auf das WIE. Wachstum, Ideen, Erfolg, das wünschen sich Unternehmen, Start-ups, einzelne Existenzgründer, Glückskinder – kurzum jeder. Alle inspiriert sie, die kleinen und großen Herausforderungen und die täglichen »Achs« als Chance für das innere Wachstum zu sehen. Den eigenen blinden Fleck täglich verkleinern – das ist ihr persönliches Lebensmotto. Jeder neue Tag ist ein neuer Start für Ihr WIE: Wachstum – Ideen – Erfolg. Außergewöhnliche Impulse, Tipps und Ideen fördern das nachhaltige und bald spontane Wechseln Ihres Blicks – damit steigt Ihr Wachstum – Ideen – Erfolg.

https://www.monikadeinhart33.com
Blickwechsel@monikadeinhart33.com

Klarheit. Umsetzung. Ziele erreichen.

Als junger Vater frage ich mich, was ich meinem Sohn Wertvolles mit auf seinen Weg geben kann. Ein prägendes Ereignis war wie folgt: Meine Frau, unser Sohn, der erst ein paar Monate alt ist, und ich sind zu Besuch bei Oma und Opa in Baden-Württemberg. Rund um den Ort, in dem ich aufgewachsen bin, gibt es viel Natur, Ackerflächen, Hügel und Wälder. Und da es ein sonniger Frühlingstag ist, gehen wir durch die grüne Natur spazieren. Mein Vater, stolzer Opa, der den Kinderwagen schiebt, und meine Frau laufen ein paar Meter vor meiner Mutter und mir. Wir gehen auf einem mit kleinen Steinen geschotterten Feldweg, der leicht bergauf geht. Neben uns die saftig grünen, fast schon glänzenden Wiesen, als über uns das typische Propellergeräusch eines kleinen Leichtflugzeuges zu hören ist. Ich bleibe stehen, schaue verträumt nach oben und sage vor mich hin: Also irgendwann bin ich selbst Pilot und fliege so ein Flugzeug. Meine Mutter schaut mich nur an. Ich frage sie, ob sie mir das nicht glaubt. Mit einem Lächeln auf den Lippen antwortet sie: Doch. Beeile dich aber, denn ich will mitfliegen. Alles, was du dir bisher in den Kopf gesetzt hast, hast du ja auch erreicht und geschafft, immer. Zugegeben, so richtig haben diese Worte erst abends und in den darauffolgenden Tagen ihre Wirkung entfaltet. Als ich intensiv darüber nachdachte, wurde mir nämlich klar, dass meine Eltern mir keinen Weg vorgegeben hatten, mich aber immer unterstützten.

Eine Antwort, was ich meinem Sohn mit auf seinen Weg geben möchte, ist daher so einfach: Setze dir Ziele, mach, was du für richtig hältst, was dein Herz dir sagt und vertraue auf Unterstützung.

> Setze dir Ziele, mach, was du für richtig hältst, was dein Herz dir sagt und vertraue auf Unterstützung.

Rückblickend hatte ich neben meinen Eltern nämlich auch immer weitere Menschen, die mich begleitet, unterstützt und mir Türen geöffnet haben.

Einer meiner Business-Mentoren bot mir zum Beispiel die Chance, bei einem Hidden Champion, also einem Unternehmen, das unbekannterweise in seinem Bereich Weltmarktführer ist, in einer neuen Stabsstelle das Produktmanagement zu implementieren. Eine Herausforderung zu Beginn war, herauszufinden, wo denn genau die Schnittstellen zu anderen Abteilungen sind. Klar war schnell, wenn diese Schnittstellen nicht sauber definiert sind, werden im Change-Prozess Reibungen und Machtspiele entstehen. Das Hauptziel, Time-2-Markets für mehr Umsatz und Rendite zu verkürzen, also neue Produkte schneller zu entwickeln und von Beginn an richtig am Markt zu positionieren, würde somit unnötig torpediert. Das Faszinierende war, herauszufinden, dass alle Beteiligten aus all den einzelnen Funktionen zum Teil völlig andere Sprachen sprechen. So haben Geschäftsleitung, Bereichsleitung, Konstruktion, Vertrieb und Marketing doch ihre ganz eigenen Vorstellungen, eigene Termini und eigene Zielsetzungen. Es war eine spannende Herausforderung, dies zusammen auf einen für alle verständlichen Nenner zu bringen. Da es gelang, konnten so auch schnell erste positive Ergebnisse in Projekten durch die einzelnen Teams erzielt werden. Es lohnt sich daher, bei jedem Projekt zu Beginn die nötige Zeit zu investieren, um für alle Beteiligten Klarheit über die genaue Zielsetzung zu schaffen.

> Es lohnt sich daher, bei jedem Projekt zu Beginn die nötige Zeit zu investieren, um für alle Beteiligten Klarheit über die genaue Zielsetzung zu schaffen.

Ein weiteres dazu passendes, aber völlig anders gelagertes Beispiel ist die Organisation von Großveranstaltungen. So war ich schon mehrmals einer der Hauptverantwortlichen von Konzerten und Outdoorveranstaltungen mit bis zu fünfstelligen Besucherzahlen. Auch hier ist Klarheit entscheidend, im Notfall sogar lebensrettend. Sei es im Sicherheitskonzept für die beteiligten Sicherheits-

und Rettungskräfte oder im allgemeinen Veranstaltungskonzept. Denn oft ist es wie in diesem Beispiel der Fall, dass viele Menschen nicht routiniert, also prozessorientiert, an etwas arbeiten. Von daher ist es die Pflicht der Verantwortlichen, egal ob im privaten oder beruflichen Kontext, dafür Sorge zu tragen, dass alle Beteiligten Klarheit über ihre Aufgaben haben. Das nächtelange konkrete Planen z. B. von Hunderten Helfern und deren Aufgabenbereichen hat sich daher für alle Beteiligten und Gäste gelohnt.

> Auf klare Aussagen folgt Verständnis und Geschwindigkeit. Entscheidungen überlegt, aber schnell zu treffen, sorgt für mehr Zeit.

Besteht Klarheit, ist jedes Konzept und jeder Plan nichts wert, wenn das Vorhaben nicht umgesetzt wird. Ein alltägliches Beispiel, das wahrscheinlich jeder kennt und bei dem es oft an schneller Umsetzung hapert, ist einfach Essengehen. Schon einmal eine ähnliche Situation erlebt? 2013 lief ich mit Freunden und großem Hunger in Santa Barbara (USA) die schöne, im mediterranen Stil angelegte Promenade entlang. Gefühlt liefen wir hier zwei Stunden auf der Suche nach einem Restaurant, studierten Dutzende Speisekarten vor den Lokalen und unser Hunger wurde immer größer. Irgendwann war es dann so weit – Ansage eines Freundes: »Mir ist das jetzt zu blöd, wir wissen in keinem Restaurant, wie es schmeckt. Ich habe Hunger und gehe da jetzt rein.« Noch Jahre später denke ich gerne mit einem Schmunzeln an diesen Abend und was ich daraus mitgenommen habe. Auf klare Aussagen folgen Verständnis und Geschwindigkeit. Entscheidungen überlegt, aber schnell zu treffen, sorgt für mehr Zeit. Was hätten wir nur alles in der Zeit machen können, während wir ein Restaurant gesucht hatten. Jeder, der schon in Projekten mitgewirkt hat, weiß, einer muss den Hut aufhaben, Verantwortung übernehmen und vorweggehen.

So richtig zum Grübeln bringen uns aber ja nicht die Restaurantbesuche, sondern große Ziele wie die eigene Hochzeit, die Anschaffung einer Immobilie oder langfristige finanzielle Planungen, bei denen ich schon vielen Menschen geholfen habe. Natürlich nicht zu vergessen all die Projekte und Zielsetzungen im geschäftlichen Umfeld. Ein neues Produkt entwickeln, neue Märkte erschließen oder Rendite und Umsatz steigern, um nur einige ebenfalls verantwortete Beispiele zu nennen. In der Regel werden solche komplexeren Ziele, bei denen es meist viele Beteiligte gibt, in kleinere Ziele oder Meilensteine gegliedert und darunter viele Aufgaben geplant, erledigt und Entscheidungen getroffen. Ist ein Turbo für schnelle Entscheidungen gefragt, bieten sich die einfachen Antworten an: Ja, Nein, wenn nicht jetzt, wann dann? Ein Irgendwann oder ein Später für die Aufgabe gibt es somit nicht mehr. Unterstützende Tools dazu gibt es wie Sand am Meer. Ob lineares Projektmanagement oder agile Methoden, bei denen Share- und Stakeholder involviert sind, und Angaben dazu, wer was ganz konkret macht, sind helfende Anhaltspunkte, die, wenn sie geklärt sind, für eine schnellere Umsetzung sorgen.

Ziele werden also erfahrungsgemäß schneller und einfacher erreicht, wenn ausnahmslos jedem Beteiligten von Beginn an die Zielsetzung klar ist. Wie sieht der Istzustand heute aus und was ganz konkret ist überhaupt das Ziel, sind weitere Fragen, die für Klarheit sorgen. Besteht Klarheit, so liegt es an der Umsetzung. Wollen ist gut, machen ist besser.

> Ziele werden also erfahrungsgemäß schneller und einfacher erreicht, wenn ausnahmslos jedem Beteiligten von Beginn an die Zielsetzung klar ist.

Sie wollen Ihre persönlichen Ziele schneller, einfacher und kostengünstiger erreichen? Melden Sie sich dazu einfach zum Newsletter auf ingopautsch.com an.

INGO PAUTSCH

20 Jahre spannende und inspirierende, vor allem aber branchenübergreifende Erfahrungen als Handwerksgeselle, Maschinenbauingenieur, Betriebswirt, Manager und Selbstständiger. Internationale Projektverantwortungen von Amerika bis China, verantwortlich für zahlreiche Produkteinführungen, Marketingkampagnen und Key-Accounts.

Heute hält er impulsgebende und inspirierende Vorträge in der Wirtschaft, ist selbstständiger Berater, Coach und Speaker. Zudem befeuert die eigene junge Familie permanent seinen Antrieb – das ist Ingo Pautsch. Er hilft Menschen und Unternehmen beim Erreichen von wirtschaftlichen Zielen. Sein Credo: Klarheit. Umsetzung. Ziele erreichen.

VUCA-Warrior

Ein Plädoyer für die Wirksamkeit der neuen Führungskräfte

Innere Kündigung vernichtet über 100 Milliarden Euro – pro Jahr. VUCA-Warrior können es richten!

Wir reden seit über 20 Jahren von einer VUCA-Welt (»Volatile, Uncertain, Complex, Ambiguous«), also einem sich immer schneller wandelnden Umfeld, das viele Menschen unsicher und ratlos zurücklässt. In unserem heutigen digitalisierten, disruptiven Arbeitsumfeld mehr denn je. Das Ergebnis: Unternehmen, die sich nicht mit den Auswirkungen der VUCA-Welt befassen, spüren die Konsequenzen innerer Kündigung von Mitarbeitern massiv. Innere Kündigung kostet die deutsche Wirtschaft geschätzte 100 Milliarden Euro. Pro Jahr!

Innere Kündigung bedeutet in unserer VUCA-Welt, in der wir uns Sicherheit und Perspektiven wünschen, mangelnde emotionale Bindung zum Unternehmen. Emotionale Bindung heißt: Die Firma bedeutet uns etwas. Wir empfehlen die Produkte weiter und begeistern Menschen aus unserem Umfeld dafür, auch für die Firma zu arbeiten. Spüren wir keinen besonderen Drang dazu, ist unsere emotionale Bindung zum Unternehmen gering.

Wir bringen weniger coole Ideen ein, wir gehen nicht die Extrameile, wenn es mal drauf ankommt, wir tun nur das, was nötig ist, aber auch nicht mehr. Wir sind häufiger krank und wir sind weg, sobald sich andere Möglichkeiten auftun. Im Extremfall bekommen wir Burn- oder Bore-out. Weil mangelnde emotionale Bindung uns von unserem Sinn entfernt, jeden Tag aufs Neue unser (wirklich) Bestes zu geben. Weil unser inneres System auf Widerstand geht und damit viele negative körperliche Reaktionen auslöst.

Der Bedarf an emotionaler Bindung in einer VUCA-Welt ist riesig. Und die Zahlen belegen es: 83 % aller Beschäftigten weisen laut Gallup Engagement Index eine geringe oder gar keine emotionale Bindung zu ihrem Arbeitgeber auf. Das ist massiv. Ein Generationenwechsel von Generation X auf die Generation Y (Millennials von Jahrgang 1980–1994) und auf die Generation Z (ab Jahrgang 1995) steht gerade genauso an, wie die Auswirkungen des demografischen Wandels auf dem Arbeitsmarkt immer mehr spürbar werden. Firmen haben Nachwuchsprobleme! Mitarbeiter:innen ändern ihre Ansprüche. Es besteht Handlungsbedarf in den aktuellen Führungsetagen. Denn über 100 Milliarden Euro Kosten pro Jahr für die Folgen dieser inneren Kündigung sind kein Pappenstiel.

Und irgendwo müssen diese Milliarden ja sein. Ich würde sagen, sie sind da (also auf der Gewinnerseite), wo sich Unternehmen mit der Wirkung dieser inneren Kündigung befassen und die Chancen des Bedarfs nach emotionaler Bindung nutzen. Wo Führungskräfte in vielschichtiger, wertschätzender, ziel- und umsetzungsorientierter Kommunikation trainiert und ausgebildet werden, die Eigenverantwortung ganz im positiven Sinne auslöst und weiterentwickelt. Wo sie VUCA-Warrior werden – wie wir die Menschen nennen, die gelernt haben, mit diesem hyperdynamischen Umfeld umzugehen! Bei Unternehmen, die das nicht tun – die keine VUCA-Warrior an Bord haben –, sind die Milliarden definitiv weg. Und auch die Mitarbeiter:innen, die wir so dringend brauchen, sind dann nicht mehr bei uns. Aber eigentlich sind weder Mitarbeiter noch Milliarden weg. Sie sind nur woanders.

Ein Generationenwechsel erfordert neue Wege

Renommierte Studien belegen: In den Generationen Y und Z herrschen deutlich andere Erwartungshaltungen. In meinen Leadership-Trainings mit Millennials stelle ich eindeutige Muster fest. Immer mehr Teilnehmer:innen verraten mir, was sie sich wirklich erwarten. Sie wünschen sich mehr Nähe zu ihrem Chef, mehr Austausch, mehr Miteinander, mehr (gerne auch hartes) Feedback, mehr Partizipation, mehr (spontane) Kommunikation, mehr Transparenz, mehr Klarheit, mehr »Reasons why!«, mehr individuelle Talententwicklung. Sie wünschen sich einen VUCA-Warrior als Boss und werden es auch gerne selbst.

Und jetzt kommen wir zum Kern unserer Verantwortung, wenn wir irgendetwas mit Führung zu tun haben. Wirksamkeit schaffen wir dadurch, dass wir Talente moderieren. Dass wir genau wissen, was die Stärken und Schwächen jedes Einzelnen bei uns im Team sind. Durch diese Moderation entsteht Wirksamkeit nicht nur, sie wird erkennbar. Und diese erkannte Wirksamkeit führt zu Replizierbarkeit. Wir können das, was wir erkennen, wiederholen. Allein und im Team.

Dann sind die Erfolge kein Zufallsprodukt mehr, sondern Ergebnisse von Analyse, Moderation und Kommunikation – von gelebtem Leadership. Die Erfolge schaffen die emotionale Bindung ans Team und ans Unternehmen. Emotionale Bindung brauchen wir dringend, um die über 100 Milliarden Euro pro Jahr wieder hereinzuholen, die wir genau deshalb verlieren, weil die emotionale Bindung nicht gelingt. VUCA-Warrior können es richten!

> Emotionale Bindung brauchen wir dringend, um die über 100 Milliarden Euro pro Jahr wieder hereinzuholen, die wir genau deshalb verlieren, weil die emotionale Bindung nicht gelingt. VUCA-Warrior können es richten!

Das Problem ist die Lösung

Wir sind zu verkopft. Wir führen zu wenige gute Gespräche mit Mitarbeiter:innen, Kolleg:innen, mit unserem gesamten Arbeitsumfeld. (Gute) Gespräche sind die Lösung. Gute Gespräche sind nicht Small-Talk. Gute Gespräche sind Talent-Dialoge. Wenn wir VUCA-Warrior sind, sprechen wir über Erwartungen, Leistungen, den gegenseitigen Beitrag zum Erfolg und über No-Gos in der Zusammenarbeit. Wir sind konkret. Wir reden nicht um den heißen Brei, sondern bringen die Dinge auf den Punkt. Wir schaffen eine Atmosphäre des gegenseitigen Vertrauens.

> (Gute) Gespräche sind die Lösung. Gute Gespräche sind nicht Small-Talk. Gute Gespräche sind Talent-Dialoge.

Ich arbeite seit über 20 Jahren mit Führungskräften und stelle dabei nach wie vor fest: Führungspersönlichkeiten werden nicht befördert, weil sie besonders gut die Talente ihrer Mitarbeiter analysieren und entwickeln können. Beförderungen erhält man für messbare Performance. Für besondere Expertise. Für hohes Durchsetzungsvermögen. Alles Attribute, die durchaus okay sind, in vielen Fällen aber die Fähigkeit ausschließen, Menschen über ihr Limit hinaus zu entwickeln, ihre Talente in vollem Umfang zu nutzen, Eigen- und Team-Motivation zu stärken.

Oft sind diese Attribute sogar »Kontra-Talente« zu den Führungstalenten, die wir für die emotionale Bindung der Mitarbeiter unbedingt brauchen. Das, was wir brauchen, sind Authentizität, Glaubwürdigkeit, angeborene oder erlernte Empathie, Resilienz und die Fähigkeit zu kommunizieren, also komplexe Sachverhalte klar und begreifbar auszudrücken. Weil sich Kontra-Talente genauso wie Talente heute detailliert messen lassen, gibt es keine Ausreden mehr dafür, 100 Milliarden Euro pro Jahr nicht einzusparen: »Ja, wir würden schon darauf achten, dass unsere Führungskräfte für mehr emotionale Bindung sorgen. Aber wir wissen nicht wie ...!«

Dafür geben wir dem VUCA-Warrior ein äußerst wirkungsvolles Werkzeug an die Hand. VUCA-2: Vision, Understanding, Communication, Agility. Ein VUCA-Warrior begegnet der VUCA-1-Welt mit VUCA-2-Methoden. Er/sie schafft eine klare Vision also ein Bild davon, wo die Reise hingehen soll. Er/sie versteht, wie jede:r Einzelne im Team tickt, kennt Talente, Stärken, Schwächen auf Einzel- und Team-Ebene und kommuniziert sie regelmäßig im Team, sodass alle wissen, wie die Gruppe funktioniert. Dabei bleibt er/sie letztlich agil und flexibel, auch bei unerwarteten Veränderungen von Situation und Umfeld, als klares Vorbild für alle. »Let's become VUCA-Warriors!«

ANDREAS FRITSCH

Wirksamkeit schaffen, Talente sichtbar machen!

Über 10.000 Coachingstunden, mehr als 2000 Seminartage mit Führungskräften und deren Teams in mehreren Sprachen, über 23.000 Seminarteilnehmer und fast 30.000 beschriebene Flipchartblätter machen Andreas Fritsch zu *dem* Experten für Talentsichtbarkeit in Europa.

Seit über 20 Jahren begeistert er seine Klienten mit tiefgreifenden Erkenntnissen über ihre eigenen Talente und die Talente ihrer Teams. Durch seine Online- und Präsenzvorträge schafft er Inspiration, in mitreißenden Trainings macht er Teams wirksam. So schafft Andreas Fritsch messbare Ergebnisse und echte, talentorientierte Wirksamkeit in einer Hochgeschwindigkeits-VUCA-Welt.

Auslaufmodell Manager

Mal wieder stehe ich in der Management-Etage eines großen Unternehmens. Irgendwie ist das immer das Gleiche: Leere Gänge, verschlossene Türen, Vorzimmer, Vorsprechen mit Termin – und die Berater:innen der großen Beratungsfirmen geben sich die Türklinke in die Hand. Mit im Gepäck sind Laptop, Hochglanzbroschüren und -folien und ein perfekt einstudierter Pitch. Man weiß, was *die* hinter den Türen hören und sehen wollen. Für Entscheider:innen in der Wirtschaft und Politik zählen Zahlen, Daten und Fakten. Unsere Arbeitswelten sind nach wie vor stark umsatz-, zahlen- und technologiegetrieben.

Künstliche Intelligenz ist sexy, Prozessoptimierung und Automatisierung spart Kosten – alles zu Lasten von Empathie und Kreativität. Sachverstand und langjähriges Expertentum sind noch immer die Eintrittskarte in die Management-Riege und in den letzten Jahren hat sich daran nicht wirklich etwas verändert. Und je länger ich hier stehe und warte, desto intensiver wird die Erkenntnis: Die Zeit der Manager, wie wir sie kennen, ist vorbei! Zahlreiche Studien belegen es: Der perfekte Manager ist zukünftig die Technologie. Entscheidungen werden mehr und mehr durch künstliche Intelligenz getroffen. Unsere digitalen Assistenten sind in den meisten Fällen einfach analytischer und effizienter als wir. Sie liefern uns auf Knopfdruck Hochrechnungen und Entscheidungsvorschläge, und das in Echtzeit. Darüber hinaus verschwinden Hierarchien und Rollendenken (vgl. Anders Indset, *Quantenwirtschaft – Was kommt nach der Digitalisierung*, 2019).

> Die Zeit der Manager, wie wir sie kennen, ist vorbei! Der perfekte Manager ist zukünftig die Technologie.

Was bedeutet das für Sie als Manager:innen? Ein sehr vertrauter, unabdingbarer Teil Ihres Handelns und Selbstverständnisses fällt weg.

Bitte nehmen Sie sich einen Moment Zeit: Wie waren Ihre letzten Tage und Wochen? Managen Sie noch oder führen Sie schon? Wie ist die prozentuale Verteilung? Wenn ich in unsere Arbeitswelten schaue, fallen mir unter anderem folgende Stichworte ein: 5-Jahres-Strategieplanung, IT-Investitionsplanung, Budgetplanung, Controlling der Mitarbeiterkapazitäten, Bildungscontrolling, KOST-Cut, Nachfolgeplanung/Bestückung Talentpools, Mitarbeiter-Jahresgespräche mit Zielplanung bzw. Zielerreichung etc. Bei allem liegt der Schwerpunkt eher auf der Erfüllung des technischen Prozesses und der Einhaltung von Deadlines. Bestimmt haben auch Sie ganz viele ähnliche Beispiele aus Ihrem Verantwortungsbereich. All das wird über kurz oder lang – und ich behaupte eher kurz – die Technik übernehmen. UND das ist auch gut so, denn in Zukunft ersetzt die Technologie das Managen. Kontrollieren, Überwachen und Steuern – etwas sehr Vertrautes – fällt weg. Mitarbeiter:innen wollen Einfluss nehmen, gestalten und selbst Verantwortung für das große Ganze übernehmen.

> Der neue Weg zum Unternehmenserfolg heißt deshalb: LEADERSHIP. Die Herausforderung ist, andere Gewohnheiten zu implementieren – von Manager-Gewohnheiten zu Leader-Gewohnheiten.

Der neue Weg zum Unternehmenserfolg heißt deshalb: LEADERSHIP. Die nackte Wahrheit: Wir sind trainiert im Managen und haben Führung im täglichen Tun vergessen und vielleicht so auch gar nicht gelernt. Jetzt werden Sie sagen, was ist daran neu? Wir wissen, dass Leadership wichtig ist. Ja, das unterschreibe ich sofort. Im Kopf ist das bei uns allen angekommen. Dennoch gibt es eine hohe Diskrepanz zwischen Wunschgedanken und Realität. Das ist wie gesund essen. Jeder weiß, wie es geht, aber tun wir es auch? Nachhaltig? Die Herausforderung ist also nicht, dass Sie das nicht wissen. Die Herausforderung ist, andere Gewohnheiten zu implementieren – von Manager-Gewohnheiten zu Leader-Gewohnheiten zu wechseln.

Eine neue Sicherheit zu gewinnen im Leadership und das für alle spürbar und erlebbar zu machen!

Ich erlebe immer wieder, dass dabei erforderliche, wichtige Werte wie Vertrauen, Empathie und Kooperation nach wie vor nicht Standard sind im Unternehmen. Dass aber genau mit diesen Werten maßgebliche Veränderungen im Unternehmen stattfinden, wenn nachhaltig in sie investiert wird: Denken, inspirieren, verändern, kooperieren, empathisch abholen und dadurch Vertrauen aufbauen. Wie viel Zeit nehmen Sie sich dafür bewusst? Am Tag, in der Woche, im Monat? Die meisten von uns führen falsch.

Wir streben danach, die Nummer 1 zu sein und wollen Business gewinnen wie ein Fußballspiel. Dabei können wir unser Business nicht gewinnen. Ebenso wenig wie Sie die Politik, Bildung oder im Privatleben die Liebe gewinnen können. Stellen Sie sich einmal vor, Ihre Partnerin oder Ihr Partner ginge mit Ihnen in Konkurrenz und würde täglich versuchen, vor Ihnen die Nummer 1 zu sein. Das will doch keiner! Es geht nicht um Gewinnen oder Verlieren! Es geht darum, möglichst lange mitzuspielen ... Unternehmen »enkelfähig« zu machen und die richtigen Dinge zu tun. Viele denken auch, dass Führung in Zeiten von Agile, Innovation Labs, Führungsdelegation etc. überflüssig wird oder gar stört. Ich bin der Meinung, dass Führung relevanter wird denn je. Führung – wenn sie richtig gestaltet ist – trägt maßgeblich zum so viel gesuchten Sinnerleben bei und hat auch bei hoher Autonomie der Mitarbeiter:innen wegweisende Funktion. In den Arbeitswelten der Zukunft machen die besten Führungskräfte ihre Mitarbeiter:innen zu Champions.

> In den Arbeitswelten der Zukunft machen die besten Führungskräfte ihre Mitarbeiter:innen zu Champions.

Die Babyboomer-Generation scheidet in den nächsten Jahren aus dem Arbeitsmarkt aus. Dadurch fehlen – laut Forschern des Bundesinstituts für Bevölkerung – allein in Deutschland nahezu sieben Millionen Arbeitskräfte. Das heißt, der Run um die besten Talente beginnt erst noch ... dazu kommen die unterschiedlichen Lebensmodelle der jungen Generationen. Einstiege, Ausstiege, Bindungen auf Zeit ... Leadership wird sich auf die ganz eigenen Lebenswege der Menschen ausrichten müssen. Das setzt echtes Interesse voraus! Als Leader:innen werden Sie Ihren Mitarbeiter:innen die Chance geben, ihrem persönlichen Lebenssinn näher zu kommen und ihren individuellen Markenwert zu steigern. Ganz besonders wichtig ist dabei zu berücksichtigen, dass die Entwicklung nicht zeitlebens im gleichen Unternehmen stattfinden wird. Im Fußball schon gängige Praxis: Spieler werden an andere Vereine verliehen. Es geht für Sie also nicht mehr darum, Mitarbeiter:innen möglichst lange im Unternehmen zu halten, sondern lebenslange Bindungen aufzubauen. Türen zu öffnen, Mitarbeiter:innen in innovative und begeisternde Projekte außerhalb Ihres Unternehmens zu vermitteln und zu hoffen, dass diese dann mit den neu gewonnenen Erkenntnissen und Erfahrungen irgendwann gerne wieder zu Ihnen zurückkommen (vgl. Sven Gábor Jánszky, Zukunftsinstitut 2bAhead, Trendanalyse »Zukunft der Führung« und *2030 Dein Weg zum Zukunfts-Ich*, 2018). Das erfordert nicht nur ein Umdenken im Unternehmen, es bedingt meines Erachtens auch eine Neugestaltung unserer Sozialversicherungssysteme.

> Lassen Sie das Managen als »Haltegriff« los. Inspiration vor Prozesserfüllung!

Liebe Manager:innen: Für modern und zukunftssicher aufgestellte Unternehmen von morgen geht kein Weg an Leadership vorbei! Die gute Nachricht: Sie sind schon mittendrin und vorne mit dabei, denn Sie haben bis hierher gelesen. Lassen Sie das Managen als »Haltegriff« los. Inspiration vor Prozesserfüllung! Konzentrieren Sie sich auf die Menschen – vor allem auf die, auf die es ankommt – und fangen Sie bei sich selbst an. Gerne mit mir, ich freue mich auf Sie!

Auslaufmodell oder Leader? Wir alle – in der Wirtschaft und Politik – entscheiden.

Herzlichst Ihre
Renate Eglhofer

RENATE EGLHOFER

Denken. Inspirieren. Verändern.

Renate Eglhofer ist Executive-Leadership-Coach, Handlungsheldin und Zukünfterin.

Als Beraterin, Führungskraft und Mitarbeiterin im Mittelstand, in Konzernen und Non-Profit-Organisationen kennt sie unsere Businesswelten und die darin wirkenden Systemkräfte sehr gut. Die Arbeitswelten der Zukunft und Leadership sind ihre große Leidenschaft. Sie beschäftigt sich seit vielen Jahren intensiv mit den entsprechenden Trends und Ergebnissen der Zukunftsforschung.

Renate Eglhofer ist überzeugt: Bewusstsein und Empathie in der Führung machen Arbeitswelten stärker, innovativer und inspirierender. Welten, in denen Menschen bewusste, sinnstiftende Entscheidungen treffen, inspiriert arbeiten und Verantwortung für das große Ganze übernehmen.

Seit zwei Jahrzehnten macht die Top-Leadership-Expertin aus den Macherinnen und Machern, aus den Entscheiderinnen und Entscheidern in den Führungsetagen echte Leader – für zukunftssicher aufgestellte Unternehmen von morgen. Das Ganze garniert sie mit jeder Menge Know-how und Erfahrung und vor allem mit viel Empathie und Herz.

Sehr gerne auch für Sie und Ihr Führungsteam!

www.re-coaching.de
Renate.Eglhofer@re-coaching.de

Business-Profiling

Personalauswahl und -entwicklung effizient und treffsicher gestalten und kostenintensive Fehlbesetzungen vermeiden

Den größten Fehler, den Unternehmen machen, ist, das falsche Personal einzustellen oder zu befördern. Schon heute belegen zahlreiche Studien, dass zwischen 5 % und 25 % der gefällten Personalentscheidungen innerhalb der ersten zwei Jahre entweder vom Unternehmen oder vom Mitarbeitenden revidiert werden. Genau deshalb, weil im Vorfeld kein guter »Person-Job-Fit« (wie gut passt die Person sowohl fachlich als auch in Bezug auf ihre sozialen Kompetenzen auf die Position) durchgeführt wurde.

> Den größten Fehler, den Unternehmen machen, ist, das falsche Personal einzustellen oder zu befördern.

Vermeiden Sie diesen Fehler der kostenintensiven Fehlbesetzungen und machen Sie es bei der Auswahl von Fach- und Führungskräften lieber von Anfang an richtig. Positionsabhängig liegen die Kosten einer falschen Platzierung zwischen drei Monatsgehältern und 150 % eines Jahresgehalts. Hierzu zählen Kosten der Anzeigenschaltung, verlorene Arbeitszeit durch Vorstellungsgespräche, Einarbeitungszeit, verminderte Arbeitsleistung der Neubesetzung und verlorene Arbeitszeit des einarbeitenden Mentors. Hinzu kommen ggf. Kosten für eine Abfindung oder gerichtliche Kontroversen sowie für eine erneute Bewerbersuche zuzüglich eventueller Einbußen aufgrund von Reputationsverlusten. Die Liste ist sicher noch lange nicht vollständig, zeigt aber sehr deutlich, warum es sich lohnt, sich mit diesem Thema intensiv auseinanderzusetzen sowie den Prozess gewinnbringend anzupassen.

In Zukunft wird die richtige Personalauswahl aus vielerlei Gründen einen noch größeren Stellenwert einnehmen, als es heute schon der Fall ist. Neben dem demografischen Wandel und dem daraus folgenden Fachkräftemangel haben junge Generationen völlig andere Vorstellungen von einer zukünftigen Arbeitswelt. Wenn Unternehmen – respektive Führungskräfte – nicht in der Lage sind, diese Ansprüche zu erfüllen, wird eine Einstellung vermutlich erst gar nicht möglich bzw. eine schnelle Abwanderung mehr als wahrscheinlich. Noch schlimmer kommt es, wenn aus der Not heraus Einstellungen erfolgen – getreu dem Motto: »Bevor wir gar niemanden bekommen ...«

In sehr vielen Unternehmen erfolgen Stellenbesetzungen nach wie vor mittels der klassischen Methode. Nach fachlicher Erstauswahl – meist anhand von Lebenslauf und Bewerbungsschreiben – folgen Vorstellungsgespräche und/oder Assessment-Center-Verfahren. Der Fokus ist zumeist auf die fachlichen Kenntnisse gerichtet. Die überfachlichen (sozialen) Kompetenzen der Bewerber:innen werden häufig außer Acht gelassen, weil sie im klassischen Auswahlprozess weder prüf- noch messbar sind. Dabei sind doch gerade die sozialen Kompetenzen für den Führungserfolg von großer Bedeutung. Bisweilen wird zwar versucht, dies in Gesprächen/Übungen herauszufinden oder zu beobachten, aber das tatsächliche Zutreffen ist sehr stark zu bezweifeln. Daher verlassen sich Personaler:innen oftmals auf ihr Bauchgefühl – das kann sich bekanntlich irren. Personalentscheidungen werden somit häufig aufgrund von subjektiven Fehleinschätzungen getroffen.

> Sie verlieren eine sehr gute Fachkraft und gewinnen eine schlechte Führungskraft.

Ähnliches passiert bei »internen« Besetzungsverfahren wie z. B. einer Karrierebeförderung. Die systematische Ausbildung von Führungskräften und/oder Nachwuchsführungskräften sollte als strategische Aufgabe ein Selbstverständnis jeder Personalentwicklungsabteilung sein. Die Realität ist leider anders. Nur in seltenen Fällen agieren Unternehmungen vorausschauend und bilden Nachwuchsführungskräfte systematisch und frühzeitig aus. So passiert es nicht selten, dass sich Top-Fachkräfte, allerdings ohne nachgewiesene Führungskompetenzen, auf Führungspositionen bewerben, um sich insbesondere finanziell zu verbessern.

In internen Verfahren werden häufig Vergangenheitskriterien herangezogen und notwendige Zukunftskompetenzen bleiben meist unberücksichtigt. Vielmehr wird betrachtet, welche beruflichen Erfolge die Person bislang auf fachlicher Ebene erzielte, wie Projekte in der Vergangenheit abgearbeitet wurden oder wie sich die Person im Daily Business verhält. Entspricht die Top-Fachkraft im Auswahlverfahren dann zusätzlich den Erwartungen des Personalers, steht der Beförderung zur Führungskraft nichts mehr im Wege. Meist bleibt auch in diesem Prozess eine Überprüfung, ob Führungseigenschaften überhaupt vorhanden sind, aus. Sofern die erforderlichen Führungskompetenzen tatsächlich fehlen, verliert das Unternehmen nicht nur eine sehr gute Fachkraft, sondern gewinnt eine schlechte Führungskraft. Die wirtschaftlichen Folgen sind für das Unternehmen immens und haben gleichzeitig fatale Auswirkungen auf die zu führenden Mitarbeiter:innen. Es ist erschreckend und traurig zugleich, was der Gallup-Engagement-Index seit vielen Jahren immer und immer wieder zutage bringt. Die Studie zeigt seit 2001 mit nur geringen Schwankungen, dass der Anteil motivierter/engagierter Mitarbeiter:innen (hohe Bindung ans Unternehmen) bei nur rund 15 % liegt. Die verbleibende, alarmierend hohe Quote von 85 % sind offen (innere Kündigung/Sabotage) oder verborgen (Dienst nach Vorschrift) demotivierte Mitarbeiter:innen – sie sind sehr weit entfernt von ihrem vollen Leistungspotenzial.

> Mit den Mitarbeiter:innen entscheidet sich Erfolg oder Misserfolg.

Gallup führt als wesentlichen Grund die in Deutschland meist vorherrschende Führungskultur an, deren Fokus stärker auf Prozesse und Finanzen als auf Menschen ausgerichtet ist. Meine Erfahrun-

| Die Führung von Mitarbeiter:innen ist Handwerk – und Handwerk will gelernt sein! | gen bestätigen diese These. Ein großer Teil der deutschen Führungskräfte wurde niemals richtig auf die Leitungsverantwortung vorbereitet und hat somit nie gelernt, optimal mit Menschen umzugehen. |

Mit wenig Aufwand lassen sich positive Veränderungen in »relativ« kurzer Zeit erreichen. Mit meinen praxisnahen Trainings, Workshops oder durch individuelle Begleitung sind schnelle Erfolge möglich.

Ein weiterer wesentlicher Grund ist, dass rund zwei Drittel der Mitarbeiter:innen in ihrer Position im Unternehmen nur mittelmäßig oder schlecht eingesetzt sind. Soll heißen, nicht ihren Kompetenzen oder Interessen entsprechend. Dies bedeutet, dass das volle Potenzial von nur etwa einem Drittel der Belegschaft zur Verfügung steht, da sie in keiner anderen Rolle besser eingesetzt wären als in ihrer aktuellen Tätigkeit. Ein weiteres Drittel wäre in einer anderen Funktion deutlich besser eingesetzt als in ihrer derzeitigen Rolle und beim letzten Drittel ist kein signifikanter Unterschied zu verzeichnen.

| Viele Führungspositionen sind schlecht besetzt. | |

Laut einer Studie der Internationalen Hochschule Bad Honnef-Bonn (IUBH) wird nur jede dritte Führungsposition von einer Person eingenommen, die über die erforderlichen Kompetenzen verfügt. Des Weiteren zeigt die Studie auf, dass jede vierte Führungskraft vom Kompetenzprofil besser in der Fachkraftrolle aufgehoben wäre. Auch dies deckt sich komplett mit meinen Erfahrungen in den Unternehmen. Wie viel besser und erfolgreicher wäre unsere Arbeitswelt, wenn »die richtigen Mitarbeitenden am richtigen Arbeitsplatz säßen«.

Einstellungstests, Assessment Center und strukturierte Interviews allein geben nur zum Teil valide Aussagen. Stattdessen empfehle ich Ihnen, grundsätzlich ein zusätzliches Potenzialanalyse-Auswahltool einzusetzen, das Ihnen diese, gerade im Führungskräftekontext wichtigen Informationen liefert und die Investition nur einen Bruchteil von Fehlbesetzungskosten ausmacht. Sie minimieren Fehlbesetzungen erheblich durch eine Trefferquote von 50 % auf 90 % gegenüber einem klassischen Auswahlprozess. Zudem sind die dadurch generierten extremen Kosteneinsparungen wesentlich besser in gewinnfördernde, zukunftsweisende Schulungen investiert.

Ich arbeite seit vielen Jahren sehr erfolgreich mit Unternehmen in diesen beiden Kontexten zusammen und sehe die außergewöhnlichen Erfolge, die sich dort jeweils nach kurzer Zeit einstellen.

www.marion-masholder.de

MARION MASHOLDER

EXPERTIN für Potenzialdiagnostik & Führungskräfteentwicklung
Die richtigen Mitarbeiter:innen FINDEN – BINDEN & ENTWICKELN

Mitarbeiter:innen verlassen nicht das Unternehmen, sondern ihre direkte Führungskraft.

Mit Leidenschaft unterstützt Marion Masholder seit über 25 Jahren Unternehmen, das richtige Personal auszuwählen, um kostenintensive Fehlbesetzungen zu vermeiden. Dabei blickt sie auf Erfahrungen aus über 5000 Bewerbungsprozessen zurück. Des Weiteren zeigt sie in erlebnisorientierten Trainings, wie Führungskräfte ihre Führungskompetenzen nachhaltig verbessern, Zukunftskompetenzen erwerben und somit wesentlich erfolgreicher führen. Die Folge: Führungskräfte und Mitarbeiter:innen sind weitaus zufriedener und produktiver, da sie ihr volles Potenzial entfalten können, und verbleiben im Unternehmen.

Kunden selbst kaufen lassen, statt zu verkaufen

Die Psychologie des erfolgreichen Unternehmens

Wie schaffe ich es, dass potenzielle Kunden bei mir kaufen?

Diese Frage stellen sich wohl alle Unternehmen tagtäglich. Warum ist es für viele Unternehmen einfach, ihre Produkte an den Mann zu bringen, während andere einen immensen Aufwand betreiben müssen? Manche Unternehmen schaffen es anscheinend, sich genau richtig am Markt zu platzieren, sodass der Kauf vom Kunden selbst ausgeht. Wir nennen es die Attraktivität für den Kunden.

Warum ist es so wichtig, dass Kunden kaufen?

Schon Robert Bosch sagte: »Wir leben nicht von dem, was wir produzieren, sondern von dem, was wir verkaufen.« Dessen sollte sich jeder Mitarbeiter eines Unternehmens bewusst sein. In der Praxis ist es jedoch häufig so, dass genau dies nicht allen Mitarbeitern klar ist und dementsprechend gelebt wird. Jede Aktivität des Unternehmens sollte darauf ausgerichtet sein, das Unternehmen in seiner Attraktivität stetig und nachhaltig zu erhöhen. Es gilt, jeden potenziellen Kunden in jeder Facette des Unternehmens zu begeistern und ihm ein insgesamt positives und maximal ansprechendes Bild zu vermitteln. Viele Unternehmen fokussieren sich hierbei lediglich auf den Vertrieb. Das Vermitteln dieser Attraktivität im Service, im E-Mail- oder Brief-Kontakt oder auch »nur« in der Warteschleife ist jedoch ebenso wichtig. Insgesamt muss ein möglichst positives und stimmiges Bild entstehen, damit Kunden auch kaufen.

Mit dem folgenden Vier-Punkte-Plan schaffen Sie es, genau das erfolgreich umzusetzen.

Erster Punkt: Es geht darum, die Kaufmotive des Kunden zu beleuchten – erst danach kann ein Produkt kreiert werden. Die Kaufmotive sind in zwei Kategorien einzuteilen: Die eine Kategorie ist die Freude und die andere ist die Angst. Ein Kunde kauft entweder aus der Freude heraus, weil er ein Produkt oder eine Dienstleistung ansprechend findet und sich davon einen gewissen Nutzen erhofft. Beispielsweise kaufen Menschen neue Smartphones, da sie sich ein schnelleres Gerät, eine bessere Kamera und modernere Technologien wünschen.

> Es geht darum, die Kaufmotive des Kunden zu beleuchten – erst danach kann ein Produkt kreiert werden.

Auf der anderen Seite steht die Angst. Die Angst vor Verlust von Leben, Gesundheit, Hab und Gut oder auch Geld kann ein starker Treiber sein, etwas zu kaufen. Davon lebt vor allem die Branche der Versicherungen. Hier sind etwa die klassischen Sachversicherungen anzuführen, die gerne abgeschlossen werden, die jedoch eigentlich niemand wirklich braucht: z. B. Handy-, Brillen- und Geräteversicherungen für Spielekonsolen. Zusammenfassend lässt sich feststellen: Ein Produkt muss immer auf eine dieser zwei Kategorien der Kaufmotive ausgerichtet sein.

Zweiter Punkt: Für die Entwicklung eines Produkts ist wichtig, welche konkreten Vorteile das Produkt dem Kunden bietet. Diese Vorteile lassen sich relativ knapp beschreiben. Es könnten das Geldsparen, Geldverdienen, Zeitsparen, die Sicherheit, Bequemlichkeit, Anerkennung und der Status sein. Sobald Sie Gewissheit hinsichtlich der möglichen Kaufmotive erlangt haben, überlegen Sie sich, auf welche der eben genannten sieben Vorteile Ihr Produkt abzielt. Formulieren Sie diese – so kundenfreundlich wie möglich – aus, denn sie bilden letztendlich die Basis für Ihre Werbung und die Verkaufsgespräche. Verkauf mit Druck funktioniert nicht. Der Kunde muss das Gefühl haben, dass er kaufen *darf.* Daher ist es entscheidend, die Verkaufsgespräche richtig zu steuern. Dies gelingt in erster Linie mit Fragen.

Dritter Punkt: In ihren Verkaufsgesprächen müssen Ihre Verkäufer dem Kunden die richtigen Fragen stellen. Zu Beginn des Gesprächs offene Fragen, die den Kunden animieren, Einzelheiten von sich preiszugeben. Dies dient dazu, ein besseres Gefühl für den Kunden und seine persönliche Situation zu bekommen. Im weiteren Gesprächsverlauf werden erhaltene Informationen mit Alternativfragen, d. h. Entweder-oder-Fragen konkretisiert, um letztendlich die beste Lösung für den Kunden zu finden.

Menschen interessieren sich nicht dafür, wie viel Sie wissen, bevor sie wissen, wie sehr Sie sich für sie interessieren. Die Devise lautet: Dem Kunden zuerst Details zu seinem Bedarf entlocken und erst dann Informationen zum Produkt präsentieren. Die Einhaltung dieser Reihenfolge ist entscheidend, damit der Kunde spürt, dass ER kauft. Wird kein Bedarf ermittelt, kann bei ihm schnell das Gefühl entstehen, dass hier nur etwas verkauft werden soll und seine eigenen Bedürfnisse und Wünsche nicht im Vordergrund stehen. Die Empfindung zu haben, dass ihm etwas VERKAUFT WIRD, gefällt keinem Kunden und darunter leidet auch die Attraktivität Ihres Unternehmens.

> Menschen interessieren sich nicht dafür, wie viel Sie wissen, bevor sie wissen, wie sehr Sie sich für sie interessieren.

Sie sollten zuerst die aktuelle Situation des Kunden gemeinsam erörtern, dann verdeutlichen Sie ihm, was das für ihn konkret bedeutet. Abschließend zeigen Sie ihm dank Ihrer Hilfestellung eine Lösung auf. So wird aus dem potenziellen Kunden erst ein echter Kunde.

Vierter Punkt: Zusätzlich sind noch einige verkaufspsychologische Aspekte zu berücksichtigen. So sollte immer vom teuersten zum günstigsten Preis verhandelt werden. Zudem macht es grundsätzlich Sinn, dem Kunden ein kleines Geschenk zu überreichen. Dieser revanchiert sich dann häufig damit, dass er als Gegenleistung zumindest zuhört, oft sogar kauft.

Es ist nicht erforderlich, alle diese Punkte in Verkaufsgesprächen im Detail umzusetzen. Ich möchte Ihnen nur einen groben Auszug dessen geben, was möglich ist und von anderen Firmen erfolgreich angewendet wird.

Mit dem eben vorgestellten Vier-Punkte-Plan schaffen Sie es, für Ihre Kunden äußerst attraktiv und somit unwiderstehlich zu werden. Wenn Sie die Produkte richtig kreiert haben, Ihre Verkäufer richtig geschult sind und genau wissen, wie sie zu agieren haben. Dadurch werden Ihre (potenziellen) Kunden auch sehr gerne bei Ihnen kaufen – und gerade bei Ihnen. Mit meiner Methode ermöglichen Sie Ihrem Kunden, dass er zu Ihnen und Ihrem Angebot lediglich noch »Ja« sagen muss.

> Mit meiner Methode ermöglichen Sie Ihrem Kunden, dass er zu Ihnen und Ihrem Angebot lediglich noch »Ja« sagen muss.

Ich wünsche Ihnen für Ihre Verkaufsgespräche ganz viel Erfolg und jederzeit ein glückliches Händchen. Bei der Erstellung eines attraktiven Angebots und beim (Heraus-)Finden der passenden Kaufmotive für Ihre Produkte und Dienstleistungen, die auf die Kundenbedürfnisse abzielen, helfe ich Ihnen sehr gerne. Ich unterstütze Sie bei der Erhöhung der Attraktivität Ihrer Marke und dem Erstellen von maßgeschneiderten Verkaufsgesprächen mit aktuellsten psychologischen Methoden.

Darüber hinaus stehe ich auch bei weiteren wichtigen Themen wie der Preisverhandlung, telefonischer Terminvereinbarung und dem »hirngerechten« Verkaufen an Ihrer Seite. Es freut mich, wenn Sie mit Ihren Wünschen auf mich zukommen, damit wir Ihren Verkaufsprozess gemeinsam auf eine neue Stufe heben können. Dadurch machen wir Ihre Kunden noch glücklicher und Sie erzielen weitaus höhere Umsätze als bisher. Denn genau das verdient letztendlich jeder gute Unternehmer und Verkäufer.

Neugierig geworden? Für weitere Informationen, Tipps und Tricks besuchen Sie gerne www.kim-kolb.com

KIM KOLB

Unternehmern und Verkäufern mehr Umsatz und größere Gewinne verschaffen

Er gilt als der Vordenker in Vertriebsthemen, hat im Jahr 2021 mehr als 250 Unternehmer und Verkäufer geschult und ihnen nachweislich zu mehr Erfolg verholfen. Als Experte steht er für interessante, kurzweilige Vorträge, hilfreiche Beratungen und maßgeschneiderte Seminare zur Verfügung. Außerdem betreibt er eine eigene E-Learning-Plattform. Seine Mission ist es, Unternehmern und Verkäufern mehr Umsatz und größere Gewinne zu verschaffen.

Er stand bereits mit acht Jahren das erste Mal auf der Bühne und hat sich darüber hinaus mehr als 2000 Stunden ehrenamtlich für und mit anderen Menschen engagiert.

Glück trotz Missbrauch

Wie man das Leben mit komplexen Traumata werte-voll macht

In Deutschland wird jedes 3. Kind unter 18 jährlich misshandelt. In Europa sind es 59 Millionen von 204 Millionen Kindern, die entweder Vernachlässigung, psychische Gewalt, körperliche Gewalt und/oder sexuellen Missbrauch erleben. Diese Zahl hat sich seit 2017 mehr als verdoppelt. **Diese Kinder sind die Generationen unserer nahen Zukunft, die Gen Z und Gen Alpha.**

Können Menschen je glücklich sein, denen so viel Schlimmes angetan wurde?

Ist es noch möglich, die Beziehung zu den Tätern – und vor allem zu uns selbst – wieder friedvoll zu gestalten?

Dankbarkeit und die unfreie Wahl

Familienfeiertage gehören zu jenen Ereignissen, die vielen von uns gemischte Gefühle bescheren. Auch ich gehöre zu diesen Menschen. Weihnachten, Vater- oder Muttertag sind Feste der Dankbarkeit für das geschenkte Leben und Feste der Zuwendung, Fürsorge und Liebe unserer Eltern.

Diese Liebe ist ein einst von der Natur angedachtes, angeborenes Verhalten, das in uns Menschen verankert ist. Eigentlich. Was aber, wenn außer dem geschenkten Leben nichts weiter vorhanden ist?

Ich muss immer an diejenigen von uns denken, die ihre Mütter oder Väter nicht einmal kennen, weil sie

> Diese Liebe ist ein einst von der Natur angedachtes, angeborenes Verhalten, das in uns Menschen verankert ist.

irgendwann »gegangen« sind. Manch andere wurden durch das Jugendamt »gegangen«, weil ihre Kinder mit Gewalt und ständiger Angst leben mussten.

Meine Mutter

Mütter können sowohl zu der emotionalen Hauptperson als auch zu einer zutiefst schmerzhaften Leerstelle – bestehend aus Sehnsucht, Wut und Vermissen – werden.

Nach der Scheidung meiner Eltern hat meine Mutter meine Schwester und mich allein als Berufstätige großgezogen. Es stimmt, auch sie hatte diesbezüglich keine Wahl. Wenn in Paarbeziehungen die ehemals gemeinsamen Werte und Ziele verschwinden, löst sich diese Gemeinschaft meistens auf.

Meine Mutter war mit der Situation grenzenlos überfordert und der unverarbeitete Schmerz hat bei ihr pure Verzweiflung ausgelöst. Ich erinnere mich noch, wie sie abends immer geweint hat. Dann kamen Bitterkeit und zuletzt Terror und Gewalt über uns Kinder als Ersatz für die Vergeltung an meinem Vater.

Ich weiß, dass dies nicht mein alleiniges Schicksal ist. Sobald ich als Volljährige gehen konnte, tat ich es. Mit vielen, sehr tiefen Narben und schlimmen Erinnerungen.

Dennoch, heute kann ich es ganz klar sehen und verstehe, wie sich die Liebe und Zuwendung meiner Mutter verwandeln konnten. Als Erwachsene sehe ich es.

Als Kind denkt man nur ans Überleben...

Kinder der Ohnmacht und der Vergessenheit

Diagnose: Komplexe Posttraumatische Belastungsstörung (KPTBS). Und nu'? Mit großen Augen steht man da und versucht sich auszumalen, wie das Leben weitergeht.

Wartelisten für Therapeuten und stationäre Therapien mit Wartezeiten von bis zu zwei Jahren! Keine Begleitung bis dahin. Ratlosigkeit.

Eine komplexe PTBS ist eine schwerere Form der PTBS. Die fünf häufigsten und belastendsten Beschwerden sind emotionale – also nicht visuelle – Flashbacks, die toxische Scham, Selbstaufgabe, einen sehr bösartigen inneren Kritiker und soziale Ängste auslösen.

Grundsätzlich gilt, dass das Opfer vielfältige, ausgeprägte Beeinträchtigungen im Bereich des Denkens (z. B. Täteridentifikation), der Gefühle (z. B. gar keine Gefühle, Depression) und der sozialen Beziehungen (z. B. Bindungs- bzw. Beziehungsstörungen) entwickelt. Hinzu kommen meist somatische Beschwerden (z. T. Schmerzstörungen, funktionale Organstörungen).

Wenn man ungewollt auf die Welt gekommen ist oder als Last die Kindheit verbringt, ist einem der Lebensweg eine Zeit lang vorprogrammiert. Vernachlässigung lehrt uns Unsicherheit und den Drang, seelische Schmerzen zu unterdrücken. Die auf das Kind projizierten negativen Gefühle des Täters, die zur gewaltvollen Handlung wie körperlicher, sexualisierter oder emotionaler Gewalt und Vernachlässigung werden, sind an sich für beide schrecklich und schädlich. Der Täter kann nicht aus der eigenen Haut und das Kind ist machtlos.

> Tragischerweise haben Opfer und Täter das gleiche Leiden.

Tragsicherweise haben Opfer und Täter das gleiche Leiden. Wut, Frust, Ohnmacht, Einsamkeit, Trauer, Scham- und Schuldgefühle. Sie teilen sich sogar die wahren Bedürfnisse: Selbstbestimmung, mit Menschen verbunden zu sein und Wertschätzung zu erfahren, verstanden zu werden und sich sicher zu fühlen.

Versöhnung – der neue Anker von heute?

Heute bin ich mir sicher, wenn meine Mutter damals Hilfe von der Gesellschaft und der Familie gehabt hätte, wäre unser Lebensweg ein anderer geworden. Tabuisierung macht die Seele krank. Das Verurteilen von Lebensereignissen und Lebensentscheidungen, das Zusprechen der Opferrolle als »Verlassene« oder das »Brandmarken« von Vergewaltigten sind nicht von Wohlwollen geleitet.

Das ist eine Gesellschaft, die krank macht, ohne sich bewusst zu sein, was dadurch Müttern, Vätern und Kindern angetan wird.

| Die einmalige Macht der Freiheit und Selbstgestaltung zu ergreifen lohnt sich! | Die Versöhnung mit Erinnerungen und der Mut, unseren eigenen Weg zu gehen, mit dem Vertrauen darauf, dass das, was uns ausmacht, richtig ist, könnte ein neuer Anker moderner Zeiten sein. Die einmalige Macht der Freiheit und Selbstgestaltung zu ergreifen lohnt sich! |

Sogar die Täter, die nicht mehr die Wahl haben, das Leben neu zu leben, haben immer noch die Wahl der Erkenntnis und des Versuchs, einen neuartigen Zugang zu ihren Kindern mit Liebe zu gestalten. Versöhnung und Dankbarkeit für das Schöne der Vergangenheit – weil auch Schönes gab es – warten auf uns als verlässliche Anker.

25 Jahre Businesserfahrung und ein Karriereweg, begleitet durch komplexe PTBS, haben mich unglaublich viel gelehrt. Mein Wunsch, Menschen, die das gleiche Schicksal teilen, zu begleiten, wuchs langsam und dennoch sicher.

An Hilfestellungen und Werkzeuge für den Alltag und das Business fehlte es mir ständig. Weder ich noch der Arbeitgeber wussten, wie man damit am besten umgeht und die Scham in Mut und Offenheit transformieren kann.

An dieser Stelle setze ich an und biete Begleitung für die Zeiten zwischen Therapien und für die Zeiten im Alltag oder im Beruf.

Jedes traumatisierende Erlebnis bedarf der Stabilisierung und der Sortierung u. a. der Gefühle, Gedanken und Körperempfindungen als erster Schritt. Es hilft, sich Zeit zu nehmen. Zeit für das Innehalten und das Verstehen. Zeit für das Kind in uns, das bis heute verletzt in der Tiefe ruft. Zeit für die Selbsterkenntnis und die eigentliche wahre Selbstwerdung.

Trauma heilen. Geht das?

Jein. Entscheidend ist dabei, welche Bewältigungsstrategien wir anwenden, welche Epigenetik wir mitbringen, welche Erfahrungen wir im Leben hatten, welche Ressourcen uns zur Verfügung stehen und ob wir in der Lage sind, die Identitäts-, Sinn- oder Lebenskrise allein zu meistern.

So verbinde ich Coaching- und Therapiemethoden, die aus psychologischer und neurobiologischer Sicht standhalten und eine tatsächliche Veränderung bewirken können.

Für das Glück. *Glück trotz Missbrauch.*

10 Tipps für den Beruf mit KPTBS als Download.
https://www.ganeshashala.com/10-tipps-fuer-den-beruf-mit-trauma-kptbs

GABRIELLA RIST

Gabriella Rist ist heute zertifizierte psychologische Beraterin und Business Coach und hat sich auf ganzheitliches Coaching von Entwicklungstraumata (KPTBS) spezialisiert. Davor studierte sie Innenarchitektur, Grafik-Design und zuletzt Wirtschaftsinformatik. Nach 25 Jahren Tätigkeit als Senior Manager, systemischer Coach, Principal und zuletzt Executive, veränderte sie ihr Leben um 180 Grad.

Sie erlebte bereits als Kleinkind schwere Misshandlung und Schicksalsschläge, worauf viele weitere folgten.

Sie gibt ihr Wissen und ihre Erfahrung an Menschen weiter, um sie im Alltag und in ihrem Arbeitsumfeld zu fördern, und hilft ihnen, trotz Trauma Glück zu erfahren.

Lebenslanges Lernen – Realität oder Plattitüde?

Wie kann lebenslanges Lernen in Unternehmen leicht organisiert und strukturiert werden?

Wenn ich davon spreche, dass in Unternehmen der Weg zur Marktführerschaft über intelligente Kurzschulungen führt, scheint das auf den ersten Blick vielleicht übertrieben.

Es liegt auf der Hand, dass gut ausgebildete Mitarbeiter Zusammenhänge viel besser verstehen und damit auch zu notwendigen Transferleistungen in der Lage sind. Dies führt dazu, dass sie in ihren Aufgaben sicherer sind, diese in den Gesamtkontext ihres Unternehmens besser einordnen und nach innen wie nach außen auch deutlich besser kommunizieren können. Entsprechend entsteht eine höhere Stabilität in den Arbeitsprozessen, auch können Kundengespräche auf ganz anderem Niveau geführt werden. Dass sich durch die gestiegene Kompetenz wiederum Prozessfehler reduzieren sowie Kundenzufriedenheit und auch Umsatz erhöhen lassen, lässt sich auch noch einigermaßen einfach nachvollziehen. Was allerdings vielfach nicht beachtet wird, ist, dass sich mit der individuell gestiegenen Kompetenz auch die Mitarbeiterzufriedenheit selbst und das Zusammengehörigkeitsgefühl eines Teams deutlich erhöht. Weiß ich zu allen mich betreffenden Themen Bescheid, bin ich selbstbewusster, sicherer und damit auch zufriedener am Arbeitsplatz. Sind alle Kolleginnen und Kollegen in einer Einheit auf dem gleichen Wissensniveau, kann man sich aufeinander verlassen. Diese Teamkompetenz strahlt wiederum auf den Kunden bzw. auf andere Abteilungen ab.

Kompetenz hat also einen enormen Impact sowohl auf die Mitarbeiter als auch auf die Teams. Und so lassen sich mit geschulten Mitarbeitern schnell Wettbewerbsvorteile herausarbeiten! Jetzt verläuft unsere Arbeitssituation aber nicht so statisch wie früher, sondern verändert sich immer schneller. Das erhöht die Anforderungen an Mitarbeiterschulungen deutlich. Gleichzeitig fällt auf, dass während der täglichen Arbeit wenig Raum für die eigene Weiterbildung zur Verfügung steht. Und es fehlen den allermeisten Unternehmen eine Lernstrategie genauso wie auch die aufbereiteten zu vermittelnden Inhalte!

> Lebenslanges Lernen ist also auch eine Frage des Commitments, Lernen als Teil der Unternehmensstrategie zu verstehen.

Lebenslanges Lernen ist also auch eine Frage des Commitments, Lernen als Teil der Unternehmensstrategie zu verstehen. Ist dieses Commitment gesetzt, braucht es einen Umsetzungsplan, der sowohl den Aufbau der Lehrinhalte als auch die Einbindung der Coaches und die Umsetzung der Schulungen an sich beinhaltet. Doch bevor es an die eigentliche Umsetzungsplanung geht, müssen wir erst einmal verstehen, wie Lernen grundsätzlich funktioniert und wie wir diese Erkenntnisse in die Entwicklung eines Schulungskonzeptes für unser Unternehmen übersetzen.

Über meine Website www.derschulungsexperte.com können Sie sich meine zwölf besten Lerntipps kostenfrei herunterladen. So erhalten Sie ein erstes gutes Gerüst, was nachhaltiges Lernen ausmacht und wie Lernende sich selbst organisieren sollten. Wenn da allerdings geschrieben steht, dass die einzurichtende heimische Wohlfühloase den Lernerfolg unterstützt, nutzt Ihnen diese Erkenntnis natürlich eher wenig für betriebliche Schulungs- und Lernprozesse. Und doch gibt es aus diesen Erkenntnissen drei wichtige Ableitungen, die für Ihre Schulungsidee relevant sind:

1. Testen

Wenn wir etwas lesen, konsumieren wir den Lernstoff lediglich. Schnell glauben wir, alles verstanden zu haben, und sind überaus überrascht, wenn wir gezielte Fragen zum Lernstoff dann aber doch nicht beantworten können. Genau diese Fragen zu einem Lernstoff zeigen uns aber unsere Wissenslücken. Und jetzt passiert etwas Spannendes. Unser Gehirn mag diesen Zustand nämlich nicht und versucht ihn abzustellen. Die Fähigkeit, in dieser fragilen Situation zu lernen, ist jetzt deutlich erhöht. Stellen Sie also zuallererst Fragen zu den Themen, die geschult werden sollen. Schließen Sie die aufgedeckten Wissenslücken mit möglichst unterschiedlichen Medien (Texten, Bildern, Videos). Und schulen Sie genau in der gewohnten Arbeitsumgebung des Mitarbeiters.

2. Wiederholen

Man fand in unterschiedlichen Versuchen heraus, dass willkürlich erlerntes Wissen nach 24 Stunden bereits zu ca. 70 % und nach 30 Tagen zu über 80 % vergessen ist.

> Man fand in unterschiedlichen Versuchen heraus, dass willkürlich erlerntes Wissen nach 24 Stunden bereits zu ca. 70 % und nach 30 Tagen zu über 80 % vergessen ist.

Gegen das Vergessen helfen Interesse, Wiederholungen und Anwendungen, wobei Anwendungen eben auch wie Wiederholungen wirken. Damit sich das Gelernte nachhaltig verfestigen kann, reicht es also bei Weitem nicht, den Schulungsinhalt in einem Vortrag, einer Präsentation, einer Präsenzschulung, einem Video oder einem Webinar lediglich einmal zu vermitteln. Stellen Sie daher sicher, dass Ihre Schulung auf Wiederholungsschritten basiert. Setzen Sie auf unterschiedliche Medien und versuchen Sie nach den Einheiten schnell in die Anwendung zu kommen.

3. Personal Coaching

Wenn Sie als Erwachsener einen Sport wie Tennis oder Skifahren erlernen wollen, funktioniert dies am besten mit einem Personal-Coach. Dieser stellt sich genau auf Sie ein, erkennt Ihre Stärken und Schwächen und bringt Sie viel schneller weiter, als dies in einer Gruppe möglich wäre. Gleichzeitig entsteht eine Vertrauenssituation, Fehler dürfen und sollen sogar gemacht werden. Nichts ist peinlich und unangenehm, alles dient dem Zweck, Sie persönlich weiterzubringen. Genauso funktioniert es in der Schulungssituation. Der Coach erkennt Ihre Wissenslücken, geht gezielt auf sie ein und stellt sie ab. UND auch der Coach fühlt sich in der 1:1-Situation deutlich sicherer als vor einer größeren Gruppe. Auch die methodisch-didaktischen Anforderungen an einen Coach sind im 1:1 *deutlich* geringer.

Es scheint auf den ersten Blick zwar effizienter zu sein, Schulungen mit mehreren Teilnehmern und nur einem Coach umzusetzen. Deutlich effektiver ist aber das Personal-Coaching! Richten Sie Ihre Schulungen daher möglichst konsequent auf die 1:1-Situation aus, wenn Sie an einem nachhaltigen Ergebnis interessiert sind!

Und dann gibt es da noch einen weiteren Punkt: Bleiben Sie immer KURZ!

Das Aufmerksamkeitslevel ist bei Schulungen nur kurzzeitig bei 100 %, bevor Aufnahme- und Konzentrationsfähigkeit schlagartig abnehmen. Microlearning-Einheiten sollten daher auf eine Zeitdauer von maximal 15 Minuten ausgelegt sein. Ist es organisatorisch notwendig, längere Lerneinheiten gestalten zu müssen, sollte nach 10–15 Minuten unbedingt das Thema gewechselt werden. Bei der Entwicklung der Inhalte selbst ist darauf zu achten, dass einzelne Fragestellungen maximal drei Aspekte beinhalten. Der Grund dafür

> Das Aufmerksamkeitslevel ist bei Schulungen nur kurzzeitig bei 100 %, bevor Aufnahme- und Konzentrationsfähigkeit schlagartig abnehmen. Microlearning-Einheiten sollten daher auf eine Zeitdauer von maximal 15 Minuten ausgelegt sein.

liegt einfach darin, dass wir uns nur höchstens drei Punkte, drei Produktvorteile oder drei Prozessschritte gut merken können. Alle weiteren Aspekte verwirren uns, sodass wir auch die ersten drei Punkte nicht behalten würden. Insgesamt gilt also: kurze Einheiten mit klaren Fragen und kurzen präzisen Antworten zu entwickeln.

Weitere Hintergründe und noch viel mehr zum Thema intelligente Kurzschulungen beschreibe ich in meinem neuen Buch »Einfacher Erfolg ist auch eine Lösung« und freue mich auf Ihre Vorbestellung unter www.derschulungsexperte.de/buchreservierung. Unternehmen mit 500, 1000 oder 10.000 und mehr Mitarbeitern darf ich unsere Erstinformation zu unserer App-gesteuerten Schulungsform levelcoaching® unter www.levelcoaching.com/erstinfo empfehlen. Mit levelcoaching® bieten wir Unternehmen eine voll automatisierte Lösung, um die benötigten Inhalte zu entwickeln und Schulungen für eine große Anzahl von Standorten und Filialen zu organisieren. Den Coaches steht für die Umsetzung ein App-basiertes Werkzeug zur Verfügung, das die richtigen Inhalte zum richtigen Zeitpunkt an den jeweiligen Standorten bereitstellt.

Erfolgreiche, intelligente Kurzschulungen wünscht Ihnen auf Ihrem Weg zur Marktführerschaft

Ihr
Wolfgang zu Putlitz

WOLFGANG ZU PUTLITZ

Über intelligente Kurzschulungen zur Marktführerschaft!
Der Schulungsexperte Deutschlands!

Unternehmer, Unternehmensgründer und geschäftsführender Mitgesellschafter der lc Wissensmanagement GmbH und deren eigener Schulungsform levelcoaching® mit über 125.000 umgesetzten Mitarbeiterschulungen. Kenner der deutschen, amerikanischen und südamerikanischen Baumarktindustrie, Buchautor und Keynote-Speaker.

Er begeistert in seinen Vorträgen zum Thema Schulung und zeigt, wie nachhaltiges Vermitteln von Fachinformation und Soft Skills tatsächlich dauerhaft funktioniert. Dabei gibt er jedem seiner Zuhörer sofort umsetzbare Impulse mit, egal ob Mitarbeiter, Vorgesetzte, Filialleiter, Unternehmenslenker oder Unternehmer – und das mit bemerkenswerten Resultaten.

Immobilien. Praktisch. Umsetzen.

Vor über elf Jahren wollte ich schon eine Immobilie kaufen. Aber ich wusste nicht, wo und wie ich anfangen sollte. Ich konnte auch keinen Profi fragen, denn damals war das Immobilien-Coaching längst nicht so präsent im Internet vertreten wie heute. Wie gehe ich am besten vor und kann ich das überhaupt? Wie geht das eigentlich – Immobilien? Nun, heute, elf Jahre später, will ich dir meine kleine Geschichte erzählen. Nichts Großes.

Klarer Kopf

Ich saß im Jahre 2010 abends im Hotel. Damals arbeitete ich als selbstständiger IT-Berater. Von montags bis freitags war ich das ganze Jahr über im Hotel gewesen. Ich hatte sehr viele Hotelnächte Zeit und habe viel gelesen, z. B. das *Handbuch Immobilienwirtschaft* – über 800 Seiten wissenschaftlich aufbereiteter Content, Charts und Analysen. Ich habe noch viele weitere Fachbücher gelesen und habe eigene Excel-Tabellen erstellt mit allen möglichen Abweichungen, Zu-, Ab- und Hochrechnungen. Wie ging es mir damit? Ich war hoch motiviert und doch frustriert! Das Ergebnis war ernüchternd, ich hatte mich in all der Leserei verloren, bevor ich überhaupt einen Überblick bekommen hatte. Wie in Gottes Namen sollte das nun gehen mit den Immobilien? Welche Erkenntnis zog ich damals daraus? Kenne deine wichtigsten Parameter.

1. **Tipp:** Kenne dein Ziel! Schreib es auf und mach einen Vertrag mit dir. Das ist wichtig, das erzeugt Commitment. Ich habe damals, wie das Berater machen, ein Strategiepapier geschrieben.

Ob du es Strategiepapier oder Zielvereinbarung nennst, ist egal. In diesem Papier muss das Wesentliche drinstehen: dein Ziel, deine Vorgehensweise, deine Parameter. Ich halte mich noch heute an dieses Papier, elf Jahre später. Mit der Zeit habe ich meine Ziele dreimal nach oben geschraubt. Ich halte mich noch heute an dieses Papier. Das ist Commitment.

2. **Tipp:** Du solltest zuallererst auf strategischer Ebene ins »Machen« kommen. Und deswegen lautet die erste Entscheidung, die allerwichtigste, um Immobilien zu kaufen: In welcher Stadt investiere ich?

Ruhige Hand

Vergiss endlos lange Excel-Tabellen! Diese verwirren mehr, als dass sie nützen. Definiere deine Entscheidungsparameter und nimm dir einen Bierdeckel. Meine sind übrigens dieselben wie bei den meisten:

1. Mietrendite-IST (also die Brutto-Anfangsrendite),
2. den Vergleichspreis des Stadtviertels (dient zur ersten Orientierung),
3. das Potenzial des Objektes (sehr wichtig).
   Welches Potenzial hat das Objekt? Die wesentlichen Hebel sind:
   a) Mietpreissteigerung
   b) Wohnflächenaufwertung (also Renovierungen der Wände, Böden, Türen, Einbauküche, Bad usw.)
   c) Wohnflächenerweiterung (u. a. Dachausbau, Balkon, seltener Keller als Souterrain).

Ich war immer noch nicht zufrieden. Ich hatte das Gefühl, dass noch etwas Wesentliches fehlte. Ich fragte mich: Warum sind manche erfolgreicher als andere, obwohl die zentralen Parameter in jedem Buch stehen? Ich konnte mir diese Frage nicht schlüssig beantworten. Wo war der Stein der Weisen? Warum verdienen wenige viel Geld, aber die allermeisten nicht?

Ich saß mal wieder spätnachts am Wochenende an meinem Schreibtisch und schaute beiläufig auf mein Bücherregal. Mein müder Blick fiel in diesem Moment auf ein Buch. Meine schläfrigen Augen, die ich nur noch schwer offenhalten konnte, sahen das verschwommene Konterfei eines alten Mannes – weiße, lichte Haare, breite Hornbrille, freundlicher Blick. Unter diesem freundlich dreinblickenden älteren Herrn stand in dicken Lettern ein Name, er lautete »Warren Buffett«! Ich war im Bruchteil einer Sekunde elektrisiert. Sofort wurde ich hellwach, Adrenalin pumpte meinen Blutdruck hoch. Meine Augen waren weit aufgerissen. Plötzlich durchströmte mich ein wohliges Gefühl. Da war er, der magische Siegermoment. Der Groschen war endlich gefallen! Ich hatte schon vor Jahren viele seiner Bücher verschlungen. Buffetts Kern-Leitsatz lautet »Finde den inneren Wert einer Aktie«. An meinem Schreibtisch, mehr hängend als sitzend, schlussfolgerte ich sofort mit müdem Blick und dennoch hellwach – dieser innere Wert muss sich auch für Immobilien berechnen lassen. Halleluja. Dazu muss man allerdings wissen, wie Buffetts Leitsätze zu interpretieren sind.

> Er antizipiert nicht die Vergangenheit in die Zukunft, er bewertet das Potenzial der künftigen Entwicklung.

Eine seiner wichtigen Thesen ist: Er antizipiert nicht die Vergangenheit in die Zukunft, er bewertet das Potenzial der künftigen Entwicklung. Das ist etwas völlig anderes, es ist eine ganz andere Herangehensweise. Er bewertet also die *Veränderung des künftigen Potenzials* (einer Aktie), in meinem Fall eines Immobilienobjektes. Nicht die einfache Fortschreibung der Vergangenheitswerte in der Zukunft. Was brauchen wir dafür, um a) dieses Potenzial zu finden und b) dessen künftige Veränderung bewerten zu können?

4. Metadaten der Stadt
Das bedeutet primär: Wie ist die künftige Einwohnerentwicklung? Ist es ein guter Wirtschaftsstandort? Wie verhält sich die

Stadt in ihrer Wirtschaftspolitik? Wie viele neue Jobs entstehen? Sind schon große Firmen ansässig? Wie agieren sie? Stagnieren sie, bauen sie (qualifizierte) Jobs ab oder auf?

Daraus wird das künftige Potenzial eines Objektes, eines Viertels, einer Stadt ermittelt. Nicht aus der Fortschreibung der Vergangenheitsdaten. Ich wiederhole mich, das ist etwas ganz anderes. Wenn wir das verinnerlicht haben, dann wird noch etwas anderes schnell klar. Es gibt keine Immobilien-Schnäppchen. Es gibt nur den tatsächlichen Marktwert eines Objektes und dessen schlummerndes Potenzial. Dieses Potenzial solltest du erkennen. Hier liegt deine Chance auf einen größeren Geldbeutel.

Mutiges Herz

Nun kommt der wirklich schwierige Teil beim Kauf von Immobilien. Du musst dich entscheiden. Entscheide dich bitte klar und deutlich für ein Ja oder ein Nein. Es gibt kein Vielleicht. Es ist entweder ein *»Halleluja, was für ein Objekt«* oder es ist ein Nein. Wenn du Immobilien besitzen willst, musst du dich entscheiden. Aber lass dein Herz entscheiden. In Büchern lese ich immer: »Lassen Sie die Emotionen beiseite, kalkulieren Sie rational, entscheiden Sie rational.« Das ist mir einfach zu kurz gesprungen. Stichhaltiger ist: Immobilien werden kühl und sachlich mit dem Kopf kalkuliert – aber sie werden emotional gekauft. Es entscheidet immer das Herz. Die Verkaufspsychologie bestätigt dies seit Jahren. Es gibt nur ein Ja oder ein Nein.

> Immobilien werden kühl und sachlich mit dem Kopf kalkuliert – aber sie werden emotional gekauft. Es entscheidet immer das Herz.

Mein dritter Tipp: Fang an, bring deine PS auf die Straße. Verweise den Perfektionismus in seine Schranken. Wenn du Immobilien besitzen willst, musst du anfangen. Entweder du willst ein Gewinner werden – im Handtuchwerfen – oder du willst dein Ziel erreichen. Google mal das Stichwort »Selbstwirksamkeit«. Dort ist gut beschrieben, wie man sich positiv auflädt und was man braucht, um Entscheidungen unter Unsicherheit zu treffen. Es gibt nur ein Halleluja oder ein Nein.

Nun viel Spaß beim Gedankenverwerten!

ANDREAS SCHERER

Immobilien-Experte
Theoretisches. Praktisch. Umsetzen.

Er ist bereits dreimal neu gestartet und »verliebt ins Gelingen«. Damit das gut wird, liest er viel, »aber nur, um es anschließend praktisch umsetzen zu können!«.

Immobilien sind kein normales Asset. Sie verstärken den Charakter, den guten – wie den schlechten, so seine Überzeugung. Er hat sich auf seiner Immobilien-Reise bei jeder Entscheidung die Frage nach seinem WHY gestellt. Dies hat ihn viele Hürden leichter überwinden lassen.

Wir sind übermorgen, was wir heute denken und morgen anpacken! Lassen Sie sich von ihm inspirieren – wann machen Sie sich auf die Reise?

Unerkannter Stress-Auslöser für einen Teufelskreislauf

Bauchweh, Unkonzentriertheit, Aggressivität, Kopfschmerzen, Traurigkeit. Das sind nur einige wenige Symptome bei Kindern, die oft Stress als Ursache haben können. Häufig bleiben sie jedoch ungeklärt und können so einen schlimmen »Teufelskreis« in Gang setzen. Da fast jedes zweite Kind laut einer aktuellen Studie unter Stress leidet, ist es enorm wichtig, dieses Thema bei der ganzheitlichen Förderung, Unterstützung und Begleitung von Kindern im Blick zu behalten. Die folgenden Zahlen geben uns noch mehr Hinweise darauf, dass Stress bei Kindern ein ernsthaftes Problem ist:

> Da fast jedes zweite Kind laut einer aktuellen Studie unter Stress leidet, ist es enorm wichtig, dieses Thema bei der ganzheitlichen Förderung, Unterstützung und Begleitung von Kindern im Blick zu behalten.

- 81 % der 7- bis 11-Jährigen und 81 % der 12- bis 16-Jährigen haben konkrete Stresserfahrungen.
- 36 % der jüngeren Schüler und 17 % der älteren Schüler haben keine Vorstellung davon, was Stress verursacht.
- Beklagte Stresssymptome physischer Art sind Kopf- und Bauchschmerzen, psychische Symptome sind Ängste, aggressives Verhalten und Erschöpfung.
- 25 % der Kinder nehmen an, dass sie nichts gegen Stress machen können.

Doch das stimmt nicht. Mit den richtigen Entspannungstipps und durch Ursachenforschung können Kinder gemeinsam mit ihren Eltern, Pädagogen und Therapeuten sogar sehr viel gegen Stress machen. Jedoch sind die Stressursachen häufig nicht auf den ersten

Blick ersichtlich, was ich euch durch das nachfolgende Beispiel zeigen möchte. In diesem Coachingfall sorgte ein einfaches Spielzeugpferdchen dafür, dass Stress entstand und so die Schulkarriere und die Familienharmonie ins Wanken gebracht wurde.

Vor ca. drei Jahren kam eine Familie zu mir in die Praxis. Alle Beteiligten waren am Boden zerstört und saßen tränenüberströmt auf der Couch, denn es schien so, als ginge die schulische Karriere des Kindes den Bach runter, obwohl eigentlich alles so gut angefangen hatte. Supergute Noten in der Schule, harmonisches Familienleben, entspanntes Kind. Es passte einfach alles. Doch auf einmal, wie aus dem Nichts flatterten schlechte Noten ins Haus und Ärger, Streit und Chaos waren an der Tagesordnung. Alle waren am Ende. Während meines Coachings bekam ich durch verschiedene Fragetechniken, Kommunikationstools und Beziehungsaufbau heraus, was diese Abwärtsspirale in Gang gesetzt hatte. Ich suchte nach der Ursache des Übels und dokterte nicht nur am Symptom herum.

Der Ursprung des Problems war ein winzig kleines Spielzeugpferd. Doch wie kann so ein für uns Erwachsene eigentlich recht unbedeutendes Ding diese Probleme verursachen? Und was hat das mit schlechten Noten zu tun?

Das Thema hatte seine Ursache in einem Streit zwischen dem betroffenen Mädchen und einer Freundin auf dem Pausenhof. Sie hatten wegen des besagten Pferdchens gestritten, sodass die Freundin während des Streits meinte: »Du blöde Kuh! Mit dir möchte ich nichts mehr zu tun haben und lade dich auch nicht mehr zu meinem Geburtstag ein.« Das Mädchen war sehr traurig, sauer und genervt. Jedoch ging auch nach diesem Streit die Schule ganz normal weiter. Die Lehrerin hielt ihren Unterricht, das Kind war jedoch total überfordert und konnte dem Unterricht nicht mehr folgen, da ihre Gedanken ständig um diesen Streit kreisten. Auch zu Hause ging das Gedankenkarussell weiter. Die Hausaufgaben klappten nicht, weil sie im Unterricht den Anschluss verlor. Sie machte sich ständig Vorwürfe wie z.B.: »Ich bin eine schlechte Freundin«, »Mich mag keiner« usw. Sie konnte ihre Aufmerksamkeit nicht auf die geforderten Aufgaben lenken und sich nicht konzentrieren. Dementsprechend wurde die Mutter sauer. Sie wusste es nicht besser, da sie ja auch die Ursache der »Unkonzentriertheit« nicht kannte. Das wiederum führte dazu, dass das Kind aggressiv wurde und ständig Streit suchte. Das Drama ging noch weiter, da das Kind am nächsten Tag über das verpasste Thema eine Probe schrieb, die natürlich nicht gerade toll ausfiel. So nahm das Unglück seinen Lauf und der Teufelskreis setzte sich in Gang. Gestresstes Kind, enttäuschte Eltern, unglückliche Lehrerin. Und wieso? Es war der unerkannte Stress und die Tatsache, dass das Kind keine Tools an der Hand hatte, um mit solchen herausfordernden Gedanken umgehen zu können. Und genau dafür bin ich angetreten, dem Kind und allen Beteiligten zu helfen, aus solchen Teufelskreisen auszubrechen und allen Beteiligten Tools an die Hand zu geben, um diese Situationen künftig vermeiden zu können. Denn das Kind, das die schlechten Noten eingefahren hat, war traurig und einfach nur überfordert.

Denn es sind tatsächlich nur Symptome. Das Kind hat einen Hilfeschrei ausgesandt, damit wir Erwachsene einfach mal gucken: »Hey, hallo, mit mir stimmt was nicht. Ich brauche Hilfe.« Schaut doch einfach mal bei den Kindern, wo die Ursache ist. Da hilft es weder, das 150. Arbeitsblatt zu machen, noch bringt es etwas, die Kinder zu Nachhilfeinstituten zu schicken. Nein, wir Erwachsene müssen Werkzeug an die Hand bekommen wie zum Beispiel aus der Kommunikation, der Stressprävention, der Entspannung oder dem Lerncoaching, damit wir wirklich die Ursachen des Übels finden können.

Mein großes Ziel ist es, Lehrern, Pädagogen und Eltern – einfach allen, die mit Kindern leben und lernen, die Tools an die Hand zu

> Mein großes Ziel ist es, Lehrern, Pädagogen und Eltern – einfach allen, die mit Kindern leben und lernen, die Tools an die Hand zu geben, damit wir unsere Kinder lösungsorientiert und ganzheitlich unterstützen können. Nur so können sie ihre innere Handbremse lockerlassen, mit Vollgas durchs Leben rauschen und ihre Potenziale entfalten.

geben, damit wir unsere Kinder lösungsorientiert und ganzheitlich unterstützen können. Nur so können sie ihre innere Handbremse lockerlassen, mit Vollgas durchs Leben rauschen und ihre Potenziale entfalten. Denn Kinder haben nicht nur schlechte Noten, weil sie nicht genug lernen. Kinder zappeln nicht herum, weil sie die Erwachsenen ärgern möchten und den Unterricht absichtlich stören. Es sind oft andere Ursachen, die Kinder bedrücken.

Durch meine unzähligen Coachings und als Mama von Schulkindern habe ich schnell gemerkt, dass sehr viele Kinder unter den fehlenden Lernstrategien und innerer Unruhe leiden. Den Lehrern und Lehrerinnen in der Schule fehlt die Zeit, um darauf einzugehen. Klassische Nachhilfe findet häufig nicht die Ursachen und bekämpft Schulprobleme nur oberflächlich. Kinderpsychologen haben lange Wartelisten und die Kinder leiden immer mehr.

Mit der RelaxKids®-Philosophie habe ich ein Konzept erschaffen, das Eltern, Pädagogen und Lerntherapeuten Strategien und Übungen an die Hand gibt, die Kinder zuverlässig von ihren Lernblockaden befreien.

- ✓ Ursachen finden,
- ✓ Lösungen erarbeiten,
- ✓ Ressourcen aufbauen,
- ✓ angezogene Handbremse lösen und durchstarten! 🎉

Gemeinsam mit Petra und Axel Rodenberg vom Lern-Ort habe ich 2020 die Akademie für ganzheitliches Kinder- & Jugendcoaching gegründet, um mit vereinter Kraft noch mehr engagierten Pädagogen, Familien, Trainern und weiteren Interessierten dabei zu helfen, Kinder und ihre Familien mit ganzheitlichen Techniken beim Lernen zu fördern.

ANDREA SCHMALZL

Entspannte und glückliche Kinder trotz Schule & Co.

Kinder zu unterstützen, zu fördern und zu begleiten, indem man nicht nur an Symptomen herumdoktert, sondern die Ursache von Verhaltens- und Lernproblemen findet, ist ihre Vision. Diesen ganzheitlichen Coachingansatz, der durch die Erfahrung von unzähligen Coachings in eigener Praxis, zahlreichen Workshops, Vorträgen und ihren evaluierten Kursen entstanden ist, durfte Andrea Schmalzl bereits Hunderten von Teilnehmern in ihren Aus- und Weiterbildungen in der eigens gegründeten Akademie für ganzheitliches Kinder- & Jugendcoaching lehren. Denn Kinder brauchen mehr denn je unsere Unterstützung.

LEASY®-Leadership ganz easy

Hast du schlechte Stimmung im Team? Fragst du dich jeden Montagmorgen wieder neu, ob du nicht einfach hinschmeißen und einen Job mit weniger Verantwortung anfangen solltest? Doch dann wurmt es dich zu sehr und du gehst wieder hin, bis eine Situation deine Laune in den Keller rauschen lässt?

So war es bei mir. Ich nahm an einem Workshop teil, in dem sich die Führungskräfte eines internationalen Unternehmens darüber austauschten, wie man sich zukünftig den Angestellten gegenüber besser aufstellen wolle. Die Diskussion war gut im Gang, mit Offenheit und Neugierde wurde in viele Richtungen gedacht. Dann brachte jemand mit seinem Killer-Beitrag sämtliche Motivation zum Erliegen: »Wir wissen doch, wie wir unsere Teams zu führen haben. Das Firmenkorsett schreibt uns doch ganz klar vor, wie wir uns zu verhalten haben.«

Bähm! Was für ein Statement. In diesem Moment war ich selbst ganz kurz davor, die weiße Fahne zu schwenken. Sprechen so Vorbilder, die begeistert neue Wege gehen und durch ihre Ausstrahlung zur Nachahmung motivieren? Wie will man mit so einer Haltung andere motivieren, mit Kreativität und Leidenschaft den Herausforderungen unserer temporeichen Zeit adäquat zu begegnen? VUCA*, MVPs** und Agilität bestimmen unseren Geschäftsalltag und fast

---

* VUCA ist ein Akronym für die englischen Begriffe »volatility« (Volatilität / Unbeständigkeit), »uncertainty« (Unsicherheit), »complexity« (Komplexität) und »ambiguity« (Mehrdeutigkeit).

** MVP Minimum Viable Product – Sprachgebrauch in der Produktentwicklung für ein Produkt, das existenzfähig ist, aber für die ersten Tests nur minimale Anforderungen erfüllt.

täglich gibt es neue Herausforderungen, die wir gestern noch nicht kannten.

Zahlreiche Untersuchungen der letzten Jahre haben gezeigt, dass direkte, indirekte und sich wechselseitige verstärkende Einflüsse zwischen der Unternehmenskultur und dem unternehmerischen Erfolg bestehen.* Es entsteht ganz automatisch eine Win-win-Situation, wenn sich Führungskräfte und Teammitglieder gut aufgehoben, wertgeschätzt und gefördert fühlen. Sie sind kreativer, bringen sich mehr ein und verhalten sich dem Unternehmen gegenüber loyaler.

Wie kann das gelingen? In den Konzernen, in denen ich tätig war, habe ich leider allzu oft die inspirierenden Persönlichkeiten vermisst.

> Es braucht mehr lebendige Vorbilder unter den Führungskräften.

Doch dann ist es mir wie Schuppen von den Augen gefallen: Es kann immer gelingen! Ob mit Firmenleitbild oder ohne. Ob mit Vorbildern oder ohne. Denn eine Variable kannst du jederzeit und sehr deutlich beeinflussen: DICH.

Nicht erst seitdem bin ich überzeugt von der persönlichen Selbstwirksamkeit. Während andere darauf warten, dass sich das Umfeld ändert, wirst du bei dir selbst aktiv. Menschen orientieren sich an anderen Menschen. Was vorgelebt wird, wird zur (un-)geschriebenen Kultur. Und das ganz automatisch, ohne weitere Arbeitsgruppen und zusätzliche Workstreams aufzusetzen.

Bei meiner Suche nach Ansätzen, wie für mich ein unterstützendes, anregendes Arbeitsumfeld entstehen kann, bin ich auf die folgende Formel gekommen, die alle Werte und Sichtweisen vereint, die aus meiner Sicht essenziell für eine erfolgreiche und charismatische Führungskraft sind.

---

* *Assessment, Evaluation, Improvement: Success through Corporate Culture*, Bertelsmann Stiftung, 2006.

Die LEASY®- Formel:
L- likeable (sympathisch)
E- empathic (empathisch)
A- agile (agil)
S- systemic (systemisch)
Y- you (Persönlichkeit)

Die Basis für Erfolg ist eine freundliche Grundhaltung (likeable). Sie kreiert ein wohlwollendes und wertungsfreies Umfeld, das von einem guten Miteinander geprägt ist. Die meisten Menschen handeln ohnehin aus einer guten Absicht heraus.* Gepaart mit Höflichkeit, Respekt und Vertrauen entsteht so eine positive Energie, die sich wunderbar auf die Umsetzung gemeinsamer Ziele ausrichten lässt und kreativ Neues entstehen lässt.

Empathie (empathic) ist der nächste wichtige Faktor. Bereits seit den 1990er-Jahren ist bekannt, dass emotionale Intelligenz ein wichtiger Erfolgsfaktor im Umgang miteinander ist.** Ich halte die Fähigkeit, mit sich selbst und anderen Menschen mitzufühlen und angemessen umzugehen, für die wichtigste Eigenschaft emotionaler Intelligenz.

> Stress eats empathy for breakfast.

Mit feinen Antennen zeigt sich schneller, wo es versteckte Probleme gibt, die erst noch gelöst werden müssen, bevor ein Projekt reibungslos umgesetzt werden kann, weil sie subtil die neuen Lösungen sabotieren. Vor allem in stressigen Momenten ist eine besonders gute Beobachtungsgabe für die feinen Zwischentöne erforderlich.

Als Nächstes wird Agilität (agile) gebraucht, die so viel mehr ist als nur das vermutlich beliebteste Wort beim Meeting-Bullshit-Bingo und die Bezeichnung einer Arbeitsmethode. Echte Agilität ist eine mentale Haltung. Wie stehe ich Veränderungen gegenüber, wie

---

* R. Bregmann: *Im Grunde gut*. Rowohlt, 2020.
** D. Colemann: *EQ Emotionale Intelligenz*. DTV, 1997.

gehe ich mit ungeplanten Ereignissen um, wie sehr halte ich an gewohnten Abläufen fest und warum?

Wer Freude darin findet, immer wieder neue Sichtweisen einzunehmen, legt einen wichtigen Grundstein, um Chancen und Möglichkeiten statt Probleme und Verhinderungsgründe zu sehen. Dazu gehört es auch, statt immer gleich Antworten zu haben, Fragen zu stellen, die einen neuen Gesamtkontext eröffnen.

Es macht einen Unterschied, ob ich Dinge richtig tue oder die richtigen Dinge tue. Um den Unterschied zu erkennen, hilft es, systemisch (systemic) auf Beziehungen und Verbindungen zu schauen, um ungesunde und sabotierende Wechselwirkungen zu erkennen.

| Mentale Agilität versetzt dich in die Lage, gesammelte Informationen zu neuen Lösungen zu verknüpfen.

Immer dort, wo Erwartungen und Aufgaben nicht sauber geklärt sind, wo zugeordnete Positionen nicht gelebt werden, macht sich Verwirrung und Unzufriedenheit breit. Wird eine grundlegende systemische Ordnung nicht eingehalten, entsteht Chaos.

Doch der wohl wichtigste Faktor für ein gelungenes Arbeitsumfeld bist du (you). Alles was du sagst und tust, erzeugt Resonanz. Wie der berühmte Stein, der in einen stillen See fällt.

Bewusst oder unbewusst verleihst du mit deinem Wirken deinen persönlichen Werten Ausdruck. Deine Treiber, deine Trigger, deine Werte zeigen sich in deinen Worten, in deinem Verhalten. Deine Bedürfnisse wollen gehört und befriedigt werden, deine Fähigkeiten und Eigenschaften wollen sich zeigen. Doch wenn du an diesem Punkt für dich selbst nicht klar bist, entstehen Verwirrung und Chaos – bei dir und in deinem Umfeld.

Erst wenn du im Einklang mit deinen Stärken und Schwächen, deinen Wünschen und Träumen handelst, stellt sich eine nachhaltige Zufriedenheit ein. Daher gilt, was wir schon aus dem Flugzeug kennen: »Bitte legen Sie zuerst Ihre eigene Maske an – helfen Sie erst dann den anderen Mitreisenden.« Finde heraus, was dein Sauerstoff ist, und lebe aktiv vor, was es bedeutet, Gestalter zu sein statt Getriebener. Hinterfrage dich und deine Gewohnheiten, fordere dich jeden Tag neu heraus, um durch deinen Einfluss dein Umfeld heute zu einer besseren Wirkungsstätte zu machen als gestern.

Mit den fünf Attributen der LEASY®-Formel kreierst du aktiv und mit Leichtigkeit ein erfüllendes, vertrauensvolles und produktives Arbeitsumfeld für dich und deinen Unternehmenserfolg!

Be a LEASY® Leader!

DR. URSULA KOEHLER

Jeder kann ein guter Leader sein – mit LEASY®ness entspannt zu dem Vorbild werden, das Sie sich selbst immer gewünscht haben!

Dr. Ursula Koehler ist Expertin für Mitarbeiter- und Selbstführung. Aus fast 20 Jahren nationaler und internationaler Managementerfahrung in renommierten Unternehmen der Gesundheitsbranche, dem Verständnis der modernen Persönlichkeitsentwicklung gepaart mit ihren Schlüssen aus dem täglichen Nahkampf mit zwei präpubertären Teenagern, hat sie ihre Erkenntnisse auf die aktuellen zwischenmenschlichen Herausforderungen in eine leicht verständliche Formel übersetzt. Mit LEASY® gelingt ein besseres, entspannteres und starkes Miteinander ganz einfach. Ursula Koehler ist überzeugt: Wenn wir die Qualitäten unserer Beziehungen verbessern, beginnend mit der zu uns selbst, ist persönlicher und unternehmerischer Erfolg nur eine logische Folge.

Natürlich gesund – frei von Angst und Sorgen

Anstrengende Tage, stressige Stunden, Angst um den Job, Sorgen um das nötige Kleingeld. Kreischende Kinder, ein Zuviel an Leibesfülle, gefolgt von Unzufriedenheit, Unsicherheit und Streit.

Das sind heutzutage alles »Normalzustände« unserer Bevölkerung. Aber ist das nicht traurig? Kaum einer nimmt sich mehr die Zeit, sich zu besinnen, sich zu fokussieren. Selbst durch das Coronavirus, das den Letzten zur Besinnung hätte wachrütteln müssen, bestimmen Unglück, Ärger und depressive Verstimmungen den Alltag der meisten.

Aufgrund der Globalisierung, der fortschreitenden Technologie und Digitalisierung muss mittlerweile alles immer sofort und umgehend sein. Zeit für Entspannung und Fokussierung fehlt völlig. Im Gegenteil: Die »freie Zeit« wird für soziale Medien genutzt. Und diese trainieren uns zu vergleichen, anstatt das zu schätzen, was wir haben.

Die Folgen sind weitreichend: von Übergewicht, Unbeweglichkeit und schlechter Ernährungssituation über körperliche Beschwerden, Defizite und Autoimmunerkrankungen bis hin zu Depressionen und anderen psychischen Verstimmungen.

Doch entscheidend ist, wie Buddha schon sagte: Alles, was wir sind, ist das Ergebnis unserer Gedanken.

> Alles, was wir sind, ist das Ergebnis unserer Gedanken.

Oder: Glück ist keine Entscheidung. Nichts wird dich glücklich machen, solange du dich nicht dafür entscheidest, glücklich zu sein!

Finde deinen Fokus mit meiner Expertise und den drei Grundbausteinen für ein glückliches, gesundes Leben:

1. **Ausreichend Bewegung:**
Um alle Körperzellen in Einklang zu bringen und sowohl physisch als auch psychisch für ein positives Glücksgefühl zu sorgen, ist ausreichende Bewegung ein existenzieller Baustein. Ob Krafttraining, Ausdauertraining, Yoga oder Ähnliches, bestimmst allein du. Es muss zu dir passen, dir ein Glücksgefühl bescheren und deine Endorphine tanzen lassen. Es muss in dein Leben integrierbar sein. Entscheidend ist, dass du dich für eine Sportart entscheidest, die dir Spaß macht, dein Leben erleichtert und dir einen Ausgleich zum Alltag bietet. So stärkst du Körper, Geist und Seele langfristig.

2. **Gesunde Ernährung:**
Gerade in der heutigen Zeit ist gesunde Ernährung wichtiger denn je. Schnelllebigkeit, die wenigen Pausen in unserem Tagesgeschäft, der Alltagsstress und vieles mehr verlangen dem Körper einiges ab. Dementsprechend muss er besonders gut versorgt werden. Dazu gehören in erster Linie gesunde Kohlenhydrate. Genau, du hast richtig gelesen. Kohlenhydrate! Die gesunden Energielieferanten sollen hier auf keinen Fall verteufelt werden. Im Gegenteil, unser Gehirn benötigt dringend Energie in Form von Kohlenhydraten. Allerdings nicht in der Form leerer Kohlenhydrate mit hoher Kaloriendichte, sondern in Form von komplexen Kohlenhydraten, die den Blutzucker über lange Zeit konstant halten und viele Ballaststoffe liefern. Hierzu zählen natürlich Obst und kohlenhydratreiche Gemüsesorten wie auch Kartoffeln, Reis usw.
Ebenso sind die Eiweiße essenziell – tierischer sowie pflanzlicher Herkunft. Sie sind wichtig für den Aufbau von Muskeln, Sehnen, Haut und Haar. Auch Fette spielen eine sehr wichtige Rolle. Hier gilt dasselbe wie bei den Kohlenhydraten: Verteufeln, ablehnen und nicht konsumieren ist hier nicht Sinn der Sache. Auf die richtigen kommt es an. Gesunde Fette, die reich an

Omega-3-Fettsäuren sind, wie z. B. fette Meeresfische, Avocados, Nüsse, Leinsamen, Chiasamen, Olivenöl, Leinöl und vieles mehr, sind wohltuend und unterstützen viele Prozesse im menschlichen Körper.

3. Ein gesundes Mindset:

Der dritte Baustein ist das Mindset. Ein klares Ziel, ein fokussierter Blick auf das eigene Ich (ohne den Egoismus zu propagieren) ist essenziell für das persönliche Wohlbefinden. Wie oben schon erwähnt, ist es nicht zielführend, sich mit anderen zu vergleichen. Seine eigenen Talente und Stärken wertzuschätzen, zu fördern und zu leben bringt Fröhlichkeit und Leichtigkeit in das eigene Tun. Nichts ist authentischer als das eigene Ich, die eigenen Ideen. Keiner ist wie der andere und das ist auch gut so. Selbstakzeptanz und Wertschätzung sind an dieser Stelle bedeutende Begriffe.

Wir kennen es doch alle, wir haben diese eine Vision, dieses eine Ziel, den innigen Traum, den wir gerne verwirklichen würden, doch dann kommt wieder dieser innere Kritiker in einem, der sagt: »Das kannst du doch eh nicht«, »Der andere kann das aber besser«, »Ich versuch das mal später« ... und das ist so schade.

In jedem von uns steckt etwas Besonderes. Doch meist ist diese Intuition verloren gegangen – im Laufe des Erwachsenwerdens, im Laufe der Zeit, im Laufe der gesammelten Erfahrungen. Glaubenssätze haben sich manifestiert, die jedoch nicht den Tatsachen entsprechen.

An dieser Stelle möchte ich eine kleine Geschichte erzählen: In einem Zirkus führt jeden Tag ein großer Elefant die tollsten Kunststücke vor. Er tanzt auf einem Bein, auf dem Rüssel, wirft Bälle in die Luft und lässt Kinder auf dem Rücken reiten.

Dies macht er ganz toll, darin wird er bestärkt und das trainiert er seit Jahren. Doch glücklich macht ihn das nicht. Als der Elefant klein war, träumte er von der großen weiten Welt, davon, auszubrechen und seine Träume zu leben. Doch er war angepflockt und konnte nicht weg. Jeder erzählte ihm, er sei zu schwach, sich loszureißen, und käme nicht allein klar. Er versuchte sich einige Male loszureißen, doch damals war er tatsächlich zu schwach. Über die Jahre hinweg probierte er es gar nicht mehr und führte nur noch die Sachen aus, die ihm aufgetragen wurden und von denen andere meinten, sie seien gut. Er hinterfragte nicht mehr, ging nicht mehr für seine Ziele los und übernahm die Glaubenssätze der anderen. Obwohl er heute stark und groß genug wäre, dem Pflock zu entfliehen, traut er sich nicht, weil sein Selbstbewusstsein und sein Selbstvertrauen durch falsche Glaubenssätze kaputtgemacht wurden.

Also fokussiere dich und deine Ziele und frage dich stets:
Will ich das?
Will *ich* das?
Will ich **das**?

| Das Leben ist irgendwann zu kurz. | Das Leben ist irgendwann zu kurz. Um sich dessen jedoch bewusst zu werden, bedarf es eines klaren Mindsets, eines fokussierten Blickes nach innen auf sich selbst und die konkreten Ziele. |

Um den bekannten »Monkey Mind« abzustellen und das Gehirn »neu zu programmieren«, gibt es verschiedene Methoden. Neben der Meditation sind auch verschiedene naturheilkundliche Methoden hilfreich. Wir müssen lernen, den Fokus weniger auf Komplexität und Multitasking und mehr auf Klarheit zu richten. Qualität vor Quantität. So kannst du dich besser terminieren, Dinge besser visualisieren und du gelangst zu deinem Fokus.

Mit diesen drei Bausteinen – ausreichend Bewegung, gesunde Ernährung und ein fokussiertes Mindset – bringe ich dich in deine Mitte, weg vom Alltagsstress, weg von Ärger und Unmut, hin zu Glück, Zufriedenheit und in ein erfülltes Leben.

JACQUELINE HOPPEN

Expertin für ganzheitliche Gesundheit

Mein Name ist Jacqueline Hoppen und ich bin diplomierte Sport- und Fitnesstrainerin, Beraterin für Sporternährung und Expertin für ganzheitliche Gesundheit.

Mit meinen drei Bausteinen Bewegung, Ernährung und Mindset helfe ich Menschen, in ihr wahres Bewusstsein zu kommen. Ich möchte Menschen Mut machen, für die eigenen Ziele loszugehen und den eigenen Traum zu leben, ohne Angst und ohne Sorgen.

Anhand individueller Sportprogramme, ausgewogener Ernährung und Mindset-Training mache ich Menschen stark, fit und gesund (sowohl physisch als auch psychisch).

Stressmanagement für ein erfolgreiches und erfülltes Leben

Auf einmal ging alles ganz schnell. Gestern noch der Manager im Anzug: modern, agil, zielstrebig, pragmatisch. Einen Tag später im Klinikzimmer. Bei vollem Tempo auf der Überholspur ausgebremst – erschöpft, müde, ausgebrannt. Und plötzlich Ruhe – STOPP – Pause! Was dann folgte, war die erkenntnisreichste Zeit meines Lebens, die meine Sicht darauf, was wichtig ist, wesentlich und nachhaltig verändert hat.

Ich kenne das: immer mehr leisten, mehr kämpfen müssen, Erwartungen erfüllen. Dazu der normale Alltagsstress – keine Zeit für mich und die Dinge, die mir am Herzen liegen. Ruhe? Entspannung? Gibt es für mich nicht. Immer in Aktion, alles muss gut sein, nein, besser perfekt. Hauptsache, andere sind zufrieden. Gefangen im goldenen Käfig. Dazu kommen Sorgen und Ängste aus dem Umfeld und die grundsätzliche Unsicherheit unserer Zeit.

> 87 % der Deutschen gaben 2020 an, unter Stress zu leiden.

87 % der Deutschen gaben 2020 an, unter Stress zu leiden – jeder Zweite glaubt sogar, von Burn-out betroffen zu sein. Durch die Herausforderungen der Coronasituation ist dies sogar wesentlich häufiger der Fall! Stress ist allgegenwärtig – es gibt keine Möglichkeit, ihn zu vermeiden. Ob wir im Stau stehen, zu spät zu Terminen kommen, Beziehungskrisen haben oder uns Traumata begleiten. Dazu viele Alltagsaufgaben und so wenig Zeit! Aber was steckt hinter diesem negativ beladenen Wort »Stress«? Einfach gesagt, wird unser Körper in Stresssituationen in einen Zustand der Alarmbereitschaft versetzt und stellt sich damit auf eine erhöhte Leistungsbereitschaft ein. Im Körper bewirkt dies einen

Energieschub – die Aktivierung des Sympathikus. Die sogenannten Stresshormone Kortisol, Adrenalin und Noradrenalin werden ausgeschüttet und versetzen unseren Körper in höchste Aufmerksamkeit. Das Gehirn wird stärker durchblutet, die Atmung beschleunigt, Herzschlag und Blutdruck steigen.

Der Gegenspieler des Sympathikus wird als Parasympathikus bezeichnet. Er sorgt dafür, dass unser System wieder herunterfährt. Dieses »Herunterfahren« ist wichtig, damit der Körper regeneriert und sich erholt. Es wird für einen Ausgleich gesorgt. Aber leider haben wir in der heutigen Zeit keine Zeit für Ruhe und Erholung. Wir ignorieren Hinweise unseres Körpers, da es immer weitergehen muss. Was folgt, ist Dauerstress, der psychosomatische Reaktionen zur Folge haben kann. Häufige Reaktionen unseres Körpers sind immer stärker werdende Unruhe, Erschöpfung, Selbstzweifel, Reizbarkeit, Nervosität und Konzentrationsschwierigkeiten. Dazu kommen Verspannungen, Schlafstörungen, Kopfschmerzen, Rückenleiden und Herzrasen. Unser Körper gibt uns klare Signale: Hier läuft etwas schief. Ignorieren wir diese, können weitere Symptome auftreten: Magen-Darm-Beschwerden, Migräne, Tinnitus, Bluthochdruck, Herz-Kreislauf-Erkrankungen, Störungen des Immunsystems und Depressionen. Ich könnte noch einige unangenehme Folgen aufführen. Fakt ist: Stress ist die Ursache für viele Krankheiten. Das Gute ist, dass wir lernen können, mit Stress umzugehen, denn: Unter Stress zu leiden heißt, ihn nicht unter Kontrolle zu haben.

> Unter Stress zu leiden heißt, ihn nicht unter Kontrolle zu haben.

Wir erleben täglich stressige Situationen und Herausforderungen. Genau hier liegt das Positive an Stress. Durch die beschriebenen Körperreaktionen werden wir erst in die Lage versetzt, Höchstleistungen zu erbringen und im richtigen Moment handlungsfähig zu sein. Eine wesentliche Grundlage, die uns erfolgreich macht. Was uns fehlt, ist der Ausgleich, also die ursprüngliche Reaktion unseres Körpers, um die Akkus wieder aufzuladen. Stress ist demnach nicht gut oder schlecht für uns, entscheidend sind die Dosis und vor allem der Umgang damit. Menschen, die eine positive Einstellung zu Stress haben und stressige Situationen als Herausforderung sehen, sind, wie man in Studien herausgefunden hat, trotz Stress weniger krank. Mit Zuversicht nehmen sie unkomfortable Umstände an und nutzen die Chance zur Weiterentwicklung. Sie trainieren damit ihre Stresstoleranz wie ein Sportler seine Leistungsfähigkeit. Angstfreier und entspannter finden diese Menschen besser zu ihrem inneren Selbst, vereinen Berufs- und Privatleben, nehmen sich Zeit für sich und leben mit einem Gefühl innerer Ruhe und Zufriedenheit.

Wie kommt man Schritt für Schritt zu einem positiven Mindset?

Ein wesentlicher Punkt besteht darin, sich mit den äußeren Einflussfaktoren auseinanderzusetzen. Hierzu zählen z. B. Leistungsanforderungen, Zeitdruck, soziale Konflikte und Störungen im Tagesablauf. Was kann ich verändern/umorganisieren, wo Prioritäten setzen/verändern? Wozu kann ich ohne schlechtes Gewissen »Nein« sagen? Wobei kann ich um Hilfe und Unterstützung bitten? Oft ist es hilfreich, die vermeintlichen Herausforderungen mit einer unabhängigen Person aus unterschiedlichen Perspektiven zu betrachten. Ob das der Partner, Freund oder ein ausgebildeter Coach ist, der Weg startet mit der Bereitschaft zur Veränderung – werden Sie aktiv!

Es gilt genau hinzuschauen, wie es um den mentalen Umgang mit Stresssituationen bestellt ist.

Zusätzlich hinterfragen wir uns selbstkritisch: Wie gehe ich mit Stress um? Wie ausgeprägt ist meine Stresskompetenz? Womit setze ich mich selbst unter Druck? Was sind hinderliche Glaubenssätze? Was verstärkt den bereits vorhandenen Stress von außen? Ist es das Streben nach Perfektion, das Bedürfnis, die Kontrolle zu behalten, die eigene Ungeduld oder schlicht Unsicherheit und Unzufriedenheit? Es gilt genau hinzuschauen, wie es um den mentalen Umgang mit Stresssituationen bestellt ist.

Der entscheidende Erfolgsfaktor ist, innere Distanz zu bewahren und Situationen so anzunehmen, wie sie sind. Wir unterbrechen die bisher automatisch und unbewusst ablaufenden inneren Muster und Reaktionen. Den damit gewonnenen Moment der inneren Distanz zur Reflexion können wir nutzen, um Handlungsalternativen zu erkennen und zu etablieren. Dieser Raum zwischen Reiz und Reaktion gibt uns die Freiheit, zu entscheiden, wie wir reagieren möchten. Leider sind sich viele Menschen dieses Raums nicht oder nicht mehr bewusst. Dabei ist gerade dies der erste und wichtigste Schritt für die einzigartige Möglichkeit zur Veränderung. Die Gewohnheiten und Handlungen Schritt für Schritt durch neue Gedanken anzupassen gibt uns die Möglichkeit, Verantwortung für unser Schicksal zu übernehmen.

> Die Gewohnheiten und Handlungen Schritt für Schritt durch neue Gedanken anzupassen gibt uns die Möglichkeit, Verantwortung für unser Schicksal zu übernehmen.

Abschließend möchte ich meine zehn Erfolgsfaktoren für nachhaltiges Stressmanagement mit Ihnen teilen:

- Regelmäßige Bewegung oder Sport (in der Natur)
- Gesunde Ernährung
- Ausreichend Schlaf
- Meditation und Achtsamkeit
- Dankbarkeit
- Selbstfürsorge, Selbsterkenntnis und Selbstwirksamkeit
- Soziale Kontakte und Beziehungen pflegen
- Persönliche Weiterentwicklung
- Gefühle und Emotionen leben
- Humor, Lachen und heitere Gelassenheit

Sie sind die Grundlage meines ganzheitlich nachhaltigen Stressmanagement-Konzepts. Viele Stressratgeber erklären »Stress« und was dagegen getan werden kann. Die Kunst besteht darin, die Methoden auf Ihre persönlichen Bedürfnisse anzupassen und dauerhaft im Alltag zu integrieren. Allgemeingültige Empfehlungen werden häufig vergessen, sei es nach dem Lesen eines Buches oder der Teil-

> Gelassen ist derjenige, der ganz in Übereinstimmung mit sich selbst und in Übereinstimmung mit seinen eigenen Wünschen und Werten lebt.

nahme an einem Seminar. Aufgrund meiner Erfahrung weiß ich, wie entscheidend eine hochwertige, professionelle Begleitung ist. Um langfristig positiv mit Stress umzugehen und darin Ruhe zu finden, bedarf es individueller Lösungen zur Steigerung der mentalen und emotionalen Belastbarkeit. Das Ergebnis: Ein erfolgreiches und erfülltes Leben – ein Leben voller Gelassenheit.

Gelassen ist derjenige, der ganz in Übereinstimmung mit sich selbst und in Übereinstimmung mit seinen eigenen Wünschen und Werten lebt.

PIERRE BOSCH

Stresskompetenz für ein erfolgreiches und erfülltes Leben

Mehr als 20 Jahre Großkonzern in Führungspositionen, Scheidungskind, Naturliebhaber, Unternehmer, Selbstständiger, Bankkaufmann, Vater, Besitzer eines Outdoor-Shops, 5-fach ausgebildeter Coach und Therapeut, Betriebswirt, Trainer, Autor, Lehrer, Wegweiser und Begleiter. Auch wenn diese Kurzbeschreibung klingt, als ginge es um viele verschiedene Menschen, so geht es nur um einen einzigen: Pierre Bosch, der heute Menschen durch »intelligentes Stressmanagement« in die eigene 8-Samkeit führt, sodass sie gar keine andere Chance haben, als ein erfolgreiches und erfülltes Leben zu führen.

Baue in Zukunft nachhaltig – es lohnt sich immer!

Lang, lang ist's her, als Könige noch waghalsig mächtige Schlösser und Burgen auf Felsen bauten, um ihren Reichtum und ihre Macht zu demonstrieren. Dennoch können wir uns immer noch an ihnen erfreuen und diese Zeitzeugen aus früheren Tagen bewundern. Scheinbar nichts konnte ihnen etwas anhaben, und bei guter Pflege sind diese Gebäude bis heute bewohnbar und den Besitzern ein schönes Zuhause.

Aus heutiger Sicht klingt es fast schon wie ein Märchen, Gebäude über Hunderte Jahre zu nutzen, denn nicht selten werden heutige Gebäude bereits nach 30 Jahren Gebrauch wieder abgerissen und als Berge von Müll mehr oder weniger clever entsorgt. Der Grund dafür sind die scheinbar finanziell aufwendigen Sanierungskosten und die bereits überholte Architektur. Wie kann es nun jedoch sein, dass wir die einen Gebäude über Jahrhunderte pflegen und diese noch nach Ewigkeiten als schön gestaltet empfinden und die anderen bereits nach 30 Jahren nicht mehr sehen können und die Materialien nur noch als Last zur Entsorgung sehen?

> Aus heutiger Sicht klingt es fast schon wie ein Märchen, Gebäude über Hunderte Jahre zu nutzen.

Natürlich hat jede zeitliche Epoche ihren Architekturstil und ihre verwendeten Materialien, jedoch kann ich euch versprechen, dass ein gutes Design nichts mit der Zeitepoche zu tun hat und die verwendeten Materialien nichts mit dem Geldbeutel.

Die wenigsten von uns wollen heute tatsächlich in einem riesigen Schloss leben, um das sie sich die ganze Zeit kümmern müssen und von den 300 Räumen nur fünf bewohnen. Dennoch haben wir alle einen großen Wunsch danach, etwas von Bedeutung zu schaffen, was nicht nach 30 bis 50 Jahren komplett überholt ist und nur noch einen Müllberg darstellt.

Dass wir durch die Entscheidung für die Art und Weise, unsere Gebäude zu bauen, wesentlich zum Umweltschutz beitragen können, dürfte mittlerweile jedem bekannt sein. Nehmen wir einmal das Beispiel von Geschäfts- und Produktionsgebäuden. Wir alle kennen aus großen und kleinen Städten riesige Bauten aus Klinkerstein, die den historischen Bildern zufolge bereits Hunderte von Jahren dort stehen und durch Umnutzungen immer wieder aktuellen Zwecken zugeführt wurden. Sei es nun als weitere Geschäftsbereiche oder auch in bestimmten Stadtbereichen als begehrte Lofts. Sie gelten als ortsbildprägende Objekte und als absolut erhaltenswert. Ganz im Gegenteil zu den heute oft aufgestellten Produktions- und Bürostätten, die mit einfachsten Materialien scheinbar billig aus dem Boden gestampft werden, ohne zu berücksichtigen, welche Kosten die Entsorgung nach 30 Jahren für den Unternehmer und vor allem für die Umwelt aufwirft.

Doch der Trend scheint sich glücklicherweise deutlich zu ändern, und Unternehmer, Führungspersönlichkeiten, Visionäre und private Bauherren setzen sich vermehrt für nachhaltige Gebäude ein, da die Vorteile für sich sprechen und deutlich auf der Hand liegen.

Gehen wir einmal auf das Thema Nachhaltigkeit ein – sei es nun ein Trend oder eine tatsächliche Wandlung im Denken der Menschen. Je länger ich ein Gebäude nutzen kann, desto nachhaltiger ist es, dafür brauchen wir vom Verständnis her keinen Nobelpreis zu besitzen. Nun kann ich Nachhaltigkeit einzig und allein aus Sicht der Umweltaspekte sehen, jedoch auch genauso aus Sicht der Wirtschaftlichkeit. Jetzt wird es richtig interessant, denn der Unternehmer weiß, dass eine hohe Wirtschaftlichkeit auf Dauer die Gewinne nach oben schraubt, wonach ein Unternehmen strebt.

> Je länger ich ein Gebäude nutzen kann, desto nachhaltiger ist es.

Der Visionär wiederum strebt nach einer nachhaltigen Lösung, da er dauerhaft etwas zum Guten verändern möchte und hierfür eine Idee braucht, die auch umsetzbar ist und nicht nur in der Vision stecken bleibt.

Und genau hier sind wir nun an dem Punkt gelandet, der uns alle miteinander verbindet, da die Nachhaltigkeit der Schlüssel für unsere gemeinsamen Interessen ist und nur durch uns alle vorangetrieben und umgesetzt werden kann. Ob wir nun daran glauben oder nicht, dass es Klimaveränderungen gibt, spielt in dem Moment nicht die große Rolle, wenn unser Keller unter Wasser steht oder ein starker Sturm unser Gartenhaus in Nachbars Garten umgesetzt hat. Der Erde ist es auch relativ egal, ob wir die Klimaerwärmung für real halten und im Sommer nicht mehr vor die Türe gehen, aus Angst, gegrillt zu werden, oder ob wir schon Pläne aushecken, wie wir vom Gebäude ins klimatisierte Auto kommen, ohne dass die Kleidung an unseren Körpern klebt, als wären wir wie Baywatch-Retter mit Klamotten ins Wasser gesprungen, um eine Quietsche-Ente vor dem Ertrinken zu bewahren.

Nun kommt des Rätsels Lösung ganz ruhig und souverän mit starkem Schritte an und zeigt uns, wie es bereits seit Jahrhunderten richtig gemacht wurde, mit dem Einsatz von natürlichen und nachhaltigen Baustoffen. Das Schizophrene an uns Menschen ist ja, dass wir die Lösungen oft gar nicht erkennen, weil sie uns zu einfach erscheinen und wir das Gefühl haben, es müsse doch viel schwieriger sein.

Jetzt gebe ich euch einmal ein paar Einblicke aus meiner Praxis als Naturbau-Unternehmer, damit ihr versteht, von was ich die ganze Zeit sinniere, und ihr ein Verständnis dafür bekommt, weswegen sich Nachhaltigkeit und Wirtschaftlichkeit befruchten und nicht ausschließen. Wenn wir zum Beispiel ein Hotel aus Naturbaustoffen bauen, hilft es der Umwelt dadurch, dass wir keinen Müll erzeugen, der irgendwann einmal entsorgt werden muss. Dem Hotelier hilft es dabei, seinen Gästen genau das zu bieten, was sie sich wünschen –

> Der Visionär strebt nach einer nachhaltigen Lösung, da er dauerhaft etwas zum Guten verändern möchte und hierfür eine Idee braucht, die auch umsetzbar ist und nicht nur in der Vision stecken bleibt.

pure Erholung und Entspannung in einem Hotel aus gesunden Naturmaterialien. Nun kann der Antrieb des Hoteliers sein, immer ausgebuchte Zimmer zu haben, da dies den Zeitgeist trifft und der Gast die natürlichen Baumaterialien erwartet, oder der Hotelier macht es aus Überzeugung – der Effekt ist derselbe: Mensch und Natur wird etwas Gutes getan.

> Mensch und Natur wird etwas Gutes getan.

Genauso ist es beim Sanieren oder neu Bauen von Geschäftsräumen. Sobald die Unternehmer und Führungspersönlichkeiten einmal verstanden haben, dass die Mitarbeiter in natürlichen Räumlichkeiten viel produktiver und selten krank sind, spielt es keine Rolle mehr, ob der Unternehmer es der Firma zuliebe oder den Mitarbeitern zuliebe umsetzt – es rentiert sich einfach immer.

Damit schließt sich auch der Kreis, denn wir bauen und sanieren Wohnhäuser für Menschen aus allen Bereichen mit Naturbaustoffen, da es für sie einen wesentlichen Mehrwert bietet, in gesunden Wohnräumen leben und arbeiten zu dürfen.

Jeder Einzelne von uns hat es verdient, in einem wunderbaren Zuhause leben zu dürfen, dass uns gesund und fit hält.

Dies wünsche ich euch von ganzem Herzen, alles Liebe,
euer Holger Längle

HOLGER LÄNGLE

Er gilt in Bezug auf das gesunde und nachhaltige Bauen und Wirtschaften als absoluter Visionär und Macher. Mit der Natur als höchster Maxime realisiert er gemeinsam mit seinen Kunden und Partnern seit über 20 Jahren ausschließlich erfolgreich nachhaltige Projekte. Die natürlichen Räumlichkeiten tragen zum Wohlbefinden der Bewohner und Nutzer bei und heben die Leistungsfähigkeit auf eine neue Ebene. In Seminaren, Kursen und Impulsvorträgen teilt er sein Wissen und seine Erfahrungen mit Begeisterten aus allen Lebensbereichen.

www.holgerlaengle.com
www.erfolgsgeheimnis-lehmbau.de

Sex-Appeal ist essbar

Stell dir einmal in aller Ruhe vor, wie dein Leben sich noch angenehmer und selbstbestimmter weiterentwickeln wird, wenn du es auf die Reihe bekommst, noch attraktiver und noch schöner auszusehen und vor allem zu wirken.

Gerade wir Frauen wollen doch begehrenswert aussehen und unsere natürlich angeborene Schönheit so wirkungsvoll es nur geht zeigen. Dafür sind wir auch bereit, uns unter das Messer zu legen, und versuchen mit lustigen Experimenten an unserem Körper Problemzonen zu behandeln oder besonders begehrenswerte und erotische Stellen hervorzuheben. Ich persönlich habe damit absolut keinen Stress und jeder soll mit seinem Körper machen, was auch immer er oder sie damit zu tun gedenkt, nur ob dies wirklich die Schönheit ist, die wir für uns selbst anstreben, ist die andere Frage.

> Für die einen ist es eine Fahrt weg von dem Ufer des Alterns hin in das Ungewisse und für die anderen eine Reise hin zur Jugendlichkeit aus alten Zeiten.

Dass die demonstrierte Schönheit nur noch der Damenwelt gehört, ist auch weit gefehlt, denn die Männer geben auch in Bezug auf die Eitelkeiten mächtig Gas und nutzen alles, was die moderne Welt für sie bereithält, und gehen in dem Streben nach Schönheit und Jugendlichkeit auf die Überholspur. Zwar wird immer gesagt, dass Männer nicht älter werden, sondern nur reifer, jedoch wird auch von diesem Geschlecht sehr dafür gekämpft, die Jugendlichkeit zu erhalten.

Somit sitzen beide Geschlechter glücklicherweise wieder im selben Boot und rudern fleißig mit gestählten Armen und Beinen in Richtung des lockenden Ufers der Jugendlichkeit. Für die einen ist es eine Fahrt weg von dem Ufer des Alterns hin in das Ungewisse und für die anderen eine Reise hin zur Jugendlichkeit aus alten Zeiten.

Wenn ich dir nun sage, dass wir niemals besser dafür bereit gewesen sind, ein wunderbares Leben zu führen im Einklang mit unserem Körper und unseren Wünschen, dann entspricht dies der absoluten Wahrheit. Unser heutiger Wissensschatz war noch nie größer und umfangreicher als heute. Wie unglaublich schön ist es, dieses Gefühl zu haben, selbst etwas erreichen zu können und nicht ständig von irgendwem oder irgendwas abhängig zu sein.

> Wir sind selbstbestimmt und haben den Großteil unseres Lebens, unserer Schönheit und auch unserer Ausstrahlung selbst in der Hand.

Wir sind selbstbestimmt und haben den Großteil unseres Lebens, unserer Schönheit und auch unserer Ausstrahlung selbst in der Hand. Wir tragen die Verantwortung für uns und niemand anders. Also hören wir endlich auf zu jammern und zu heulen und nehmen unser Schicksal dankend an. Weswegen ich diesbezüglich so zuversichtlich bin, dass wir das alle schaffen können, liegt daran, dass ich nun auf zwei Jahrzehnte zurückblicken darf, in denen ich dieses Thema intensiv studiert und umgesetzt habe. Mein Streben liegt schon immer darin, durch unsere Lebens- und Ernährungsweise einen vitalen Körper zu erlangen mit einer wunderschönen Ausstrahlung.

Denn ein tolles Aussehen hat nicht zwingend etwas mit Topmodelmaßen zu tun, obwohl wir dies glauben möchten. Genauso spielt das Alter eine völlig untergeordnete Rolle in Bezug auf den Sex-Appeal. Wir sind zum Beispiel auf einer Party eingeladen und haben uns hübsch gemacht, wie auch immer dies für uns im Einzelnen aussieht und dem Anlass entsprechend sinnvoll erscheint. Die Männer in einer lockeren Jeans mit Hemd und modernem Jackett und die Damen in einem leichten Abendkleid oder auch in Jeans und Bluse. Sicher kannst du davon ausgehen, dass auf dieser Party eine Partyqueen ist, die durch ihr Auftreten und ihre Kleidung alles toppen möchte. Sie ist am kürzesten und engsten gekleidet und durch Makeup und Accessoires leuchtet sie wie ein eigener Stern. Sie ist wunderschön aufbereitet und hat scheinbar Tage mit ihrem Outfit und dem Schminken verbracht und ist der Star der Stunde. Scheinbar kann nichts ihre künstliche Schönheit übertreffen und doch passiert es. Aus dem Hintergrund erscheint eine einfache schöne Frau mit herzlichem Lachen, einer warmen Ausstrahlung und niveauvoller Kleidung, die durch ihre frische und natürliche Erscheinung so präsent und schön ist, dass alle Blicke wie durch einen Zauber auf ihr haften. Jeder möchte in ihrer Gegenwart sein und sich mit ihr unterhalten und mit ihr gesehen oder fotografiert werden, obwohl sie nur leicht geschminkt ist und eher langweilig als auffällig gekleidet ist.

Wie kann so etwas um Himmels willen passieren und was können wir aus dieser Situation lernen, die wir alle so oder in leicht abgewandelter Form kennen? Wie können auch wir zum wahren Magneten ehrlicher Zuwendungen werden, ohne ein Schauspiel aufführen zu müssen, sondern unserer eigenen Persönlichkeit folgen? Es ist die Natürlichkeit, der wir folgen müssen, denn nichts zieht uns Menschen mehr an als etwas natürlich Schönes. Deswegen werden doch so oft Begriffe verwendet, um die wirkliche Schönheit zu definieren, wie: »Wow. Das ist eine Naturschönheit. Sie ist so anziehend.« Oder über bestimmte Männer wird gesagt: »Oh mein Gott. Ein richtiger Naturbursche. Da werde ich ganz schwach.« Unbewusst wissen wir einfach wahre Schönheit und Sex-Appeal zu erkennen und haben dann auch nicht die Befürchtung, von der Person enttäuscht zu werden, da sie von nichts ablenkt oder etwas kaschiert.

> Lasst uns endlich selbstbewusst werden und wieder zu unserer Natürlichkeit stehen.

Lasst uns endlich selbstbewusst werden und wieder zu unserer Natürlichkeit stehen und einen Lebensstil führen, der unsere Schönheit wieder zur Geltung bringt und uns vor lauter Sex-Appeal nur so sprühen lässt. Wie wunderbar könnte auch die Partyqueen strahlen, wenn sie durch einen gesunden Lebensstil nichts mit Make-up verstecken müsste, sondern ihre Schönheit unterstreichen könnte.

Wie jedoch soll Sex-Appeal essbar sein, und gibt es dafür tatsächlich Beweise? Ja, die gibt es und es weiß niemand so gut wie du selbst, dass diese Aussage stimmt. Es geht mir nicht darum, dir etwas zu erzählen, sondern es geht mir darum, dich daran zu erinnern, dich wieder auf deine eigene Intuition zu verlassen. Du glaubst mir nicht, dass du all dies weißt? Dann pass mal auf ... Nach welchem Genuss von Nahrungsmitteln geht es dir dauerhaft besser? Triefender Schweinebraten oder leichter Salat? In Fett gebadete Chips oder von der Sonne geküsstes Obst? Alkoholisches Mischgetränk mit Zuckersirup oder leicht gekühltes Wasser mit Zitrone?

Und egal ob du die Antworten kennst oder es neue Fragen aufgeworfen hat, wahre Schönheit kommt von innen und wird durch dein Essen unterstützt. Isst du zukünftig also wieder gesunde Lebensmittel, wird dein Körper es dir danken und in Form von einer Menge Sex-Appeal belohnen.

Iss Pflanzen – bleib sexy.
Alles Liebe, deine Sabine Längle

SABINE LÄNGLE

Sabine Längle lebt mit ihren drei Söhnen und ihrem Mann am schönen Bodensee und entwickelt dort nachhaltige Gesundheitssysteme für Menschen in allen Lebenssituationen. Die studierte Sportmanagerin ist nach über 20 Jahren in diesem Bereich der festen Überzeugung, dass jeder den Schlüssel zu wahrer Gesundheit selbst in Händen hält. Besonders ihr einfacher Ansatz für eine vegane Ernährung macht ihr erprobtes Praxiswissen so leicht umsetzbar. Sie ist davon überzeugt, dass Sex-Appeal essbar ist und eine tolle Ausstrahlung immer von innen kommt.

www.sabinelaengle.com
www.veganemotion.com

Der sichere Hafen

Ich wurde mit 1,5 Jahren eingeschult. Wie das möglich ist? Nun, meine Eltern wurden Hausmeister in einer Grund- und Hauptschule, als ich 1,5 Jahre alt war. Und damit war ich dann 17 Jahre an der Schule. Länger als jeder andere. Als normaler Schüler wärst du schon lange von der Schule geflogen. Ich nicht. Ich durfte bleiben. Daher kenne ich sie alle, die Geschichten. Die Geschichten der Lehrer, der Schüler, der Pädagogen, der Eltern – und hey, ich kenne meine Geschichten. Meine Eltern wussten doch in der großen Pause schon, ob ich in der ersten Stunde meine Hausaufgaben abgegeben hatte. Mittags wussten sie schon Bescheid, wie mein Tag in der Schule gewesen war. Da habe ich noch nicht mal darüber nachgedacht, welche Fächer wir überhaupt hatten.

Und dann kam die 6. Klasse. Unser Schulhaus platzte aus allen Nähten. Unser Jahrgang wurde ausgegliedert. Ich hatte einen Schulweg – endlich. Ja, er war nur den Berg hinab und ein paar Hundert Meter, aber egal, ich hatte einen und freute mich. Bis ich mitbekam, wer der Hausmeister dort war. Es war ein Schulkamerad meiner Mutter. Und dadurch wussten sie wieder, wie mein Tag war. Ich stand also unter einer gewissen Beobachtung, aber ich war auch gut behütet.

> Laut einer Umfrage der Bertelsmann Stiftung wird jedes 3. Kind im Laufe seiner Schulzeit Opfer von Mobbing, Gewalt und üblen Konflikten.

Laut einer Umfrage der Bertelsmann Stiftung wird jedes 3. Kind im Laufe seiner Schulzeit Opfer von Mobbing, Gewalt und üblen Konflikten. Und das sind nur die bekannten Zahlen. Die Dunkelziffer dürfte viel größer sein. Und die Eltern sind oft ahnungslos. Doch STOPP!!! Nicht jeder Konflikt ist mit Mobbing gleichzusetzen. Und das dürfen wir als Erwachsene und auch die Schüler lernen zu unterscheiden und zu reagieren. Es geht nicht nur um den Bereich Mobbing und Resilienz, sondern den Fokus auf das Gute und Positive an sich.

In einem kleinen asiatischen Dorf in den Bergen lebte ein Bauer in einer kleinen Hütte. Er hatte keinen Strom und kein fließendes Wasser, daher musste er jeden Tag zur Quelle, um Wasser zu holen. Sein Weg war 1,5 – 2 Stunden durch Wald und Wiesen. Er befüllte zwei Eimer und machte sich auf den Weg zurück zur Hütte. Doch der eine Eimer hatte Löcher, sodass dieser fast die Hälfte des Wassers auf dem Weg verlor. Doch es störte den Bauern nicht und er benutzte das Wasser für das, wozu er es brauchte. Er wusch sich, putzte damit die Hütte, trank davon, kochte sein Essen. Der Bauer war zufrieden mit sich und der Welt und so ging die Zeit dahin. Tagein und tagaus. Eines Abends hörte der Bauer den Eimer, der die Löcher hatte und in der Ecke stand, laut weinen und schluchzen. Der Bauer ging sofort zu ihm und fragte: Eimerchen, was ist denn geschehen, was ist denn los? Der Eimer antwortete: Ach, Bauer, ich bin nichts wert, ich bin wertlos. Alles ist sinnlos, ich bin nutzlos, minderwertig. Der Bauer fragte: Eimer, wie kommst du darauf? Darauf antwortete der Eimer: Schau, Bauer, jeden Tag gehen wir gemeinsam zur Quelle und du füllst uns beide mit dem Wasser, das du so dringend brauchst. Ich versuche es auch krampfhaft zu halten, doch durch die Löcher verliere ich es auf dem Weg und vergeude das kostbare Wasser. Daher bin ich nichts wert. Am besten wirfst du mich weg oder tauschst mich gegen einen anderen Eimer aus. Oder am besten wäre es, du machst Feuerholz aus mir, dann kannst du dir ein Feuer anzünden, dir das Essen kochen und die Hütte warmhalten. Dann wäre ich noch zu etwas zu gebrauchen. Der Bauer schüttelte mit dem Kopf und sagte: Eimerchen, Eimerchen, was erzählst du da? Schau dir den Weg an, den wir jeden Tag zusammen gehen. Dort, wo der andere Eimer nur ein paar Tropfen verliert, da gibt es grünes Gras, ein paar Steine, alles ganz normal. Und dort, siehst du das, dort, wo du das Wasser verlierst, vergeudest, wie du es sagst, dort blühen Blumen und Pflanzen. In aller Form und Farbe stehen sie da. Große, kleine, grüne, rote und blaue – in allen Farben blühen sie. Einfach wunderbar anzusehen. Und weißt du, manchmal hole ich mir ein paar der Blumen und stelle sie in die Hütte. Und sie zaubern mir ein Lächeln ins Gesicht.

Worauf legst du Wert? Auf die einfachen Dinge des Lebens oder die außergewöhnlichen? Auf die Wiese mit den Steinen oder auf die Blumen und Pflanzen in allen Farben und Formen? Worauf legst du deinen Fokus? Und wenn du zwischen Mobbing und Resilienz mit »einfachen« Konflikten zu unterscheiden gelernt hast und weißt, wie du darauf reagieren kannst und wie du deinen Fokus auf die positiven Dinge im Leben legst, kommt noch ein dritter Punkt hinzu. Mit diesem schaffst du dir einen inneren neuen Stand, der dich innerhalb von Sekunden in einen anderen Zustand bringt. Das Lachen!

Lachen ist nicht nur die kürzeste Verbindung zwischen zwei Menschen – und da ist es egal, ob man sich kennt oder fremd ist –, es ist auch die schnellste Art, sich selbst zu pushen. »Lachen ist eine körperliche Übung von großem Wert für die Gesundheit«, sagte schon der griechische Philosoph Aristoteles.

Wenn du lachst, benutzt du 300 Muskelpartien gleichzeitig. Mit einem Lachen von 60 Sekunden hast du eine körperliche Entspannung, die vergleichbar ist mit einem Entspannungstraining von 45 Minuten. 45 Minuten und musst du viel tun? Nein, einfach nur lächeln. Als vierjähriges Kind hast du im Schnitt 300-mal am Tag gelacht. Auf gut Deutsch – du hast über jeden Blödsinn gelacht. Und als konditionierter Erwachsener? Im Schnitt 15-mal. Also werde nie zu einem konditionierten Erwachse-

> Lachen ist nicht nur die kürzeste Verbindung zwischen zwei Menschen – und da ist es egal, ob man sich kennt oder fremd ist –, es ist auch die schnellste Art, sich selbst zu pushen. »Lachen ist eine körperliche Übung von großem Wert für die Gesundheit.« ARISTOTELES

nen, sondern bleibe in deinem Inneren immer ein bisschen Kind. Probiere es doch einmal aus. Stehe morgens auf, stelle dich vor den Spiegel und lächele dich 60 Sekunden an. Ja, es mag dir vielleicht blöd und verrückt vorkommen, aber es sieht doch niemand. Du wirst dich allerdings danach großartig fühlen.

Mein Name ist Klaus Seeberger und ich stehe selbstbewusst gegen Mobbing, Gewalt und üble Konflikte. Bei mir lernen die Schüler, Eltern und Pädagogen, dies zu unterscheiden und in die eigene Energie und dadurch powervoll durch die Pubertät, Schule und durchs Leben zu kommen. Die Teilnehmer lernen Konflikte selbstsicher zu klären, um stark ihren Weg zu gehen.

KLAUS SEEBERGER

Teenager in ihre Energie bringen

17 Jahre an der Schule als Sohn eines Hausmeisters. Über fünf Jahre erfolgreich im Schwimmen. Als Eventmanager und Teamleader über zehn Jahre viele Kongresse mit einigen Tausend Teilnehmern erfolgreich geleitet und Dutzende Mitarbeiter geführt. Heute ist er als Speaker mit seinen Workshops und Vorträgen in Schulen, Einrichtungen und Firmen unterwegs. Ganz nach dem Motto: Aus der Schule für die Schule. Er macht Teenager zu Energiebündeln, bringt ihnen bei, wie sie jede Herausforderung meistern, um stark ihren Weg zu gehen.

Souverän. Immer. Überall.

Mein Leben hat mir folgende Erfahrungen geschenkt: Eigentlich hatte ich zwei Leben, eines vor 1999 und eines danach. Die Angst, mit der ich aufwuchs, führte 1999 zu meinem Tod. Da war ich gerade 34 Jahre alt. Bis zu diesem Zeitpunkt war ich nicht souverän. Ich war eher naiv, voll von blindem Vertrauen und jung. Ich war fleißig, zielorientiert und voller Power. Und ich war fremdbestimmt. Doch das war mir damals nicht bewusst.

Die Freude, mit dem fertigen Hochschulstudium in der Tasche 1989 in meinem Traumjob durchstarten zu können, wurde durch den ersten großen Schock gebremst. Innerhalb weniger Monate wurden gleich zwei Arbeitsstellen wegrationalisiert. Meine Diplomarbeit war mein erstes Buch, das ebenso wegrationalisiert und gar nicht erst gedruckt wurde. Deshalb ging ich 1990 in die Versicherungsbranche und leitete innerhalb kurzer Zeit sehr erfolgreich eine Agentur mit ca. 30 Mitarbeitern und eigenen Kunden und gab als Dozentin für Erwachsene Computerkurse.

Als mein drittes Kind 1992 geboren wurde, passierte etwas, das den gerade eingeschlagenen Weg erneut abrupt beendete. Zwei schwere Fieberkrämpfe des kleinen Wesens schickten mich geradewegs ins Homeoffice, wie man heute sagen würde. Der nächste Schock folgte 1999, als ich wieder anfangen wollte zu arbeiten. Bei einem kleinen Eingriff in einem Krankenhaus ging bei der Vollnarkose etwas schief. Drei Tage nach der Operation erfuhr ich, dass das Ärzte-Team eine Stunde gebraucht hatte, um mich ins Leben zurückzuholen. Einige Tage nach der Operation – ich war noch tagelang ans Bett gefesselt – wurde mir klar, dass ich tot gewesen war und das Glück hatte, ein zweites Leben geschenkt zu bekommen.

Da BESCHLOSS ich, meinen Kindern ein solches Auf und Ab und die Abhängigkeit von solchen externen Einflüssen zu ersparen. Sie sollten glücklich sein.

DIESE ENTSCHEIDUNG änderte alles.

Oft wurde ich vor immer neue Herausforderungen existenzieller Natur gestellt. Entweder ging es um Geld oder um Gesundheit. Plötzlich war ich alleinerziehend und berufstätig und immer im Mangel. Irgendwann stellte ich fest, dass meine Kinder niemals glücklich sein würden, wenn ich es nicht BIN. Diese Beobachtung ließ mich eine NEUE ENTSCHEIDUNG treffen: Die Entscheidung, SELBST GLÜCKLICH SEIN zu wollen.

> Irgendwann stellte ich fest, dass meine Kinder niemals glücklich sein würden, wenn ich es nicht BIN.

Die drei Highlights der darauffolgenden Jahre waren:

- Obwohl ich keinen Alkohol trank, wurde eine Leberzirrhose diagnostiziert. Die Ärzte waren ratlos. Durch mehrere Zufälle entdeckte ich die Biochemie und pflanzliche Mittel und heilte die Leberzirrhose in zehn Tagen.
- Ich heilte auch eine sogenannte unheilbare Hashimoto-Erkrankung. Dafür brauchte ich allerdings zehn Jahre und viele Bücher, Filme, einen alten Heilpraktiker und immer wieder neue Ärzte und eine ganze Menge Mut.
- Danach begleitete ich von 2014 bis 2021 fünf Enkelchen mit auf diese Welt. Die letzten drei Geburten waren unter meiner WEG-Begleitung nahezu schmerzfrei.

Lange dachte ich, das seien alles Zufälle und ich hätte einfach nur Glück gehabt. Heute weiß ich, was es war und ist: Ich nenne es WEG-Begleitung.

> Lange dachte ich, das seien alles Zufälle (...). Heute weiß ich, was es war und ist: Ich nenne es WEG-Begleitung.

Heute bin ich gesund und souverän. Immer und überall. Heute bin ich glücklich.

Ich bin stolz und dankbar, das sagen zu können.

Ich frage dich:

Souverän. Immer. Überall. – Geht das überhaupt?
Was ist Souveränität?
Was bedeutet es für dich, souverän zu sein?
Ein Gefühl der inneren Kraft, Selbstvertrauen, Selbstbestimmung, Selbstbewusstsein?
Kannst du das immer haben?
Ja, das geht!
Für mich bedeutet das Gefühl vor allem, mich verbunden zu fühlen, ein Selbstverständnis zu haben und mich mit mir selbst wohlzufühlen. Ich fühle mich unabhängig. Dieses Gefühl lässt mich »JA« oder »NEIN« sagen. Dieses Gefühl gibt mir Sicherheit, gibt mir die Stärke, die mich trägt. Das innere Wissen darum, dass ich selbst so vieles bewirken kann, allein durch mein Denken und durch meine Sichtweise, durch mein SO-SEIN – das nenne ich Souveränität. Dieses innere Wissen lässt mich strahlen.

Wenn ich reflektiere, wie ich heute Entscheidungen treffe, wie ich Menschen begegne und wie ich keine Ziele setze, mit wem ich meine Zeit verbringe – dann sage ich: Ja, heute BIN ICH immer. Überall. Souverän.

Und ich behaupte:

1. Souveränität ist nicht die Abwesenheit von Angst, sondern Souveränität ist die Entscheidung für das, was dir wichtiger ist als die Angst.
2. Deine bewusste Entscheidung für dein SO-SEIN lässt dich zu dir stehen. Deine Souveränität entsteht durch deine eigenen Antworten auf die Fragen deines Lebens und wie du danach handelst.
3. Souveränität ist die Selbstwirksamkeit aus deinem »So-bin-ich-Gefühl« heraus.
4. Souveränität ist NICHT die Folge von Erfolg und Reichtum, sondern Erfolg und Reichtum sind die Folge deiner Souveränität.

Um bei deinen Entscheidungen bleiben zu können, musst du deine Angst kennenlernen und lernen, mit ihr umzugehen. Ja, du darfst dich selbst trotz deiner Angst lieben lernen. Es geht darum, deine Blockaden zu beseitigen und zu einem neuen Selbstverständnis zu gelangen, zu einer neuen Sichtweise, zu einem Perspektivwechsel.

Dazu braucht es nicht notwendigerweise eine Therapie im schulmedizinischen Sinne. Denn nach meiner Erfahrung ist Heilung immer Selbstheilung. Meistens braucht es jedoch Unterstützung. Du brauchst Geduld und Ausdauer, um dir dieses Bewusstsein zu erarbeiten und die für dich richtige Unterstützung zu finden. Souveränität erarbeitest du dir täglich neu. Pflege deine Souveränität, dann wächst sie.

Souveränität bedeutet nach meiner Erfahrung für jeden Menschen etwas anderes. Um souverän zu werden und zu bleiben, plane einen WEG ein und lass dich begleiten. Eine gute Übung auf diesen Weg:

> Hör auf dein Bauchgefühl und lebe danach.

Nimm deine Gefühle auf in deinen Rat kluger Köpfe. Gib deiner Angst, deiner Panik, deiner Trauer, deiner Enttäuschung und deiner Wut eine Stimme. Gib auch deiner Freude und deiner Inspiration eine Stimme.

Nur lass nicht ein einziges Gefühl all deine Handlungen bestimmen, sondern formuliere eine Frage und höre dir alle Antworten auf diese Frage an.

DANN erst triff die Entscheidung aus deinem Bauch heraus, für welche Antwort(en) du dich entscheiden willst.

Hör auf dein Bauchgefühl und lebe danach.

Du weißt nicht, wie du das anfangen sollst? Ruf mich gerne an oder sende mir eine E-Mail. Ich begleite dich gern ein Stück auf diesem Weg.

Das wohl schönste Geschenk, das mir mein Weg in meine Souveränität bescherte, ist das Vertrauen meiner Kinder und die Liebe meiner Enkelchen, die Verbindung zu meinen Eltern und zu meinem Partner und das Vertrauen und die Ergebnisse meiner Klienten. Denn DAS trägt uns stabil und gemeinsam durch die Zeit.

SUSANNE TEISTER

Menschen souverän machen, inklusive ihrer Angst

Als Expertin für mehr Selbstbestimmung und Souveränität im Leben behauptet Susanne Teister: Souveränität ist nicht die Abwesenheit von Angst.

Ihre Wegbegleitung – digital und persönlich – führt alleinerziehende, berufstätige Frauen und Männer in eine neue grenzenlose Souveränität in allen Alltagssituationen. Das ist ihre neue Antwort auf den Speed unserer Zeit. Hunderte zufriedene Kunden geben ihr recht.

Ihre Lebenserfahrung, bis zu 50.000 Stunden Seminare und das Selbststudium von nahezu 1000 Büchern bilden die Grundlage ihrer Expertise.

Als WEG-Begleiterin, Autorin und Keynote-Speakerin begleitet sie ihre Kunden in die Souveränität.

Mit der Resilienz-Diät zu mehr als nur zum Wunschgewicht

Weißt du, dass herumliegende Socken zu Übergewicht führen? Glaubst du nicht? Dann lass es dir erklären: Mein Name ist Sabine Liebe und bin Resilienz-Diät-Coach. In meiner Praxis habe ich tagtäglich mit diesem Phänomen zu tun. Wobei die herumliegenden Socken symbolisch auch für zerknitterte Sofakissen, die falsch eingeräumte Spülmaschine oder lieblos ausgedrückte Zahnpastatuben stehen. Aber die Socken, ja die Socken sind ein weltweites Ärgernis bei Frauen mit Ehemann oder Partner. Genau deshalb habe ich mich auch auf Frauen mit einem schon länger existierenden Leidensweg spezialisiert, und zwar die wundervollen Frauen ab 40.

Bevor ich aber auf den Zusammenhang zwischen Übergewicht und Socken näher eingehe, ist es vielleicht interessant, kurz darüber zu sprechen, was eigentlich die Resilienz-Diät ist. Diät heißt aus dem Lateinischen übersetzt nichts anderes als »Lebensweise«. Das, was die Industrie daraus gemacht hat, nämlich Hunger, Verzicht, einseitige Ernährung und übermäßiger Sport, hat für mich nichts mit einer gesunden und freudvollen Lebensweise zu tun, sondern mit Stress. Resilienz hingegen bedeutet, eine Widerstandsfähigkeit aufzubauen. Resilienz bedeutet, sich die Fähigkeit anzueignen, sowohl psychisch als auch physisch mit schwiegen Lebenssituationen umgehen zu können. Zusammengefasst spreche ich darüber, ein zufriedenes Leben führen zu können, das mir die Erfüllung meiner Bedürfnisse ermöglicht, zumindest der meisten.

Und jetzt nähern wir uns den Socken. Ich führe täglich Gespräche mit gestandenen Frauen, die verzweifelt das Geheimrezept für einen dauerhaft schlanken Körper ohne Jo-Jo-Effekt suchen, um sich endlich wieder attraktiv, glücklich und zufrieden fühlen zu können. Sie stehen vor dem Spiegel und versprechen sich selbst, dass alles wieder gut, rosig und leicht wird, wenn sie erst einmal 10, 15 oder mehr Kilo verloren haben. Dafür sind sie bereit, durch jede klassische Diät zu gehen, sich an Abnehmboostern wie Pillen und Shakes zu versuchen und sich zum x-ten Mal in einem Fitnessstudio einzuschreiben. Und dann sind sie in meinem Kurs und ich frage sie: »Wenn ich die weltgrößte Fee wäre und wenn ich dir sofort 15 Kilogramm von den Hüften zaubern könnte, was würde sich in deinem Leben verändern?« Bibedi Babedi Buh, dann Schweigen im Walde. Und dann kommt die Einsicht: »Wahrscheinlich nichts«. Herzlich willkommen in der Resilienz-Diät! Die innere Leere verschwindet nicht, bloß weil man jetzt drei Konfektionsgrößen kleiner trägt, die Unzufriedenheit verschwindet nicht, bloß weil man sich jetzt wieder bücken kann. Der fehlende Lebenssinn wird nicht automatisch wieder aufgefüllt, bloß weil die Waage nicht mehr stöhnt, sondern klatscht.

»Wenn ich die weltgrößte Fee wäre und wenn ich dir sofort 15 Kilogramm von den Hüften zaubern könnte, was würde sich in deinem Leben verändern?«

Ich habe einen Kurs entwickelt, der heißt »Abnehmen mit Körper, Geist und Seele«. In diesem Kurs lernen die Teilnehmerinnen, welche limitierenden Glaubenssätze sie sich über die Jahre angeeignet haben oder welche ihnen bereits in der Kindheit mitgegeben wurden. Sie finden heraus, in wie vielen Rollen sie tagtäglich leben, in denen sie zum Teil ge- oder überfordert sind. Wir Frauen wollen halt in jeder Rolle perfekt sein und 100 % geben und das auch noch um anderen, nicht uns selbst, zu gefallen. Das alles erzeugt Gefühle und Emotionen. Sind diese negativ, kommt es im Körper zu Stress und zwar dauerhaft.

Hier machen wir einen kurzen Abstecher in die Urzeit. Kennst du das Gefühl, wenn sich jemand von hinten an dich heranschleicht, sich dir die Nackenhaare aufstellen, dein Körper die Stresshormone Adrenalin und Cortisol ausschüttet, sich deine Muskeln anspannen, sich deine Sinnesorgane fokussieren und dein ganzer Körper sich auf Kampf oder Flucht einstellt? Das ist Stress, und Cortisol liefert die Energie dafür. Nach dem Kampf oder einer erfolgreichen Flucht entspannte sich der Körper wieder. Eine unglaublich geniale Erfindung der Natur. Natürlich leben wir heute in einer Zeit, in der wir nicht mehr unbedingt kämpfen oder flüchten müssen, die physischen Abläufe bei Stress sind aber die gleichen. Einzig die Entspannungsphase fehlt. Leben wir nicht nach unseren Grundbedürfnissen, leben wir im Dauerstress. Was passiert aber bei Dauerstress? Bleibt der Cortisolspiegel unverändert hoch, wird nicht mehr neue Energie gewonnen, sondern Fettzellen angelegt, um somit mehr Energie in Form von Fett für den andauernden Kampf (Stress) einzulagern.

> Ich habe einen Kurs entwickelt, der heißt »Abnehmen mit Körper, Geist und Seele«.

Herzlichen Glückwunsch! Da sind sie wieder, unsere drei Probleme: dick, unzufrieden, unattraktiv. Jetzt ist doch die Frage: »Wie willst du es haben?« Diese Frage stellen wir Frauen uns oft gar nicht oder zu selten. Wir spielen unsere Rollen so gut es geht, egal wer der Regisseur für diese Rollen ist. Was berechtigt mich denn aber, als Expertin auf diesem Gebiet aufzutreten? Ich sage es dir: Meine eigene Geschichte. Ich bin in meiner zweiten Lebenshälfte angekommen und habe feststellen dürfen, dass ich in meiner ersten rastlos und oft unzufrieden gelebt habe. Beruflich und privat habe ich viel erreicht und war doch nie gänzlich zufrieden. Trotz meines ganzen Wissens und Wirkens als Ernährungsberaterin bin ich mit den Jahren immer dicker geworden. Auch ich kenne fast alle marktüblichen Diäten, Ernährungstrends und Shakes und weiß, dass sie keine dauerhafte Lösung sind. Ich wollte nicht mehr Kalorien zählen, jede Mahlzeit in Sporteinheiten umrechnen oder ständig auf Lebensmittelgruppen verzichten. Ich glaube nicht an Zufälle und so war es für mich ein Zeichen, als ich die Resilienz-Diät nach Nadine Bokarev kennenlernte.

> Ich wollte nicht mehr Kalorien zählen, jede Mahlzeit in Sporteinheiten umrechnen oder ständig auf Lebensmittelgruppen verzichten.

Ich wollte eigentlich nur die Ausbildung zum Resilienz-Diät-Coach absolvieren, wusste aber nicht, dass die Ausbildung auf Grundlage der eigenen Transformation fußt. Auf einmal musste ich mich mit mir selbst auseinandersetzen. Einer meiner wichtigsten AHA-Momente war, als ich die Ursachen meines stärksten limitierenden Glaubenssatzes fand: »Ich bin nicht gut genug.« Das erste Mal habe ich diesen Satz in meiner frühesten Kindheit gehört, im Leistungssport als Turnerin. Von den Trainern anspornend gemeint, hat er sich voller Verzweiflung festgesetzt. Mein Leben lang habe ich immer gefühlt (Angst) und gedacht, dass ich noch nicht fertig bin, dass ich noch mehr Ausbildungen machen muss, bevor ich mein Angebot »auf die Straße« bringen kann. Zu diesem Glaubenssatz kam mit zunehmendem Alter der Satz: »Das kann doch noch nicht alles gewesen sein.« Stress pur.

> Heute frage ich mich jeden Tag aufs Neue: »Wie will ich es haben?« Ehrlich, wertfrei, bewusst.

Heute frage ich mich jeden Tag aufs Neue: »Wie will ich es haben?« Ehrlich, wertfrei, bewusst. Und das setze ich um, jeden Tag aufs Neue. Mein größtes Geschenk bei dieser Transformation aber ist, dass ich wunderbaren, gestandenen Frauen auf dem Weg ihrer Transformation begleiten darf. Ich darf die Tränen und die Freude mit ihnen teilen. Ich darf miterleben, wie sie Tag für Tag etwas glücklicher und leichter werden, von innen und von außen.

SABINE LIEBE

Mach dich leicht

Als erfolgreiche Leistungssportlerin waren Ernährung und Bewegung stets wichtige Grundlagen für einen widerstandsfähigen und attraktiven Körper. Nun ist sie seit fast zwei Jahrzehnten als Ernährungsberaterin, Dozentin für Ernährung und Resilienz-Coach tätig. Sie hat schon einigen Hundert gestandenen Frauen dazu verholfen, zurück in ihren Wohlfühlkörper zu finden. Hierbei geht sie neue und unorthodoxe Wege und betrachtet die Frauen als einzigartige Persönlichkeiten mit Körper, Geist und Seele. Glaubenssätze, Rollenbilder, Gefühle und Emotionen sind für Sabine Liebe die Schlüssel zu einem Leben in innerem und äußerem Gleichgewicht und körperlicher Attraktivität.

Find the Missing Link

Das Unbewusste bewusst zu machen, ist der entscheidende Faktor für Erfolg, Gesundheit und ein glückliches Leben. Klassisches Mindset-Coaching war gestern. Das wahre Potenzial von Menschen, Mitarbeitern und Unternehmen liegt oft vergraben oder vergessen im Unbewussten. FIND THE MISSING LINK!

Mein Lebensweg begann mit Anfang zwanzig auf einer ganz neuen Ebene. Eine körperliche Extremsituation brachte mich mit einem Schlag auf einen neuen Pfad, der mich zu mehr Gesundheit, Bewusstsein und Erfolg geführt hat. Als Banker und junger, gesunder Mensch kamen chronische Krankheiten und spirituelle Krisen plötzlich auf mich zu.

Die Reise begann damit, dass ich auf Basis körperlicher Symptome ca. neun Monate mit Spezialisten und Ärzten versuchte zu verstehen, was genau passiert war. Die Extremsituation hatte mich für wenige Sekunden eine körperliche Erfahrung machen lassen, in der ich zwar bei Bewusstsein war, aber weder etwas sehen noch kontrollieren konnte.

Neurologen, Endokrinologen und verschiedene Spezialisten hatten vergeblich versucht, eine Erklärung zu finden. Diese Phase war nicht nur für mich ernüchternd, sondern auch für Ärzte und Spezialisten. Die Krankenkasse hatte viele Tausend Euro investiert, aber wirklich geholfen hatte nichts.

Zumindest wusste ich damit nach über 14 Monaten, was alles ausgeschlossen werden konnte. Das monatelange und hoffnungsvolle Hangeln von Termin zu Termin war eine extreme psychische Belastung – zwischen diesen lagen manchmal sechs Wochen.

Massiver Stress, Taubheitsgefühle und Kribbeln in der Wade sowie fehlendes Vertrauen in den eigenen Körper waren das Ergebnis. Verzweiflung und eine mentale Krise die Konsequenz.

> Symptome sind nicht der Feind, sondern die Motivation für Veränderung!

Symptome sind nicht der Feind, sondern die Motivation für Veränderung!

Irgendwann habe ich mich auf neue Wege gemacht, um wissenschaftliche Ansätze mit alternativen Methoden und der energetischen Welt zu kombinieren.

Durch eine Bio-Feedback-Methode war es in nur einer Sitzung möglich, die Wahrheit in meinem Körper zu erkennen. Für nicht einmal einhundert Euro habe ich die Klarheit als großes Geschenk erhalten – Wahrheit und Lösung sind bereits in meinem Körper. Über Jahre hatte ich viel Kaffee als Energielieferant getrunken, obwohl ich anfangs spürte, dass mir dieser nicht gut bekommt. Mein Körper hatte mir klar gesagt: Lass den Kaffee weg und trinke mindestens drei Liter Wasser täglich.

Das Kribbeln und Taubheitsgefühl waren nach fünf Tagen weg. Natürlich steckten noch deutlich mehr Botschaften dahinter.

Dein Körper ist der BESTE Ratgeber. Ich helfe dir, ihn zu verstehen – und damit dich SELBST!

Diese Informationen entziehen sich nicht nur unserem Bewusstsein, sondern auch der eigenen Körperwahrnehmung. Mein Körper hat sich irgendwann mit dem Kaffeekonsum arrangiert, aber dann über Symptome kommuniziert.

> Dein Körper ist der BESTE Ratgeber. Ich helfe dir, ihn zu verstehen – und damit dich SELBST!

Die Frage nach unserem wahren Potenzial und der eigenen Wahrheit führt immer über eine höhere Intelligenz in uns hinein. Unser genetischer Bauplan, unser Körper, hat so viele Informationen, Botschaften und Energien gespeichert, dass es bis heute und wahrscheinlich noch in vielen Jahren unerforschte Themen geben wird. Er ist ein Wunderwerk und kommuniziert rund um die Uhr mit uns.

Genau deshalb nutze ich den Körper auch bei meinen Klienten als Ratgeber. In jeder Sitzung mit Menschen, Familien oder Unternehmen mit Führungskräften. Das klassische Mindset ist nur ein Bruchteil unserer Energie und Wahrheit. Daher ist ein Coaching allein auf dieser Ebene sehr begrenzt.

Durch meine gesundheitliche Krise habe ich mehr und mehr erkannt, dass es für Gesundheit, Erfolg und ein glückliches Leben wichtig ist, sein wahres Potenzial zu leben. Auch dies liegt bei vielen Menschen und Unternehmern verschüttet im Unbewussten. Die Potenziale und Ressourcen, die uns genetisch mitgegeben wurden und vorhanden sind, werden oft auf Basis eines Jobs oder gesellschaftlicher Prägung nur zu einem Bruchteil gelebt.

Viele Jahre hatte ich meine Potenziale nicht gelebt und war mir dieser auch nicht bewusst. Auch die Tatsache, nicht wirklich mit der Familie verbunden zu sein und sich nur schwer mit ihr identifizieren zu können, hat mich in die systemische Arbeitsweise gebracht.

In dieser Arbeitsweise habe ich erkannt, dass mein verstorbener Großvater nicht nur wichtig für mich war, sondern wieder einer dieser »Missing Links«. Ich hatte ihn weder kennengelernt noch jemals gesehen. Auf Basis einer Information aus dem Unterbewussten habe ich mich auf die Reise quer durch Deutschland gemacht. Obwohl er Jahre zuvor verstorben war, bin ich zu seinem letzten Wohnort gereist, um in der Umgebung nach ihm zu fragen. Und wie der Zufall so wollte, habe ich seine Witwe getroffen. Was ich dort über ihn erfahren habe, hat meine Partnerin während dieses ersten Treffens sehr berührend in folgenden Satz gepackt: »Schatz, er war genau wie du!« Diese Erkenntnis hat mein Leben komplett verändert, denn ich hatte nicht nur eine Verbindung, sondern auch Klarheit über meine Potenziale und meine Wahrheit gefunden. Es war nicht nur heilsam für mich, sondern ein absoluter Gewinn für meinen inneren Frieden und meinen Erfolg.

> Potenziale und Fähigkeiten sind im Wesentlichen auch das Ergebnis deiner familiären Herkunft. Um diese wirklich zu nutzen, braucht es Verbindung und Wahrheit in deiner Familie.

Potenziale und Fähigkeiten sind im Wesentlichen auch das Ergebnis deiner familiären Herkunft. Um diese wirklich zu nutzen, braucht es Verbindung und Wahrheit in deiner Familie.

In vielen Jahren habe ich wissenschaftlich fundiertes Coaching, Energiearbeit, Kinesiologie, systemische Ansätze und auch schamanische Seminare kombiniert und in meine ganz eigene Arbeitsweise integriert. Die Erfahrungen aus der Wirtschaft als Führungskraft und Berater ermöglichen es mir heute, für Unternehmen und Familien ein Bindeglied für mehr Erfolg, Gesundheit und ein glücklicheres Leben zu sein – um ihr wahres Potenzial zu entfalten!

Als ein Bindeglied in das Unbewusste unterstütze ich Menschen mit wissenschaftlich fundierten Ansätzen, Neuro-Feedback- und systemischen Methoden, das wieder zu vereinen, was vermisst oder vergessen ist.

Viele suchen vergeblich nach Vertrauen, Gesundheit, Verbundenheit oder Erfolg. Sie können ihr Potenzial nicht entfalten und auch nicht klar kommunizieren.

Irgendwann sind sie gesundheitlich angeschlagen, ausgebrannt und nicht mehr leistungsfähig. Es wird etwas vermisst, das nicht benannt werden kann, aber dessen Fehlen spürbar ist. Es entzieht sich dem Bewusstsein.

Menschen wieder zu ihrem eigenen Experten zu machen, ist meine Vision – ihren MISSING LINK zu finden.

DOMINIK SCHANZ

Bindeglied zu deinem Missing Link

Sein Expertenwissen ist das Ergebnis einer über 15-jährigen Reise. Es wurde durch eigene überwundene chronische Krankheiten, systemische Probleme, Führungs- und Transformationsprozesse sowie weit über 1000 Stunden Fortbildung mit Erfahrung angereichert. Hunderte Menschen haben bereits im 1:1-Coaching, in Seminaren, in Transformationsprozessen oder Vorträgen durch ihn entscheidende Veränderungen und Impulse erfahren. Auf seine Fähigkeiten greifen auch Vorstände einer AG zurück.

Das Unbewusste bewusst machen bringt Klarheit.
Find the Missing Link!

Wohlstand braucht Mittelstand

Ich fuhr vor der Bundestagswahl im Herbst 2021 durch die Straßen mehrerer deutscher Städte – überall Wahlplakate. Äußerst selten las ich bemerkenswerte Aussagen, die mich bewegten oder zum Nachdenken brachten. Einmal jedoch begegnete ich einem megaguten Slogan: »Wohlstand braucht Mittelstand«.

Ich fragte mich: Was kennzeichnet eigentlich den Mittelstand? Kann man überhaupt »Mittelstand« kurz und treffend beschreiben? Ich erinnerte mich an eine BWL-Vorlesung, in der der Professor erwähnte, dass über 80 % des deutschen Bruttoinlandsprodukts von Unternehmen mit weniger als 100 Mitarbeitern kämen. Der Mittelstand ist also *das* Rückgrat der Wirtschaft schlechthin. Leiden die Mittelständler, leidet der Wohlstand. Diese Tatsache findet öffentlich leider wenig Beachtung, sonst müsste es aufgrund der Coronamaßnahmen weitaus heftigere Proteste der Bevölkerung geben.

> »Wohlstand braucht Mittelstand«

Was sind folglich Charakteristika mittelständischer Unternehmen? Ich beantworte diese Frage mit einem Satz: Mittelstand hat Ecken und Kanten. Er hat Charakter. Nicht alles wird nachvollziehbar oder nach betriebswirtschaftlich vernünftigsten Kriterien entschieden. Unternehmer entscheiden oft aus dem Bauch heraus, aufgrund von Meinungen, Ansichten und – ganz wichtig: Werten. Werte und Überzeugungen, für die sie als Mensch und Entscheider stehen. Ein Start-up-Unternehmen beeindruckte mich kürzlich damit, dass es pro Mitarbeiter und Jahr 3000 € für individuelle Fortbildungswünsche bereitstellte. Was für eine Summe! Wie toll, wenn Mitarbeiter über ihre Weiterentwicklung frei entscheiden dürfen! Es gibt aber auch anderweitig beeindruckende Ecken und Kanten: Auf einer

Führungskräftetagung traf ich jemanden, dem angeboten wurde, er dürfe eben dieses Führungskräfteseminar besuchen. Er akzeptierte, und das Seminar wurde von der Personalabteilung gebucht. Kurz vor Beginn der ersten Einheit eröffnete HR jedoch dem Mitarbeiter, er müsse für alle Seminartage Urlaub nehmen. Er akzeptierte dennoch nach wie vor und besuchte das Seminar, die Vorgehensweise beeindruckte mich dennoch sehr.

Man kann sich bei solchen Storys trefflich darüber streiten, welche Ecken und Kanten sind zum Vorteil für die deutsche Wirtschaft, welche sind es vielleicht nicht und was kann man tun, um hier für möglichst viele Unternehmen bessere, passendere Lösungen zu finden, die das Unternehmen voranbringen? Leistungsfähiger, harmonischer, krisenfester sollten Unternehmen werden.

»Culture eats strategy for breakfast«
PETER DRUCKER

Fakt ist, tagtäglich treffen überall auf der Welt Unternehmer Entscheidungen, für die sie mit voller Überzeugung einstehen. Nun kommen wir der Antwort auf die Frage näher, was man zur Stärkung mittelständischer Unternehmen tun kann. Es geht um die Arbeit an der Unternehmenskultur. Peter Drucker, populärer Management-Vordenker, sagte einmal: »Culture eats strategy for breakfast«.

Sie können die beste Strategie entwickeln – passt diese nicht zu den Werten, die im Unternehmen gelebt werden, wird sie scheitern. Oft hörte ich auf Betriebsversammlungen tolle Vorträge begeisterter Unternehmer oder Geschäftsführer: eine neue Strategie zur Erschließung neuer Märkte, Erlangung der Marktführerschaft, zur besonders schnellen und effizienten Wachstumssteigerung und vieles mehr. Ich beobachtete dabei stets die Gesichter der Zuhörer, um zu erkennen, ob ein Funken übersprang und überhaupt Regungen zu erkennen waren. Leider blickte ich häufig in viele unaufgeregte, eher gar gelangweilte Gesichter. Offensichtlich war den Mitarbeitern meist nicht geheuer, ob das, was sie hörten, auch wirklich so eintreffen würde. Nicht selten wurde hinterher im Kleinen diskutiert, wie denn all diese Neuerungen letztendlich ablaufen würden und wer die zusätzlichen Aufgaben übernehmen sollte. Ein vortragender Unternehmer hätte da besser daran getan zu betonen, dass er das Unternehmen langfristig anpassungsfähig machen wolle, indem er gemeinsam mit allen an einer Weiterentwicklung der Unternehmenswerte arbeite. Darunter fallen:

- der Umgang mit Rückschlägen,
- die Kultur in Besprechungen,
- das Vorleben proaktiven Handelns,
- mehr wertschätzende Mitarbeitergespräche,
- eine tolerantere Fehlerkultur,
- mehr Risikobereitschaft,
- mehr Verantwortungsübernahme,
- weniger Kontrolle und Reporting
- und so weiter.

Das sind Beispiele, die nachhaltig Unternehmen verändern, hin zu Werten und Verhaltensweisen, die es für größere Geschäftserfolge braucht.

Die spannende Frage ist nun: Wie kommt eine Unternehmenskultur zustande? Wie kann man sie sichtbar machen? Unternehmenskultur basiert auf persönlichen Werten bzw. Wertvorstellungen, die alle Mitarbeiter tagtäglich im Unternehmen dabeihaben.

Es gibt die Möglichkeit, diese Unternehmenskultur und die ihr zugrunde liegenden Werte zu ermitteln und dadurch messbar und besprechbar zu machen; eine international anerkannte Methode ist die Kulturdiagnose nach Richard Barrett. Die Kulturdiagnose zeigt, welche persönlichen Werte Mitarbeiter mit ins Unternehmen bringen, welche Werte sie im Unternehmen aktuell als dominant sehen und welche Werte sie sich für die Zukunft des Unternehmens als dominant wünschen. Erfasst und vergleicht man

> Unternehmenskultur basiert auf persönlichen Werten bzw. Wertvorstellungen, die alle Mitarbeiter tagtäglich im Unternehmen dabeihaben.

diese Werte und die daraus berechenbare »kulturelle Entropie«, lässt sich die Unternehmenskultur besprechen. Potenziell limitierende Werte lassen sich identifizieren (z. B. Hierarchiedenken, Kontrolle, Bürokratie usw.) und dadurch beeinflussen.

Die Kulturdiagnose stellt also eine unternehmensspezifische Analyse mittels einer Mitarbeiterbefragung zur Verfügung. Mit dieser detaillierten Auswertung als Grundlage kann man passgenau Workshops zur Veränderung der Unternehmenskultur aufs jeweilige Unternehmen zuschneiden. Natürlich kommen da auch unangenehme Wahrheiten ans Licht, doch was nützt es Ihnen, diese noch länger unter dem Mantel des Schweigens zu belassen? Das wäre so, als würden Sie einen Topf, in dem das Wasser bereits kocht, versuchen mit einem Deckel fest zuzudrücken. Der Druck im Inneren würde lediglich noch mehr ansteigen.

Ermitteln Sie Ihre wertebasierte Unternehmenskultur!

Meine Empfehlung an Sie lautet daher: Wagen Sie einen Schritt, den Sie vielleicht bisher noch nie getan haben, ermitteln Sie Ihre wertebasierte Unternehmenskultur.

Sie ist da. Sie können sie nicht wegdiskutieren. Stellen Sie sich dieser Kultur bzw. den Ergebnissen daraus. Sie zu thematisieren und sie dann zu bearbeiten wird viele Dinge in Ihrem Unternehmen zum Positiven verändern. Ich lege Ihnen daher die Arbeit an der Unternehmenskultur sowie den ihr zugrunde liegenden Werten sehr ans Herz und würde mich freuen, Sie bald als Interessenten oder Klienten bei der Konzeption Ihrer individuell auf Sie zugeschnittenen Kulturdiagnose begrüßen zu dürfen. Denn fragen Sie sich einfach mal selbst: Wo kaufen Sie gerne ein, obwohl es dort eigentlich keine einzigartigen Produkte gibt? Warum gehen Sie ausgerechnet zu diesen Unternehmen und nicht zu günstigeren Anbietern? Sie schätzen gewisse Dinge. Das sind mal freundliche Worte, die Frage, was es sonst noch sein darf, die Nachfrage, ob Sie letztes Mal zufrieden waren, Ihre namentliche Begrüßung und vieles mehr. Wenn Sie es schon so weit gebracht haben, eine ebensolche Kultur aufzubauen, verneige ich mich hiermit tief vor Ihnen und bitte um ein Interview, in dem Sie mir und meinen Podcast-Zuhörern schildern, wie Sie all das aufgebaut haben und am Leben erhalten. Viel Erfolg weiterhin.

RALF MÜLLER

In seinen ersten 15 Berufsjahren als angestellter Lean- und Change-Manager in mehreren mittelständischen Industrieunternehmen sammelte er die Erfahrung, wie Veränderungen in Unternehmen erfolgreich und nachhaltig stattfinden und was es alles dazu braucht. Diese Erfahrung gibt er nun seit 2018 als selbstständiger Coach für persönliche und organisationale Veränderung weiter. Seine Kunden schwärmen von seinem Einfühlungsvermögen und seinem überaus feinen Gespür dafür, heikle Situationen nachzuempfinden, sie auch zu thematisieren und Menschen dort auf dem Weg abzuholen, wo sie gerade stehen.

Als Berater für die Transformation von Unternehmenskultur setzt sich Ralf Müller für die Stärkung des wichtigsten Fundaments unseres heutigen Wohlstands ein: kleine und mittelständische Unternehmen.

»Emmanuel, was immer du tust, hör sofort damit auf!!!«

Das Brummgeräusch aus dem Nebenzimmer verstummt augenblicklich, aber es ist schon zu spät ...

Komm mit ins Jahr 1992. Ich sitze hochkonzentriert am Schreibtisch in meiner Studentenbude und bereite mich auf die Zwischenprüfung vor, die in Kürze stattfindet. Vor mir aufgeklappt liegen etliche recht teure Bücher aus der Universitätsbibliothek, Karteikarten und jede Menge Studienunterlagen, deren Inhalt ich mir zu merken versuche. Plötzlich ertönt ein merkwürdiges Brummgeräusch aus dem Nachbarzimmer und eine schwarze Wolke aus öligen Rußpartikeln wird im selben Augenblick aus meinem Ölofen herausgepustet, die sich wie ein Film über alles legt, was sich in meinem Zimmer befindet: mein Bücherregal, mein Bett, mein offener Kleiderständer, meine Haare! Ich sehe aus wie ein Schornsteinfeger und brülle aus vollem Hals: »Emmanuel, was immer du tust, hör sofort damit auf!!!«

Ich teste an, ob sich die schwarzen Rußpartikel abwischen lassen, doch unter meinem Finger bildet sich ein öliges Geschmier. Anfassen ist also eine ganz schlechte Idee! Jetzt bin ich auf 180! Ich renne wie von der Tarantel gestochen in den Nachbarraum, um herauszufinden, was um Himmels willen die Ursache für den Ruß-Regen war. Siehe da, mein Mitbewohner Emmanuel hatte sich ein Schnäppchen im Supermarkt gekauft: ein Monster-Kühlgerät (etwa 1 Meter mal 80 cm) auf Rollen mit einem langen Schlauch für die Abluft. Diesen hatte er zuerst aus dem halb offenen Fenster gehängt, weil die Abluft ja irgendwo hinmusste. Aber dabei gelangte mehr heiße Sommerluft von außen in den Raum rein, als das Kühlgerät über den Schlauch nach draußen befördern konnte. Es musste also eine andere Lösung her. Er schaute sich im Raum um und stellte freudestrahlend fest, dass das Ofenrohr seines Ölofens genau denselben Durchmesser hatte wie der Abluftschlauch des Kühlgeräts. Gedacht, getan: Er zog das Ofenrohr aus der Wand und steckte den Abluftschlauch in die entstandene Öffnung. Dummerweise befand sich jedoch mein Ofenrohr exakt gegenüber im Kamin. Dann schaltete er das Kühlgerät ein. Den Rest kennst du bereits …

Wir verbrachten die nächsten zwei Tage damit, meine vielen Bücher vorsichtig abzupusten, mit dem Staubsauger in einigem Abstand (bloß nichts berühren!!!) die winzigen Rußpartikel einzusaugen und all meine Klamotten und das Bettzeug zu waschen.

So weit die Geschichte. Welche Schlüsse würdest du aus so einem Erlebnis ziehen? Würdest du dem Typen die Freundschaft aufkündigen? Würdest du dir eine andere Wohnung suchen? Um es kurz zu machen: Andere Wohnungen gab es zum damaligen Zeitpunkt nicht. Hunderte von Studierenden mussten zu Semesterbeginn sogar in Turnhallen übernachten, weil der Wohnungsmarkt komplett leergefegt war.

Natürlich kommt diese Geschichte bei jedem Leser anders an. Denn sie fällt in das Raster deiner Denkmuster. Und genau da will ich sie jetzt wieder rausholen, indem ich der Story MEINE Interpretation hinzufüge. Nur dadurch kommt die Botschaft rüber, die ich durch meine Erzählung vermitteln möchte. Für mich haben dieses und viele weitere ähnlich chaotische Erlebnisse mit Emmanuel – die ich aus Platzgründen heute nicht erzählen kann – folgende Bedeutung:

> Ich durfte von ihm lernen, dass man alles im Leben auch ganz anders machen kann.

Ich freue mich, auch nach über 30 Jahren noch mit einem solch experimentierfreudigen und kreativen Menschen befreundet zu sein! Ich schätze Emmanuel ganz außerordentlich, denn ich durfte von ihm lernen, dass man alles im Leben auch ganz anders machen kann. Das hat mich auf so manches vorbereitet, was mir im späteren Leben noch begegnen sollte. Höchstwahrscheinlich war diese Begegnung sogar der Trigger für meine heutige Kreativität, mit der ich mich stets am eigenen Schopfe aus so manchem Sumpf ziehe.

Sollte es also in deinem Leben Schlüsselereignisse geben, denen du eine positive Bedeutung beimessen kannst, dann möchte ich dich einladen, sie aufzuschreiben. Und sollte es in deinem Leben Ereignisse geben, die du so gar nicht positiv bewerten kannst, dann lade ich dich ebenfalls ein, sie aufzuschreiben. Entweder können deine Leser etwas daraus lernen oder du kannst rückblickend eine positive Bewertung finden und so deinem Leben eine ganz neue Wendung geben. Wer weiß, vielleicht wird ja eines Tages ein Buch daraus, das du deinen Enkeln als Vermächtnis überreichen kannst? Ich helfe dir gerne, dein Lebenswerk zu realisieren. Dafür habe ich den LöwenStern Verlag gegründet.

> Mein Motto lautet: »Jede/r hat eine Geschichte – was ist deine?«

Mein Motto lautet: »Jede/r hat eine Geschichte – was ist deine?« Ich verlege Bücher, die dein Leben und das deiner Freunde verändern. Jedes Buch ist einzigartig und inspiriert dich, dein Leben aus einem anderen Blickwinkel zu erfahren, dich neu zu erfinden und den Glauben an deine Chancen und Möglichkeiten nachhaltig aufrechtzuerhalten. Nicht selten entdeckt so mancher beim Schreiben seines Werkes den roten Faden in seinem Leben, den er so lange gesucht hat! Und nicht selten entsteht aus der Expertise eines Buches anschließend ein Businesskonzept.

In meinem Netzwerk befinden sich sehr viele Selbstständige. Als ich 2021 den Vorschlag machte, ein Gemeinschaftswerk von 40 Unternehmern zu begleiten und herauszubringen, waren alle hellauf begeistert von der Idee! Wir nannten unser Buch »LöwenBusiness – 40 inspirierende Geschichten von Erfolg und Selbstbestimmung« und es erschien im November 2021 im LöwenStern Verlag. Es ist viel mehr geworden als eine Visitenkarte – wir knüpften Freundschaften! Aus dieser Community heraus entstehen – beginnend mit dem Buch – auch heute noch erfolgreiche Geschäftsmodelle, die es Menschen ermöglichen, aus ihrem Angestelltendasein in eine erfolgreiche Zukunft als Selbstständige zu gehen. Aus einem Buchprojekt kann sich ein Business entwickeln und ein bestehendes Business wird durch ein Buch auf ein neues Level katapultiert. Solche Dinge entfalten sich durch Beratung, Klarheit, Struktur, Brainstorming und Community-Arbeit in unseren regelmäßigen Zoom-Meetings.

Mit dem LöwenStern Verlag und meiner Marketingagentur begleite ich dich mit einem modularen Konzept. Bei mir bekommst du alles aus einer Hand und wirst von mir persönlich betreut. Er ist mir zur Herzenssache geworden, diese stetig wachsende Community zu begleiten und anzuleiten. Wir bauen sogar gemeinsam Webseiten, Online-Kurse und Online-Marketing-Projekte auf, um die Geschäftsideen aller Teilnehmer nachhaltig voranzubringen. Wer möchte, kann sich unter meiner Anleitung seine eigene Homepage erstellen und bekommt Marketingtipps und -tricks für seine Geschäftsentwicklung.

So ist aus einer guten Idee eine wachsende Gemeinschaft geworden. Alle Autoren des LöwenStern Verlags profitieren davon und erfahren persönliche Wertschätzung und Unterstützung. Wann schreibst du deine Geschichte? Ich freue mich auf dich!

| Wann schreibst du deine Geschichte? Ich freue mich auf dich!

Deine Renate

RENATE WETTACH

Jede/r hat eine Geschichte – was ist deine? Erzähl mir dein Leben und ich sage dir, was du daraus machen kannst!

Renate Wettach ist Verlegerin und Expertin für die Stimmigkeit von Weltanschauungen und Marketingkonzepten. Viele Existenzgründer betrachten sie als Geburtshelferin für ihr Geschäftsmodell.

Sie berät Selbstständige in allen Aspekten ihres Geschäfts. Von der Website bis hin zum eigenen Buch ist sie persönlich für ihre Kunden da und hat für jeden ein offenes Ohr. In ihrem Netzwerk finden Menschen zusammen, die sich gegenseitig inspirieren und voranbringen. Der LöwenStern Verlag ist ein Sachbuchverlag, der auf überwundene Schicksalsschläge und Tipps für eine wertvolle Lebensgestaltung spezialisiert ist.

Fotonachweis

Heike Beyerlein (S. 58) / Justin Bockey (S. 191) / Sandra Felke (S. 167) / Fotostudio May (S. 211) / Ganeshashala® (S. 241) / Gernot Kapeller (S. 128) / Stefan Leifken (S. 91) / Sascha Miesterek (S. 138) / Dominik Pfau (S. 177, 206, 221, 277, 281, 285, 310) / picturepeople (S. 196) / Arndt Rathjen (S. 143) / Anne Remmer (S. 201) / Schmidbauer (S. 77) / Medina-Meryem Schneider (S. 17) / Ina Zabel (S. 148)